中國文化通史

遼西夏金元卷·下冊

目錄
CONTENTS

第五章　風格各異的語言文字

第六章　異彩紛呈的哲學

第八章　與漢族有同有異的倫理道德

第九章　教育與科舉制度

第十章　史官與史學

第十一章　影響深遠的少數民族文學

第十二章　搖曳多姿的藝術

第十三章　成就斐然的科學技術

第十四章　各具特色的社會風俗

參考書目

再版後記

第八章

與漢族有同有異的倫理道德

遼代婚姻、家庭中
所反映的倫理道德

　　遼代契丹人家庭多是一夫多妻，尤其戚畹貴族均是一妻一妾或一妻數妾，強搶民女為妾是很平常的事，如遼聖宗耶律隆緒之弟耶律隆慶，就曾「歲籍民子女，躬自揀擇其優者為王妃，次者為妾媵」[1]。依仗權勢強搶民間女子為媵妾的現象，是中國封建社會常有的事，遼代統治者也不例外。

　　契丹人皇族耶律姓與後族蕭姓互為婚配，表面上看是門戶相當，才談婚論嫁，但這兩姓之間嫁娶不限尊卑與輩分，明顯地帶有氏族時代族外婚制的遺俗，這種例子甚多。如《秦晉國大長公主墓誌銘》記載，她是景宗長女，名觀音奴（《遼史·公主表》名觀音奴），嫁與北府宰相蕭繼先為妻，生有一子二女，長女嫁給孝貞皇太弟隆慶，被封為秦國妃；次女嫁給齊國王隆裕，被冊為齊國妃。隆慶、隆裕均是景宗之子，是觀音奴之弟，觀音奴把兩個女兒嫁給兩個弟弟，是甥舅相配，依漢人的道德規範看，這是亂倫，而在契丹人看來，這種現象是允許的。觀音奴又將長孫女嫁與遼興宗為妃，興宗乃聖宗之子，聖宗是景宗之子，因此興宗為觀音奴之姪，把孫女嫁給姪子，顯然是差了一輩。更有甚者，還有兒子娶繼母為妻的，如《耶律庶幾墓誌銘》記載：「慣寧相公故，大兒求哥，其繼母

1　《宋朝類苑》引《乘軺錄》。

骨欲夫人宿臥，生得女一個，名阿僧娘子；長得兒一個，名迭剌將軍。」契丹人竟將娶繼母為妻並生育子女的事寫入墓誌中。又如秦晉國王耶律隆慶死後，其妻秦晉國妃蕭氏在遼聖宗主持下嫁給隆慶之子宗政。按照儒家理論，兒子娶繼庶母，於情於理，均不契合，但遼朝皇帝卻公開主持這種婚事。至於弟娶寡嫂、姊亡妹續之類就更是屢見不鮮了。但是契丹人家庭夫妻結合或離異比較自由。如遼景宗皇后蕭燕燕的大姐起初嫁給齊王，丈夫死後，自稱齊妃，領兵三萬屯西鄙臚胊兒河。一次閱馬，見番奴撻覽阿缽姿貌甚美，便召侍宮中，皇后強迫兩人離異。「逾年，齊妃請於後，願以為夫，後許之，使西捍轄鞎，盡降之。」[2]齊妃以王妃之尊改嫁給一個奴僕，兩人地位相差如此之遠，竟然能結成秦晉之好，在漢人中也是不可思議的。

在契丹人家庭中，夫權占統治地位，特別是帝王之家，可以隨意貶廢、殺戮妻妾，甚至要妻妾殉葬。如遼太祖淳欽皇后述律氏在葬太祖時「欲以身殉，親戚百官力諫，因斷右腕納於柩」[3]。賜死的更是屢見不鮮，如聖宗妃蕭氏、道宗宣懿皇后蕭氏、天祚皇帝文妃蕭氏等。在家庭中，父母對子女的權力也是絕對的，必須遵從，不允許討價還價。特別是父權與皇權結合在一起，對子女便有至高無上的權威。如遼道宗皇太子被人誣陷陰謀篡位，道宗不問情由，將太子先廢後殺；天祚皇帝也以同樣的原因和方式將兒子晉王賜死。做父母的喜愛少子也是契丹人中很普遍的風俗，平民之家固不必說，就是帝王之家也是如此。如耶律李胡是遼太祖耶律阿保機第三子，太祖崩後，述律太后有意立他為帝，但遭到諸臣反對而未果。述律太后對他說：「昔我與太祖愛汝異於諸子，諺云偏憐之子不保業，難得之婦不主家，我非不欲立汝，汝自不能矣。」[4]再如聖宗臨終時遺詔立耶律宗真為帝，是為遼興宗，但太后偏愛少子重元，興宗即位不久，太后便緊鑼密鼓，打算廢興宗而立重元，重元主動將此事告知興宗，興宗採取了措施，才防患於未然。

2　《契丹國志·景宗蕭皇后》。

3　《遼史·后妃傳》。

4　《遼史·宗室傳》。

遼國立國後，先與五代後與北宋為鄰，兩個多世紀間境土相接，使軺往還，中原漢族儒家的思想文化對契丹人的家庭觀念產生了重大影響，最重要的是節烈觀和孝道觀。

遼代初年契丹人並沒有多少節烈觀念，那時結婚離異、再娶再嫁都是比較隨便的，沒有什麼道德規範的約束，自然也無所謂節烈觀念。到了遼代中後期，漢人儒家的綱常禮教也傳入了契丹人中，三從四德之類的說教便成了契丹族婦女所必須恪守的信條，許多婦女寧願飽受顛沛流離之苦，在丈夫罹禍或死亡之後，守節不嫁，如耶律奴之妻蕭氏系皇室公主之女，耶律奴因道宗朝太子被廢受到權臣耶律乙辛誣陷而流放烏古部，道宗憐惜蕭氏乃金枝玉葉，便勸她離婚再嫁，她拒絕說：「陛下以妾葭莩之親，使免流竄，實天地之恩。然夫婦之義，生死以之。妾自笄年從奴，一旦臨難，頓爾乖離，背綱常之道，於禽獸何異？幸陛下哀憐，與奴俱行，妾即死無恨！」[5]道宗聽了，甚為感動，同意她與丈夫一起到達貶所。又如耶律術者之妻蕭氏，係國舅孛菫之女。術者死後，她對別人說：「夫婦之道，如陰陽表裡。無陽則陰不能立，無表則裡無所附。妾今不幸失所天，且生必有死，理之自然。」[6]後來自刃而卒，為夫殉葬。

孝道是儒家文化的一項重要內容，在遼代，對父母盡孝已成為契丹人普遍遵守的道德規範。首先是統治者起了表率作用，如遼太宗耶律德光「性孝謹，母病不食亦不食，嘗侍於母前。應對或不稱旨，母揚眉而視之，輒懼而趨避，非復召不敢見也」[7]。《契丹國志》的這一段記載，是耶律德光稱帝之後的事，他以九五之尊，見了母親還要趨避，母后不召，不敢來見，這種崇敬畏懼心情，說明是很孝順的。他出兵顛覆後晉，住在汴京，「述律太后遣使，以其國中酒饌脯果賜帝，賀平晉國。帝與群臣宴於永福殿，每舉酒，立而飲之，曰：太后所賜，不敢坐飲。」[8]儘管母親距汴京有千里之遙，只是遣人送東西，仍然站立飲酒，以示對母親的孝敬，即使在漢人皇帝中，也是不多見的。又如遼聖宗剛親政一月，

5　《遼史·耶律奴妻蕭氏傳》。
6　《遼史·耶律術者之妻蕭氏傳》。
7　《契丹國志·太宗嗣聖皇帝上》。
8　《契丹國志·太宗嗣聖皇帝下》。

其母暴崩，他「哀毀骨立，哭必嘔血」。埋葬之後，群臣勸他改元，他說，改元乃是吉禮，居喪改元，乃不孝之子。群臣說，改元是尊古制，古代帝王，均是如此。他說：「吾契丹主也，寧違古制，不為不孝之人。」[9]堅持不肯改元。

其次是契丹統治者號召、鼓勵臣民百姓對父母、長輩盡孝。如遼聖宗在統和元年（983 年）就宣布：「有孝於父母，三世同居者，旌其門閭。」如父母在堂而分籍析居者，以有罪論處：「民間有父母在，別籍異居者，聽鄰里覺察，坐之。」[10]開泰元年（1012 年）下詔：「前遼州錄事張庭美六世同居，儀坤州（內蒙翁牛特旗西北）劉興胤四世同居，各給復三年。」[11]因六世同堂、四世同堂而各免三年徭役，表明遼朝統治者很注意褒美父慈子孝，家庭和睦的人戶。至於

魚鱗紋銀壺（遼）

「禮高年，惠鰥寡，賜飲」[12]的事就更多了。聖宗時有一個原籍北宋的漢族官員，因偷越國境回宋而被捕，按律當斬。那人說，他之所以逃亡，是因為父母兄弟俱在南朝，每一念及，涕淚漣漣。聖宗不禁動了惻隱之心，為他開脫說：「今為思親，冒死而亡，亦孝子用心，實可憐憫」[13]，特為赦免。聖宗對高年婦女格外優渥，下詔：「婦人年逾九十者，賜物。」[14]遼朝的第四代皇帝穆宗「賞罰無章，朝政不視，而嗜殺不已」[15]，是個昏君，但卻很注意尊老敬老，應曆十八年（968 年）下詔，有才能者不次擢用，「老耄者，增俸以休於家」[16]。對於不盡孝道者，

9　《遼史・聖宗本紀一》。
10　同上。
11　《遼史・聖宗本紀六》。
12　《遼史・聖宗本紀八》。
13　《遼史・趙安仁傳》。
14　《遼史・聖宗本紀五》。
15　《遼史・穆宗本紀贊》。
16　《遼史・穆宗本紀下》。

則嚴懲不貸。如道宗清寧元年（1055 年）十二月，「皇族十公悖母，伏誅」[17]。十公其人怎樣忤逆不孝，對母親不敬，史無明文，但大概情況非常嚴重，才被砍了頭的。又如耶律滑哥蒸其父妾，懼事情敗露，又殺其父，太祖阿保機即位後，滑哥又參與太祖諸弟的叛亂，太祖說：「滑哥不畏上天，反君弒父，其惡不可言。諸弟作亂，皆此人教之也」[18]。下令將他殺死。景宗時耶律陳哥「謀殺其父，舉兵作亂」[19]，被車裂於市。類似的例子還有不少。這些例子說明，遼朝統治者對不孝父母或戕害父母者懲罰是很嚴厲的。

第二節·
金代女真人
的倫理觀念

　　金代女真人的婚姻形態有好幾種。一是氏族外婚與部落外婚。氏族部落時期，一般情況下實行氏族外婚制與部落內婚制，也即通婚的雙方是同一部落的不同氏族，女真人建國前大致上採用這一婚姻形態。隨著統治地區的擴大，女真人中出現了部落外婚習俗。其實部落外婚不過是氏族外婚制範圍的擴大而已，所禁的範圍不僅是本氏族，也包括了原部落的其他所有氏族。這種新婚俗的出現，既增強了人們的體質，也打破了原有部落的封閉、保守觀念。金代建國初年，還有

17 《遼史·道宗本紀一》。
18 《遼史·耶律滑哥傳》。
19 《遼史·宗室傳》。

部落內婚的舊俗，統治者不得不加以制止，天輔元年（1117 年）五月，太祖阿骨打下詔：「自收寧江州（吉林扶餘東石頭城子）已後同姓為婚者，杖而離之。」[20] 十年之後，太宗於天會五年（1127 年）又重申：「合蘇館諸部及新附人民，其在降附之後，同姓為婚者，離之」[21]。用法律形式固定下來，是女真人在婚姻關係上的一大進步。在滅亡遼和北宋以後，女真人以猛安謀克的形式遷入中原內地，形成了女真人與其他民族雜居的局面，於是女真人與漢人相互通婚的現象也愈來愈多了。這種通婚為金代皇帝所認可，無論是對女真民族的發展，抑或是對漢民族的發展，都是非常有利的。

女真人還實行接續婚和隸役婚。所謂接續婚是指男子死後，其遺孀由族內另一男子收繼，即《金史》所謂「舊俗，婦女寡居，宗族接續之」[22]。一般情況下是，「父死則妻其母，兄死則妻其嫂，叔伯死則侄亦如之。故無論貴賤，人有數妻」[23]。如宗幹、宗峻同父異母，均為太祖阿骨打之子，金熙宗完顏亶為宗峻之子。宗峻死後，宗幹收繼宗峻之妻，並撫熙宗如己子。又如宗弼、宗輔為同父異母兄弟，都是太祖之子，宗輔朝見太祖，卒於途中，「宗弼自成所赴其喪，娶宗輔之妻張氏以歸」[24]。這種婚姻制度之所以盛行，雖與原始社會的群婚殘餘有關，但更重要的還是出於對財產繼承的考慮。因為丈夫死後，其財產由妻及子女繼承，如妻子攜家產改嫁，她丈夫所在的家族和氏族就會損失一部分財產，為了把財產保留在原家族和氏族之內，最好的辦法就是由族人將該女子收繼。按照中原儒家的綱常倫理來看，兄娶弟妻，弟娶寡嫂已屬不能容忍之事，若妻其後母，便是禽獸不如了。金朝建國以後，接續婚制度不再盛行了，個中原因大概是女真人的家庭形態起了變化，同時與受中原漢文化的影響有關。如世宗之母李氏在丈夫死時，世宗只有十三歲，當時的皇帝是太宗，為了避免收繼婚這一尷尬場面，李氏於無可奈何中出家為尼；海陵王殺其叔曹國王宗敏，欲納其妻阿懶，「大臣

---

20 《金史·太祖本紀》。
21 《金史·太宗本紀》。
22 《金史·睿宗貞懿皇后傳》。
23 《三朝北盟會編·政宣上帙三》。
24 李心傳：《建炎以來繫年要錄》卷九十，臺北，臺灣文海出版社，1980。

奏：宗敏屬近尊行，不可。乃令（阿懶）出宮」[25]。但父死則妻其母的現象在女真人故地並未絕跡，直到後金時還有這類事例。如《建州聞見錄》就有「婚嫁不擇族類，父死而子妻其母」的記載。至於隸役婚是指夫婦成婚後，男子留婦家為僕役三年，然後放歸，婦家送他一部分財產。執僕役是為了補償婦家女兒出嫁的損失。這種婚俗帶有母權制的遺風，是私有制出現的情況下才有的。

搶婚與放偷是女真人婚俗的又一個特色。搶婚是戰爭時搶掠別族女子成婚，這種婚姻違反女子的意願，顯然是不道德的。放偷則限於正月十六日這一天。盜人財物、妻女，皆不治罪，有些互相鍾情的男女私下約定，男方在正月十六這天將女子竊去，從此結成連理。男女之間亦可苟合，但不得烝淫嬸母。如洪皓的《松漠紀聞》記載，天眷三年（1140 年）正月十六日，熙宗朝宰相完顏希尹（又名穀神、兀室、悟室、骨舍）之子撻撻率奴僕十餘人，闖入寡嬸家，將其叔母姦淫，希尹大怒，將撻撻捆綁，杖其背百餘，撻撻不久斃命。這說明隨著時代的進步，烝叔母已為世俗所不容。到了世宗時，女真人的婚姻關係又有了新的規定。大定十七年（1177 年）「以渤海舊俗男女婚娶多不以禮，必先攘竊以奔，詔禁絕之，犯者以奸論」[26]。此禁令雖是對渤海國百姓而言，但女真也有男女私約而竊去的舊俗，大概在此令頒布之前已經禁止了。違犯此項法令者以犯奸論罪，可見即使是男女雙方約定後再去搶親，已不符合當時的倫理綱常了。大定十九年（1179 年）又規定，「制知情服內成親者，雖自首仍依律坐之」[27]。這裡的「服」指舊時的喪服制度，按其與死者的關係親疏分為五等，稱為「五服」。五服之內，血緣親近，不得成親。這條規定不但排除了子妻後母的陋習，而且同宗兄妹之間也不得為婚了。章宗時又重申這一規定，承安五年（1200 年）三月，「定妻亡服內婚娶聽離制」[28]。幾天之後，又「定本國婚聘禮制」[29]。這個婚聘禮制已在法律上規定「服內」婚姻為非法，這一規定符合儒家禮制。倫理道德上與中原漢

---

25 《金史·后妃傳上》。
26 《金史·世宗本紀中》。
27 同上。
28 《金史·章宗本紀三》。
29 同上。

人整齊劃一，表明女真人在章宗時已基本上完成了封建化進程。

在女真人的家庭中，家庭成員地位不同，父權處於支配地位。貴族大臣皆多妻，妻室有嫡庶之分，妻妾所生的子女地位也不相同，這一點與中原漢人的風俗相同。

金朝統治者非常注意提倡孝悌。世宗是一個很典型的例子。大定十三年（1173 年），尚書省奏，鄧州（今屬河南）百姓范三毆人致死，按律當斬，他的雙親年邁，無人侍奉。世宗知道後說：「在醜不爭謂之孝，孝然後能養。斯人以一朝之忿而忘其身，而有事親之心乎？可論如法。其親，官與養濟。」[30]以身試法而不顧年老的雙親，其情可恨，世宗下令按法懲治，而用官帑養活范三的雙親，這種惻隱之心是很可稱道的。次年，他對皇太子及親王說：「人之行，莫大於孝弟（悌），孝弟（悌）無不蒙天日之。汝等宜盡孝於父母，友於兄弟。自古兄弟之際，多因妻妾離間，以至相違。且妻者乃外屬耳，可比兄弟之親乎？若妻言是聽，而兄弟相違，甚非理也」[31]。世宗諄諄告誡他的子弟要孝順父母，友於兄弟，不可因妻子之言傷了弟兄和氣，說得是很懇切的。大定二十一年（1181 年），永清縣（今屬河北）有個叫移剌余里也的契丹人，有一妻一妾，妻生子六人，妾生子四人。其妻死後，所生六子結廬墓旁，輪番守墓。妾生之子都說，死者是我們的嫡母，我們難道不應該守墓嗎？也輪番守墓，三年如一日。世宗外出狩獵經過永清縣，聽說了這件事，「賜錢五百貫，仍令縣官積錢於市，以示縣民，然後給之，以為孝子之勸」[32]。

章宗完顏璟係世宗之孫，他即位後大有乃祖之風，也大力褒揚孝悌之人。明昌三年（1192 年），棣州（山東惠民）出現了一個孝子劉瑜，錦州（今屬遼寧）出了個孝子劉慶，章宗下詔賜給「絹、粟，旌其門閭，復其身」[33]。因為行孝，朝廷便賞賜布匹糧食，旌表其門，蠲免徭役，待遇是很優渥的。章宗希望以此激

30 《金史·世宗本紀中》。
31 同上。
32 《金史·世宗本紀下》。
33 《金史·章宗本紀一》。

勵篤行孝道之人，推廣開來，成為風氣。他問宰臣，孝義之人是否封贈官職？宰臣回答說，世宗朝曾任命過一個叫劉政的孝子當官，但他素質太差，不能勝任。章宗說，難道所有的孝子素質都很低嗎？孝義之人素質已經具備，能夠任用者要盡量錄用。以後可能有人為了當官而偽裝孝悌，即便如此，猶不失為善。可查驗前後所申報的孝義之人，如有可用者，應當如實上報。有了孝悌之心，便可能效忠國家，即使才能稍差一點，也要任用。章宗這一片用心是值得嘉許的。對於年邁之人，甚為呵護。泰和三年（1203 年）規定，凡「致仕官入宮，年高艱於步履者，並聽策杖，仍令舍人護衛扶之」[34]。泰和六年（1206 年）又對拋捨父母而遠遊者作出處罰規定：「祖父母、父母無人侍養，而子孫遠遊至經歲者，甚傷風化，雖舊有徒二年之罪，似涉太輕。其參考前律，再議以聞。」[35]顯然，這是受了儒家「父母在，不遠遊」說教的影響。拋捨祖父母、父母遠遊，時間超過一年者，過去判罰兩年勞役，章宗還嫌太輕，要加重處罰，這對激勵人們贍養父母，孝敬老人，無疑是有勸世作用的。

金朝統治者還大力旌表節烈之婦，即使是別一朝代的婦女，也照樣表彰。如遼將張覺降金，任平州（河北盧龍）留守，後又反金投宋，百姓李寶信之妻在平州被叛軍捉去，欲以為妻室，王氏不從被殺，世宗時「贈貞烈縣君」[36]；遼朝宜州（遼寧義縣）節度使韓慶民守城時被金兵攻破，慶民盡節，金兵欲以其妻配給將士，其妻自殺，世宗讀《太宗實錄》時，見到這一條記載，便讚歎說：「如此節操，可謂難矣」[37]；一個姓師的女子嫁給雷姓為妻，丈夫早亡，師氏孝敬舅姑（公婆）。舅姑亡後，其兄與丈夫之侄合夥逼她改嫁，以便吞併她的財產，師氏自殺，世宗下詔「有司祭其墓，賜諡曰節」[38]；州（陝西富縣）女子康住住，其夫早亡，父親逼她改嫁，康氏投崖而死，「詔有司致祭其墓」[39]；李文妻史氏，

---

34 《金史・世宗本紀下》。
35 同上。
36 《金史・列女傳》。
37 《金史・列女傳》。
38 同上。
39 同上。

夫亡守節，父親強迫她別抱琵琶，自縊而死，「詔有司致祭其墓」[40]；李英妻張氏，居濰州（山東濰坊），貞元年（1214 年），元兵破濰州，欲擄張氏為妻，張氏不從，被殺，「追封隴西郡夫人，諡莊潔」[41]。《金史》為這些卓然不群的女子立傳，顯然是號召後人向她們學習。

第三節 ·
從西夏的社會風俗
看倫理觀念

　　党項人早在唐代便已進入父系氏族社會，禁止氏族內部通婚，《舊唐書·党項傳》記載，党項人「妻其庶母及伯叔母、嫂、子弟之婦，淫穢烝褻，諸夷中最為甚，然不婚同姓」。在漢族人看來，以庶母、伯叔母、嫂、子弟之婦為妻，顯然是亂倫行為，為封建綱常禮教所不容。但這種群婚制殘餘，在很多民族都經歷過，党項人有這種風俗，也是很自然的。「不婚同姓」四字值得玩味。所謂同姓，實際上是指党項人的氏族，《文海》中稱為「宗姓」:「此者宗族也，宗號也，分別姓類用之謂也」。党項人不婚同姓，也就是不與同一宗族的女子相婚配，他們已經意識到了同一氏族的男女血緣相近，如若婚配，不利於後代繁衍，至於庶母、伯叔母、嫂及子弟之婦均是外姓女子，與本人沒有血緣關係，故可在她們寡

---

40 同上。
41 同上。

居時娶以為妻。「同姓不婚」是婚姻觀念上的一個進步。

西夏時期的党項人也實行買賣婚姻。《文海》中的「婚價」一詞，就標誌著買賣婚姻的存在：「結婚取女價，向親戚、叔舅等饋物之謂」。這是說男子娶妻要向女家支付「婚價」，不過支付的方式不是直接付給錢幣，而是以饋贈的形式出現的。買賣婚姻是一種醜惡現象，中原漢地在長期的封建社會中，買賣婚姻一直沒有絕跡，西夏地區也未能免除這種違背婦女意願的醜惡現象。

嫡、庶之分的觀念在党項人中普遍存在，馬可·波羅曾記述他在遊歷甘州時的見聞說：「娶妻之數惟意所欲，然第一妻之地位最尊。諸妻中有不善者得出之，別娶一人」。馬可·波羅經過甘州時，正值西夏滅亡不久，他在《馬可波羅遊記》中的這段記述是可靠的。只要贍養得起，願意娶多少妻妾都可以，但是正妻的地位最高，其他妾均不能與正妻抗禮。自然，能夠娶許多女子為妻的人，肯定是富甲一方的縉紳，一般平民只能是一夫一妻的家庭，貧窮太甚的人恐怕連妻子也娶不起。

與中原漢族人的婚姻相比，西夏人的婚姻是比較自由的。漢人青年男女不可自由擇偶，須得媒妁之言才能結合，否則就是淫奔，為人所不齒，而清人張鑑在其《西夏紀事本末》中記述党項人的情況則是：「凡育女稍長，靡由媒妁，暗有期會，家不之問。」党項人的父母對子女的婚姻，態度還是比較開明的。但是如果男女婚事受阻，便往往殉情而死：

情之至者，必相挈奔逸於山岩掩映之處，並首而臥，紳帶置頭，各悉力緊之，倏忽雙斃。一族方率親屬尋焉，見不哭，謂男女之樂，何足悲悼？用彩繒都包其身，外裹之以氈，椎牛設祭。乃以其草密加纏束，然後擇峻嶺，架木為高丈，呼為「女柵」，遷屍於上，云於飛升天也。二族於其下擊鼓飲酒，盡日而散。

為爭取婚姻自由而殉情，在漢族男女中也不少見，但党項男女死的方式卻頗為奇特，兩人並首而臥，頭上纏裹布條，雙方同時用力，俄頃之間便雙雙斃命了。更為奇怪的是，男女雙方的親屬不失聲慟哭，反而說這是男女之樂，用不著悲傷，

然後將屍體遷於木架之上，雙方親屬在下面擊鼓飲酒，盡歡而散。這種風俗與漢人在子女死亡時悲痛欲絕的情景截然不同，看來党項人對殉情者是持讚揚態度的。

党項人經濟、文化發展水準落後於漢族，反映在婚姻關係中，婦女所受的歧視也不像漢族那樣嚴重。西夏文書《聖立義海・男女相覓》條記載：「人為婚姻則女平男等相覓，問訊男女之齡相覓。」所謂「女平男等」，可能是指締婚的男女雙方必須門當戶對，這是社會不平等在婚姻關係方面的反映。由於雙方政治地位、經濟地位不同，致使有情人不得成為眷屬，這種風俗與中原漢人是一樣的。但也有不同之處，在漢人地區中，一般是男方看中了女方後，請媒人到女方家提親，而党項人則是由女方請媒人提親，說明党項族婦女地位高於漢族婦女。

党項人在日常生活中有無相通，互相幫助，成為風氣，是很值得稱道的。元末唐兀（西夏）人余闕，世居河西武威，因父官於盧州（安徽合肥），遂家於是。他在一篇文章中說：

予家合肥，合肥之戍，一軍皆夏人。人面多黧黑，善騎射，有身長至八九尺者。其性大抵質直而上義，平居相與，雖異性如姻親。凡有所得，雖簞食豆羹不以自私，必招其朋友。朋友之間有無相共，有即以予人，無即以取諸人，亦不少以屬意。百斛之粟，數千百緡之錢，可一語而致具也。歲時往來，以相勞問。少長相坐，以齒不以爵，上下之情怡然相歡。醉即相與道其鄉鄰親戚，各相持涕泣以為常。予初以為此異鄉相親乃爾，及以問夏人，凡國中之俗，莫不皆然。[42]

這一則記載反映出西夏人質樸、忠厚、誠懇、坦率、慷慨的性格。他們雖異姓相處，也如姻親之好，有了食物，必招好友共食。一人有難，即使是百斛之粟、數千百緡之錢，不需立字據，一句話便可將糧、錢送來。少年人與老年人相聚，只敘年齡，不問官職，人情味很濃。在西夏人聚居之處，人人相待以誠，沒有爾虞我詐，沒有劫掠燒殺，真是理想的太平盛世。這段文字也許有誇大之處，但西夏

---

42 余闕：《青陽先生文集・送歸彥溫赴河西廉訪使序》。

人團結互助的風氣肯定是真實的。

第四節 ·
元代宗族、家庭、婚姻中
所體現的倫理道德觀念

　　元代的宗族組織多是由聚族而居的個體小家庭組成，累世同居共財者甚少。這些聚族而居的小家庭，多居住在一村或相鄰的幾個村子中，有共同的祠堂、族譜和家規家法，定時祭祀祖先，同時還用族田收入賑濟族內貧窮之人。如江州（江西九江）陳姓族譜序言就說，陳姓之人「好惡相同，憂樂相共，音問相通，聲勢相倚，紀綱相扶，有無相濟，出入相友，會遇相揖，德業相勸，過失相規，農耒相資，商賈相合，水火盜賊相顧，疾病相恤，婚姻死喪相助，強不淩弱，眾不暴寡，大不欺小，一家之中，和氣周流，仁風滂沛，上無愧於祖宗，又上無愧於天地矣」[43]。從這裡可以看出，陳姓宗族實際上是一個組織頗為嚴密的社會，他們互相幫助，患難與共，憂樂相同，在同一宗族內沒有強淩弱、眾暴寡的現象，這是很值得稱道的。

　　以血緣關係為紐帶組成的宗族，有首領——族長，有法規——族規家法，一個宗族除了向政府繳納賦稅、服徭役外，幾乎不與封建社會政權打交道。一個宗

---

43 轉引自何光岳、聶森：《陳姓》，頁 122，海口，三環出版社，1991。

族就是一個自給自足的自然經濟單位，他們男耕女織，自種自吃，糧食、蔬菜、布匹以及簡單的生產工具，都是自己生產的。除了必要的商品交換外，他們幾乎足不涉市廛。這些村落大多闢在一隅，與外界聯繫不多，所謂雞犬之聲相聞，老死不相往來。但有時也會因疆界、用水等引起宗族糾紛，甚至會發生械鬥。因為他們生活在一個相對封閉的環境裡，思想保守陳舊，不容易接受新事物。但在另一方面，也使他們保留了善良、淳樸、忠厚的風氣。如浦江（今屬浙江）鄭氏在南宋時便建立了宗族祠堂，到了元朝至大年間，鄭氏六世孫文嗣已十世同居，每逢朔（每月初一）、望（每月十五日）家長率眾參謁祠堂後，出坐堂上，男女分坐堂下，擊鼓二十四聲，令一人唱道：「聽聽聽，凡為子弟，必孝其宗；為妻者，必敬其夫；為兄者，必愛其弟；為弟者，必恭其兄。聽聽聽，毋徇私以妨大義，毋怠惰以荒厥事，毋縱奢侈，以干天刑；毋用婦言，以間和氣；毋為橫非，以擾門庭；毋縱曲，以亂厥性。」這支歌是教育子弟遵守封建倫理道德的，其中雖不乏男尊女卑的說教，但戒懶惰、戒奢侈、少飲酒等，也有積極意義。

元代百姓多是一夫一妻制，除了王公貴族、達官顯宦擁有眾多妻妾外，一般人並無此特權。在外地做官者，如其妻已亡，又無子嗣，准娶妻妾，這是為已仕官員娶妾開方便之門，所謂無妻無子云云，率多不實之詞。凡是居官者，大多都有妻室，不過他們上任時不攜妻前往，便詭稱沒有妻室。因為山水迢遞，有司也不肯認真調查，致使不少官員有兩個妻子。至元十年（1273年）規定：「有妻再不得求娶正妻外，若有求娶妾者，許令明立婚書求娶。」至元十三年規定：「有妻許娶次妻。」[44]當然，這些規定都是為財產殷實之家設想的，只有這些人才蓄得起妻妾。至於蚩蚩小民，娶一妻已屬不易，哪裡有餘錢再去娶次妻蓄妾？

元代蒙古人中還有收繼母、叔嬸、兄嫂的陋習，直至元末，此風仍相沿不替。順帝時有一個叫鄭昤的官員上書說，蒙古人「不行三年之喪，又收繼庶母、叔嬸、兄嫂，恐貽笑後世，必宜改革，繩以禮法」。但順帝不予理會。不久，中書平章闊闊歹死，側室高麗氏色美，正室子拜馬朵兒赤欲納以為妻，高麗氏誓不

---

44 《元典章·戶部四·次妻·有妻許娶妾例》。

貳適，拜馬朵兒赤賄賂丞相伯顏，伯顏奏給順帝，「奉旨命拜馬朵兒赤收繼小母高麗氏」[45]，但高麗氏堅決不嫁，此事只得作罷。又如雍吉剌氏脫脫尼，頗有姿色，二十六歲夫卒，「前妻有二子皆壯，無婦，欲以本俗收繼之，脫脫尼以死自誓。二子百計求遂，脫脫尼恚且罵曰：汝禽獸，欲妻母耶，若死何面目見汝父地下？二子慚懼謝罪，乃析業而居。」[46]這種娶庶母為妻的風俗，對蒙古人來說雖然是很普通的事情，但畢竟不合乎儒家的倫理綱常，因此脫脫氏才說出了「汝禽獸，欲妻母耶」的話。到了元代末年，蒙古人中的有識之士已經自覺地向儒家封建禮教看齊了。

元代有許多家庭因生活拮据，將妻子典與他人，過若干年後再出錢把妻子贖回，這種現象甚多，江淮地區尤為嚴重：「江淮薄俗，公然受價將妻典與他人，如同夫婦。」[47]典賣期間所生子女，歸出資者所有，女子返回故夫身邊時不得帶走。這種陋習不僅有傷風化，而且導致許多家庭解體，造成社會動盪不安。統治者也發現了典妻的弊端，指出「今後擬合禁治，不許典雇，若夫婦一同雇身不相離者，聽。如此，不惟人倫有別，可以漸復古風」[48]。但是一紙空文並不能根絕典妻現象，為生計所迫而典妻者仍大有人在。

元代溺嬰之習也很嚴重。這種陋俗始於先秦，《韓非子》中已有「且父母之於子也，產男則相賀，產女則殺之」的記載。古代生產力低下，認為生男可傳宗接代，生女則徒增負擔，成為累贅，因而往往留男溺女。降至宋代，無論男女，每至不堪負擔時便溺殺了事。元代時這種陋習仍相沿不替，但統治者已下令禁止。《元典章》記載，建寧路浦城縣（福建浦城）一家將產下男嬰「於桶中溺死」，閩清縣（今屬福建）百姓因家庭貧窮，子女太多，往往在「初生時遽行溺死」。針對這種情況，元朝政府規定：「今後若有將所生男女不行舉養者，許諸人告發到官，以故殺子孫論罪，鄰佑、社長、里正人等失覺察者亦行治罪。」[49]

---

45 《南村輟耕錄・高麗氏守節》。
46 《元史・列女傳一》。
47 《通制條格・戶令・典雇妻室》。
48 同上。
49 《元典章・刑部四・殺卑幼・溺子依故殺子孫論罪》。

對於火州溺殺女嬰問題又規定：「今已後女孩兒根底水裡撇的人每，一半家財沒官與軍每者，首告的人每若是驅奴呵，做百姓者，咱這般說來。」[50]經統治者三令五申之後，溺子之風稍戢。

為了鞏固自己的統治，元朝也旌表了一批忠臣義士、孝子節婦，把他們當作楷模大力宣傳，以收潛移默化之效。他們明文規定：「諸義夫、節婦、孝子、順孫，其節行卓異、應旌表者，從所屬有司舉之，監察御史廉訪司察之，但有冒濫，罪及元舉。」[51]心術不正、不孝父母、大節有虧之人，則要受到撻伐。

「天子皆嘗表其門閭，或復其家（免除徭役）」[52]者分為事親篤孝、居喪盧墓、累世同居、散財周急四類。他們之中有些人的美德，至今還有借鑑意義。如京兆興平（今屬陝西）人蕭道壽，「日三飯，必待母食，然後退就食。至夕，必待母寢，然後退就寢」，因此受到「賜羊酒，表其門」[53]的獎勵。山丹州（甘肅山丹縣）人寧豬狗，其母患風疾不能行走，豬狗「造板輿載母，夫婦共舁，行園田以娛之」[54]。大寧縣（內蒙古寧城縣西老哈河北岸大名城）孫秀實喜周人急，里人因貧不能償債，棄其親逃去，秀實「悉為代償，取券還其親，覆命奴控馬齎金……父子歡聚，聞者莫不嗟美」[55]。

《元史·列女傳》中為許多夫亡守志、立節不嫁的婦女立了傳，實際上這些婦女是封建禮教的犧牲品，一紙毫無實際意義的旌表，就害得她們孤苦無依，飲恨終生。按照元代的法律，夫亡妻子可以改嫁，但統治者卻提倡夫亡之後，妻子「合行依例於夫家守服，以全婦道，激勸風俗」[56]。世祖至元年間、成宗大德年間，皇帝都曾下詔鼓勵守節：「婦人服闋守志者，從其所願，若志節卓異，無可

---

50 《通制條格·戶令·女多溺死》。
51 《元史·刑法制一·職志上》。
52 《元史·孝友傳一》。
53 《元史·蕭道壽傳》。
54 《元史·寧豬狗傳》。
55 《元史·孫秀實傳》。
56 《元典章·戶部四·夫亡·夫家守服》。

養贍，官為給糧存恤。」[57]事實上，許多婦女在丈夫歿後，因名節攸關，不再改嫁，但內心是痛苦的。《南村輟耕錄》載，元代燕山（北京市附近）有一姓項的婦女，嫁給一個來燕山經商的江南人，丈夫死時，她才二十歲。她扶柩回江南，打算養活婆母，不再嫁人，誰知她婆母已聞訊改適，她孑然一身，苦度歲月。有人寫詩分析她的內心世界說：「少無依倚老何堪？白髮婆婆亂不簪。夢裡尚思江北好，悔將夫骨葬江南。」[58]這真是恰如其分的描述。

元代承宋代遺風，累世同居者增多，都要旌表，不勝其煩，於是統治者規定，只旌表五世同居者，三世同居者不再旌表：「自翁及孫三世同居者比比皆是，若將一家褒旌，天天紛紛指例，看成尋俗，無以勸懲。今後五世同居安和者，旌表其門。」[59]婦女如果只是夫亡守志，須得在三十歲之前丈夫亡故，守寡至五十歲，方有旌表的資格。除此之外，節婦還須有卓然異行，如散財焚券，惠濟鄉里；臨難不避，節操卓絕者方可。「義夫、孝子、順孫若果節義行實，有可嘉尚，必合表異，為宗族鄉黨稱道者，方許各處鄉佑社長條具實跡，申聞本縣。」[60]凡弄虛作假者要受到嚴厲懲罰。

---

57 《通制條格・戶令・夫亡守志》。
58 《南村輟耕錄・項節婦》。
59 《元典章・禮部六・孝節・五世同居旌表其門》。
60 《元典章・禮部六・孝節・旌表孝義等事》。

第九章

教育與科舉制度

遼代的
教育與科舉

一、契丹的貴族教育與學校的設立

契丹以武立國，在其興起之初，主要的契丹官職是通過契丹人的世選補充的，知識的傳授並不重要，學校教育幾無可言。遼建國前，雖然通過漢人帶來了漢文，回鶻人也有自己使用的文字，但契丹貴族並沒有固定的學習環境和學習課目。建國之後，由於受漢文化的影響，契丹貴族就很注意引進儒學。遼朝的佛教實際上已成為漢文化的一部分，著名的僧人也多是漢人。但比較而言，儒學更能代表純粹的漢族封建文化，因此遼統治者更重視儒學。

對儒學的尊崇，直接影響了契丹建國之初的宮廷教育。在太子倍的身邊，有學問淵博的張諫，太子倍雖沒有正式拜他為師，其實他就等於是太子的老師。名儒宋琪也曾擔任壽安王（太宗之子）的侍讀。在以後的時間裡，宮廷貴族教育還設有「諸王文學館」，文學館內設「諸王教授」、「伴讀」，指導契丹宮廷貴族的日常學習和讀書。遼聖宗太平七年（1027 年）十一月，匡義軍節度使、中山郡王查葛（漢名宗政）、保寧軍節度使、長沙郡王謝家奴和廣德軍節度使、樂安郡王遂哥，為了全面、深刻地學習漢族文化，向聖宗乞求為他們選派讀書史，得到聖宗的贊許和支持。契丹諸王不僅都有伴讀，並且還可以在府內學習，有相當好的學習環境和條件。據歷史記載，姚景行曾任燕趙國王的教授。由此可見，契丹

一方面非常重視貴族教育，另一方面也證明漢文化是契丹貴族教育的主要科目，對契丹民族有非常重要的影響。

由於契丹統治者的推崇，契丹貴族普遍地接受了漢文化，湧現出一批造詣頗深的契丹文人學者，契丹文學家蕭韓家奴就把《貞觀政要》譯成契丹文，給崇尚儒家統治思想的興宗閱讀。蕭韓家奴給興宗上疏論政事，也援引唐太宗的「輕徭省役」、「使海內安靜」的所謂治世良方。秦晉國（隆慶）妃「幼而聰警，博覽經史，聚書數千卷。能於文詞，其歌詩賦詠，落筆則傳頌朝野，膾炙人口……雅善飛白，尤工丹青……輕財重義，延納群彥。士之寒素者賑給之，士之才俊者升薦之，故內外顯寮，多出其門，座客常滿，日無虛席。每商榷古今，談論興亡，坐者聳聽。……撰《見志集》若干卷行於代，妃每讀書至蕭、房、杜傳，則慨然興歎，自唯有匡國致君之術，恨非其人也」[1]。可見她有深厚的漢學造詣和治國才能。道宗因為她頗有治理國家的才識，所以常「詔赴行在」以備顧問，有什麼大的舉措，也常與之商議。秦晉國妃在契丹貴族中深受中原文化的教育，這雖然是由於她的聰穎好學，也說明契丹貴族的教育，獲得了相當深厚的發展。蕭韓家奴和秦晉國妃是當時契丹貴族知識分子的典型，也是兩種文化互相交融的典型。

在遼建國之前，契丹人還處於奴隸社會時期，並沒有學校的設立。隨著與中原王朝的頻繁往來和接觸，漢文化的影響逐漸加深，遼在建國期間，為了鞏固統治，籠絡漢人，就在中央、地方先後設置各級學校，培養文化建設人才。

遼朝的學校，可分為遼五京的國子監和地方的府州縣學，這兩類都是遼代的官學。在南部燕雲地區，還保存著中原的傳統，村學私塾仍然存在。在某些頭下州內，可能也有村學私塾之類的保存，屬於學習文化知識的民間私學。

《遼史‧百官志》記載：「上京國子監，太祖置。設祭酒、司業、監丞、主簿、國子學博士、助教。」說明上京國子監是建國初遼太祖設置，設祭酒（相當於校長）、司業、監丞、主簿等官職。又提到國子學，設有博士、助教等專門負

---

1 《全遼文》卷八《秦晉國妃墓志銘》。

責教學和管理工作。《遼史》卷三十七《地理志》還記載，上京國子監「監北孔子廟」。孔廟建於神冊三年（918 年），國子監也同時興建。孔廟和學校同時興建，這可以說是契丹統治者的創舉，也表明契丹統治者對儒學的重視。燕雲十六州在入遼之後，經過一段比較安定的恢復和發展時期，學校也逐步得到恢復和擴建。南京官學亦叫南京太學，遼太宗時設置。道宗清寧元年（1055 年）十二月，下詔開始收授生徒，「頒五經傳疏，置博士、助教各一員」，正式任命學官並規定學習用的課本。清寧六年（1060 年）六月，又在遼中京設置中京國子監，並祭祀先聖先師，明文規定先聖先師是國子學生員學習的典範。西京「國子監，宏敞靜深冠他所」[2]，規模較其他的國子監大，學習環境也較其他的優越。史料雖記載遼五京設國子學、國子監，但都沒有反映太學生的錄取資格。太學生在學校的日常生活費用和學官（博士、助教）的生活費用及聘金，全部由朝廷供給。

屬於地方上的學校，有府、州、縣學校。《遼史‧百官志》記載，黃龍府、興中府都設有府學，府學內都設有博士和助教等學官；各州縣有州學和縣學，其中也設有博士和助教。涿州州學設置較早，建於聖宗統和年間。應州州學龍首書院創建於道宗清寧年間，創建人為翰林學士邢抱朴。開泰元年（1012 年）十二月，歸州上書朝廷，說歸州居民「本新羅所遷，未習文字，請設學以教之」[3]。朝廷同意了這一請求，歸州州學隨即得以建立。灤州州學，建立於道宗清寧年間。由此可知，遼建國後，州學得到了普遍的發展，這從一個側面反映了中原文化對契丹民族的影響。

縣學的設立也較普遍。遼道宗時，大公鼎在良鄉縣任縣令，曾在縣內建有孔子廟和縣學。馬人望在任新城縣令時，曾建有新城縣學。蕭薩八在壽昌元年（1095 年）建永清縣學。天祚帝統治時期，耶律孟簡在作高州觀察使時，也曾建學校，招生徒。三河縣縣令劉瑤，常以虛心禮待士人，「領袖生徒，紀綱文會」[4]，還重修孔子廟，闡釋弘揚儒學，玉田縣縣學為乾統年間所建立，中京州

2　張起巖：《崇文堂記》，見《遼史拾遺》引《山西通志》。
3　《遼史‧聖宗本紀》。
4　《三河縣重修文宣王廟記》，《全遼文》卷十。

州縣也創建孔廟、縣學。

上自中央五京的國子監學，下至各府州縣，都設有學校。這反映了社會對於學習文化的要求；另一方面，統治者也需要培養他們的後備工具。聖宗以後，學校的設立數量逐漸增多，各州縣普遍興建學校。這與遼境內的政治穩定、經濟繁榮和南北通好是分不開的。

遼的國學、太學中都重視經學的學習，學習的內容主要是五經，至於為理學家所重視的四書則不學習。遼朝的學校教材，是由遼朝廷統一頒布的《五經傳疏》，如《易傳疏》、《詩傳疏》、《春秋傳疏》、《書經傳疏》等，都是儒家經典，基本上沿襲了唐代學校教育的傳統。

二、科舉取士

遼代的科舉制度，是隨著政治經濟形勢的變化，漢官勢力的增長以及實現契丹民族封建化的需要而實行的。

在建國之前和建國初期，遼代並沒有實行科舉考試。遼代科舉始於遼太宗耶律德光會同初年。據《遼史・室昉傳》記載，室昉為南京（幽州）人，幼年時聰穎過人，讀書極為用心。會同初年，室昉進士及第，被朝廷授以盧龍巡捕的官職。也就是說，會同初年，當幽雲十六州地區納入遼朝版圖之後，遼朝就在幽雲地區沿襲其舊有的科舉制度了。

遼太宗耶律德光繼位不久，天顯十一年（936年），石敬瑭在晉陽反唐自立，因兵力不足，上表向耶律德光求援，對遼朝稱臣，用父禮奉事。石敬瑭依靠遼的軍事力量當上了「兒皇帝」。會同元年（938年），正是遼太宗耶律德光冊立石敬瑭的第三年，石敬瑭為了酬謝冊立之恩，於同年十一月派遣馮道、劉等上遼皇太后和皇帝尊號，並遣使趙瑩把燕雲十六州地區割獻給遼，還答應每年給遼奉獻三十萬匹帛。遼太宗大喜，於是大赦天下，改年號為會同以示慶賀。當時，燕雲十六州的居民，主要是漢人，封建文明程度較高。遼為了籠絡漢族封建知識分

子、地主階級參加政權，穩定統治，安撫新附的民眾，便在燕雲十六州地區設科考試，選拔人才，以擴充遼代的統治集團。

據《遼史·百官志一》記載，遼初得燕雲十六州地區，「太宗兼治中國，官分南北，以國制治契丹，以漢制待漢人」。又說：「遼國官制，分南、北院，北面治宮帳、部族、屬國之政，南面治漢人州縣、租賦、軍馬之事。」新得的燕雲十六州既為漢地，用漢人治理最為合適，而當時官員缺少，急需漢官以扶綏新附，於是就因襲漢人舊有傳統和考選的內容，開科取士，選拔漢族官員。從室昉會同初年進士及第即為盧龍巡捕官這一史實，即可說明遼初得燕雲十六州地區的官吏少和急需漢人為官的歷史史實。

遼實行科舉制度之初，開科貢舉並無固定的時間規定，科舉取士還沒有形成正式的制度，只是籠絡漢人的權宜之計。因此，主持貢舉工作的禮部貢院，需則設置，事過則廢。從統和元年（998 年）朝廷下詔恢復南京禮部貢院，一直到遼興宗重熙元年（1032 年）的四十四年中，開科取士大抵是每年一次，及第人數僅一、二十人，多亦不過七十餘人。興宗重熙元年（1032 年）以後，才有隔三、四年舉行一次科考的做法。

《契丹國志》卷二十三《試士科制》載：「程文分兩科，曰詩賦，曰經義，魁各分焉。」這就是說，詩賦、經義兩科分立，各有本科魁首，即狀元。又記：「聖宗時，止以辭賦、法律取士，辭賦為正科，法律為雜科。」這說明聖宗時及其以前，遼朝的科舉主要分詩賦、經義和法律三科，當時還沒有設明經科。遼代科舉重視辭賦，於此可見一斑。這種重進士即詩賦、辭賦科考試的現象，與唐朝相似。《遼史》中未用隻字記載其他科目的考試情況，已足見其輕視態度。至今所能見到的史料可知，遼朝以明經中進士的僅一人，法學二人（包括鄉貢）。與此形成鮮明對照的是，據《遼史》諸《紀》中所記，聖宗統和六年之後（包括遼末耶律淳在燕京設立的北遼政權），遼朝放進士五十五次，總計人數二千三百三十八人，這進一步證明進士科（亦即詩賦或辭賦科）在遼朝的備受重視。

遼聖宗耶律隆緒以後設有明經科。至於取士的等第，根據考試成績的優劣分為三等，即甲、乙、丙三科。有明確記載的計甲科五人、乙科六人、丙科二人。

每等之中，再按成績先後排列。比如，鄭恪於道宗耶律洪基清寧八年（1062 年）舉進士，「中第三甲」，即甲等第三名。從遼聖宗（983—1031 年）起，貢舉分經義、詩賦兩科，這是承襲宋代的科舉考試傳統。宋朝「罷試律義」，遼代也去除「法律」，沿襲之跡顯而可見。《遼史拾遺》卷一六李世弼《金登科記》也說，金「天會四年（1126 年），始設科舉，有辭賦，有經義，有同進士，有同三傳，有同學究，凡五等。辭賦之初，從經傳子史內出題，次又令逐年改一經，也許注內出題，以詩、書、禮、易、春秋為次，蓋猶遼舊也」。這樣看來，遼代的科舉科目除辭賦經義外，還有同進士、同三傳和同學究三種。而考進士、三傳、學究都是宋朝初期的科目，遼代只不過是稍稍改換名目而已。《五經傳疏》為中原朝廷傳統用來進行文化教育、思想統治的工具，也是培養提拔統治人才的標準，契丹統治者學習了這個傳統辦法，一般的上層地主階級，由於階級利益支持契丹朝廷，朝廷也採用中原辦法，使他們安於舊有的傳統。

　　史籍上曾留下一些遼朝進士科舉考試詩賦的題目，試題就時事選出。聖宗游獵，曾一箭射貫三鹿，當時正值南京試舉人，即以《一箭貫三鹿》為賦題。[5]《遼史》卷十八《興宗本紀》記載，重熙五年（1036 年）十月，興宗親御元和殿，以《日射三十六熊賦》、《幸燕詩》為題，於朝堂之上考試進士。《遼史》卷五十七《儀衛志》載興宗重熙七年（1038 年），以《有傳國寶者為正統賦》作為考試進士的題目。《老學庵筆記》卷七記載，宋仁宗慶曆年間（1041-1048 年），曾賜遼使劉六符飛白書八字，為「南北兩朝，永通和好」。後六符知貢舉，就以「兩朝永通和好」為賦題，以「南北兩朝，永通和好」為韻。因為契丹地偏北方，而且為遊牧的契丹統治者所建立，所以封建文化程度與科舉水準同中原相比，自然要略遜一籌，這曾引起中原地區宋朝人的嘲諷。據宋朝周輝《清波雜誌》記載：「呂正獻公以翰林學士館伴北使，使頗桀黠，語屢及朝廷故事。公摘契丹隱密詢之曰：『北朝嘗試進士，出聖心獨悟賦。賦無出處，何也？』使人愕然語塞。」呂正獻公即呂公著，他以遼朝科舉考試題目無經典依據為話柄，反唇相譏，大挫遼使的傲慢之氣，足證遼朝使臣的文化水準遠不能與宋朝相比。

5　《契丹國志》卷七。

遼朝模仿中原的科舉制度，也開設過制科，即於常科之外，皇帝臨時訂立科目以試士人。《遼史》上明確記載的制科有三次，均為賢良科：道宗咸雍六年（1070年）五月甲寅，「設賢良科，詔應是科者，先以所業十萬言進」[6]。咸雍十年（1074年）六日丙子，道宗「御永定殿，策賢良」[7]。天祚帝乾統二年（1102年）閏六月庚申，「策賢良」。[8]此外，史書上還有制舉登科者的記載，如劉輝於大康五年（1079年）策進士之後，「詔以賢良對策，輝言多中時病，擢史館修撰」。《金史》卷七十五《虞仲文傳》記載，虞仲文在遼朝後期，曾「第進士，累仕州縣，以廉能稱。舉賢良方正，對策優等，擢起居郎，史館修撰」。

據《遼史》記載，遼聖宗時，大體每年或隔年一試；遼興宗之後，每隔三年一試。《契丹國志》所說的「三歲一試進士」，實際是指遼興宗以後而言的，那麼為什麼還有許多例外呢？這大概與史料不齊、史文遺漏、錯記有關，並非遼代在貢舉方面始終無一定的制度。

關於貢舉的程式，《契丹國志》記載有鄉、省、府、殿試四級。但據歷史記載，王棠「重熙十五年擢進士。鄉貢、禮部、廷試（殿試）對皆第一」[9]。經過三試，有廷試而無府試。鄉貢，即鄉薦。禮部，實為省中，因禮部屬於尚書省，所以禮部中選，也可以稱為省中。從資料看，遼代廷試進士很多，唯獨不見府試。估計遼代有府試，但可能是臨時的詔舉，並不是固定的制度。

遼科舉鄉試的情況目前還不大清楚。省試在尚書省禮部貢院舉行。《遼史》記載，景宗保寧八年（976年）十二月，「詔南京復禮部貢院」，為正式實行省試的開始。省試考官由皇帝選派，多由出身科場的禮部官員或京官充任。如聖宗開泰元年（1012年），「詔裴玄感、邢祥（邢為統和二十年狀元），知禮部貢舉」，[10]當年在上京舉行省試。開泰七年（1018年）進士王澤，重熙初年任南京副留守、

6　《遼史·道宗本紀》。
7　同上。
8　《遼史·天祚帝本紀》。
9　《遼史·王棠傳》。
10　《遼史·聖宗本紀六》。

知祥復院事，後奉詔與散騎常事張公渥，到析津府充任省試考官。[11]殿試考官稱讀卷官，都由博學通達的高級官員擔任。梁援在道宗時擔任衛尉卿兼吏房承旨，還有乾文閣直學士、知制誥，還擔任殿試考官，典掌貢舉十次。[12]

省試的時間前後有所變化。重熙五年之前見諸記載的有：統和七年（989年）八月放進士高正等二人；開泰元年（1012年）五月詔裴玄感、邢祥知禮部貢舉；重熙五年（1036年）殿試放榜在十月。由此推知，省試的時間約在七、八月間。重熙五年增殿試，此後省試當在春季二、三月舉行。

殿試的時間，重熙五年在十月放榜，顯然是因舊有制度，省試在七、八月，初增殿試，於省試後舉行，還未來得及改期。五年之後，實行考期調整，有確切年月記載的除大安二年（1086年）在五月一例外，其餘均在科舉年的六月放榜，其考試的時間應在五月。重熙五年增殿試之制和此後科舉考試時間的調整，是遼朝科舉制度的一次改革。

殿試取中的進士分甲、乙、丙三科，與宋、金及後代的三甲之意相同。進士及第後，仿唐制舉行一系列的隆重儀式，以示朝廷對科舉選士的重視。殿試放榜前，皇帝先接見全體新科進士。舉行放榜儀式時，皇帝臨軒高坐，讀卷官唱名，賜每位進士「敕牒」（即進士及第證書）一道。眾進士依次至御前謝恩，皇帝賜座，並賜酒三杯，再由牌印郎君主持宴請各位進士，盡歡而散。之後，擇日再舉行恩榮宴，即皇帝御殿，新科進士先行朝拜禮，然後到「章服所」更新章服。皇帝賜宴於禮部內果園，新科進士簪花披紅，歡飲終日。

應舉之人鄉試得中，只是取得了參加省試的資格，俗稱「鄉貢進士」，但他們並非正式進士。即使省試得中，遼朝在殿試時仍有被黜落、落選的，這與宋代的科舉制度有明顯的區別。後來，金朝自始至終實行殿試黜落舉人的辦法應當是吸收了遼代的科舉制度。

---

11 《王澤墓志》，《全遼文》卷七。
12 《梁援墓志銘》，《北方文物》，1986 年第 2 期。

會同初年科舉草創，所取之進士都是五代時的舊儒生。以後隨著教育事業的發展，各級官辦學校的生徒則成為科舉考試的重要生源。同時，卒業於鄉里私學或自學成才者，也可到州縣去報名應考。另外，居官者也可以參加科舉考試，如王師儒的次子「承恩蔭授率府副率閣門祗侯，應進士舉」[13]。楊晳「幼通五經大義，聖宗聞其穎悟，詔試詩，授秘書省校書郎。太平十一年，擢進士乙科」[14]。遼進士多出自燕京地區的漢族顯宦世家，確實是「北遼士子多燕人」[15]。

　　宋人路振在統和二十六年（宋大中祥符元年〔1008 年〕）出使遼國，回宋後所作的《乘軺錄》記載說，遼國「歲開貢舉，以登漢民之俊秀者」。從《遼史》記載的歷年登科者姓名中，也可以看出，遼朝科舉的主要對象是漢人。自聖宗統和六年詔開貢舉之後，遼朝五京各地區都有漢人應舉並登科，說明遼朝的科舉自從統和六年之後，便面向全國各地區的漢人（統和六年之前，史料上沒有找到一例幽雲地區以外的漢人應舉者）。不僅如此，遼朝的科舉制度同樣適用於「一依漢法」治理的渤海人。如，遼東鐵州人楊樸，世為渤海大族，登遼進士第，後官至校書郎；居住於中京的渤海人大公鼎，是咸雍十年的進士等。這說明，在遼朝，渤海人與漢人一樣可以參加科舉考試。

　　契丹統治者奉行的是「以國制治契丹，以漢制待漢人」、「蕃漢不同治」的治國政策，對於契丹族以及遼國境內的北方其他部族人民，採取的是與漢族和渤海人截然不同的統治政策和制度。科舉制度作為「漢制」，只是用以對待漢人的，其目的是為了籠絡漢人地主階級參加政權，擴充其統治集團，鞏固並加強契丹貴族的統治。因此科舉是專為漢人而設，應舉者僅限於漢人，絕對不允許契丹族以及其他北方部族人涉足考場，否則治之以罪。其目的，在於保持契丹人騎馬馳騁的尚武舊習，藉以維護他們永遠居於統治地位。這是遼代應舉禁限之一。

　　但是，隨著契丹社會的發展，契丹族以及北方其他各部族，與漢族的雜居和日益密切的經濟、文化交往，使之受到漢族文化的強烈影響，仰慕和崇尚漢族文

13　《王師儒墓志銘》，《全遼文》卷十。
14　《遼史·楊晳傳》。
15　龐元英：《文昌雜錄》卷三。

明並希圖以此獲取科舉功名成為當時的趨勢。於是，契丹族的某些文人就衝破不許「就科目」的禁令，逕自參加了科舉考試。遼末率眾西遷中亞、建立了西遼國的耶律大石，是遼朝皇族人，就曾在天慶五年（1115 年）登進士第。[16] 鄭恪為遼國北方的白北原人，二十九歲時舉進士中第三甲。白與奚族毗鄰，居中京以北地區，是與契丹族習俗相近的一個遊牧民族。據《鄭恪墓誌》記載可知，他二十九歲進士登科時為清寧八年（1062 年）。這說明至少在遼道宗朝，白人參加科舉已為法律所允許。也可以說，至少到遼道宗時，包括契丹族在內的北方各族人都可以參加科舉考試了。另外，據《金史‧選舉志》的記載，遼後期契丹人所參加的科舉考試，是與漢人同樣的科目，並未另立契丹字科。

遼代的貢舉，就漢人應舉而言，也有禁限，如遼興宗重熙十九年（1050 年）詔令巫醫、屠夫、商販及不孝父母、犯法逃亡的人，一律不能參加科舉考試。[17] 到遼天祚帝乾統五年（1105 年）十一月，又下詔說，禁止出身於商賈之家的人參加科舉考試。[18] 這是遼代應舉制度的又一禁限，這點是承襲了前代的慣例而以明令禁止，以後歷代相沿而行，直到清代，都有類似的禁限。

據《遼史》諸帝紀所載，遼代放進士共有五十三次，每次錄取人數不等。遼朝前期在幽雲地區實行的科舉，每年取士的人數目前尚無從考究。從聖宗統和六年到統和二十二年，宋、遼澶淵之盟後，遼國幾乎是每年就要開科取士一次，但每次所取進士僅一兩名，最多不超過六人，直到遼聖宗統和末年，也不過二十餘人。這一方面也可能是由於取士標準過於嚴格；另一方面也可能是由於應舉者數量並不太多的緣故。這一現象在某種程度上反映了遼前期重武輕文的社會風氣。澶淵之盟後，南北交歡，友好相處，隨著宋遼戰爭的減少，軍備防禦的鬆弛，政治比較安定，遼國的經濟文化得以迅速的繁榮發展，於是社會風氣轉變，朝野都趨向於文化教育的提高，重視科舉，應舉者多，所以錄取人數也逐漸增多。到興宗朝中期，一次取士已達六、七十人。這在很大程度上反映了科舉應試人數之增

---

16 《遼史‧天祚帝本紀》。

17 《遼史‧興宗本紀》。

18 《遼史‧天祚帝本紀》。

多。正因為如此，遼還開始採取了對應試者加以限制的措施，如上述的禁止巫醫、屠夫、商販等人參加科舉應試。這一詔令恰從反面說明，當時社會上各階層的各色人物都有參加科舉應試的，他們以科舉作為進身、提高或改變社會地位的一個途徑，這是科舉在遼代政治、社會上作用增大的反映，致使統治者對科舉一事給予高度的重視，專門頒布了限制應舉人員的詔令。及至遼道宗晚年，年老昏庸，權臣弄柄，朝綱混亂。天祚帝耶律延禧繼位，政治也很黑暗腐朽，貢舉取人日趨於濫，取士常常一次多達百數十人。致使天祚帝乾統五年（1105 年）十一月又頒布禁令，禁止商賈之家參加科舉。從而又把商賈之家排斥在可以應舉的範圍之外了。

三、科舉在遼朝的地位和影響

遼以武力建立國家，本不以「禮文之事」為重。所以遼前期，特別是只在幽雲地區實行的科舉，並不被統治者所看重，也不以此作為選拔漢人官員的主要途徑。因此，當時的科舉制度對遼國社會並沒有起到什麼重要影響，就連實行科舉制度的幽雲地區的漢族士大夫階層，也不以應舉為要務。除室昉外，《遼史》上記載的遼前期任重要官職的幽雲地區的漢人，都不是以科舉之途入仕的。如應州人邢抱朴及其弟邢抱質，在景宗、聖宗朝，都「以儒術顯」。邢抱朴官至南院樞密使，邢抱質官至侍中，但他們都不曾參加科舉。[19]南京人馬得臣，是景宗、聖宗時期的高官顯宦，史載他好學博古，是寫文章的好手，而且擅長寫詩，但也並非科舉出身。[20]

遼後期，隨著崇尚中原文明的風氣日盛，科舉對遼國社會，包括契丹人在內，起到了愈來愈重要的影響，契丹統治階級也愈來愈重視這一制度，並積極利用這一制度來作為加強鞏固其政權的工具。

---

19 《遼史‧邢抱朴傳》。
20 《遼史‧馬得臣傳》。

遼朝對考中進士科者待遇優厚，表現在朝廷禮儀上，專門制有「進士接見儀」、「進士賜等甲敕儀」、「進士賜章服儀」等。進士登科者，將由朝廷在皇帝行宮為他們舉行這一系列的禮儀。

科舉的實施，使一般漢族人以此為目標，競相教習，以求登第。漢文化在契丹族中的普及和提高，驅使著契丹族文人也湧向科場，終於衝破禁限，契丹族人也被允許參加科舉考試。這正是科舉制度對遼朝社會影響甚大的極好說明。

遼國入仕有多種途徑，但進士是重要的途徑之一。入仕之途，對於契丹貴族，有世選制度；對於漢族，則有因襲中原政權制度的蔭補等制度。特別是漢族的一些世家大族，如所謂的韓、劉、馬、趙四大家族，基本上都是靠蔭補而世代做官的。《韓橚墓誌》就記載了韓氏一門靠蔭補而做官的情況。韓氏家族中，韓德讓因朝廷賜姓耶律氏而屬籍於宗室，其餘的族人，任節度使、宰相的有七人，任宣猷官的有九人，執掌節旄、管符印及能出入宮廷、應答皇上的，其實有二百多人。而韓橚本人也是靠「襲世祿」而為官的。蔭補之盛，致使遼前期以進士為官的人很少。遼後期，由於應科舉考試的人和進士人數的增多，使遼聖宗以後的漢人重要官僚，大都是進士出身，而南面的最高官署──南樞密院，從長官到院吏，幾乎都由進士出身的人擔任。由於受這種科舉取士的強烈衝擊，有些有蔭補特權的漢族顯貴家族也開始不以蔭補保官為滿足，而以獲取科場之名為榮耀了。據《金史》卷七十八《韓企先傳》記載，韓氏家庭的韓企先在遼後期就參加了科舉，並中進士第。《金史》卷七十八《劉傳》記載，劉幼時以蔭補隸門官職，他卻不就，而「去從學」，後被耶律淳建立的北遼政權賜進士及第。《王師儒墓誌》載，在遼道宗時為宰相的王師儒，其父親和他本人都以進士登科而得官，王師儒的兒子王德孫承恩蔭補被授為率府副率、閤門祗侯，但仍參加貢舉。此類事例，在史料中不一而足。

遼代的科舉制度，在遼朝全部歷史發展過程中，起到了一定的作用。

首先，它擴大了遼朝的統治集團，在一定程度上鞏固了遼朝的統治。通過科舉及第而成為遼朝名臣賢相的除室昉、張儉、楊佶之外，還有統和年間官至工部侍郎、北院樞密副使的高正；石用中官至漢人行宮都部署、參知政事。這些地主

階級知識分子成為遼朝統治集團的一員後，對鞏固遼的統治作出了不小的貢獻。

其次，它對中國北方社會文化教育的發展和普及也起到了促進作用。由於實行科舉取士，遼朝境內，不僅各族上層人物（主要是漢人地主階級知識分子）積極讀書賦詩，契丹貴族也習漢文、讀經卷，而且到了遼代末年契丹貴族耶律大石衝破了禁限，登進士第。這在客觀上對北方社會文化教育的發展起到了促進作用。

第二節·

金代的
教育與科舉

一、學校制度

金朝以武立國，在建國之前和建國之初，由於遊牧民族的特性和頻繁的征戰，基本上沒有學校教育可言。但是，女真族向有崇尚漢族文化的傳統，女真先世就曾「悅中國（中原）風俗，請被冠帶」[21]，「請唐官」[22]，採用中原制度建立渤海國。建國後，積極學習漢族的先進文化，尊孔崇儒[23]，但又力圖保持其女真民族的文教風俗，因此就出現了金漢混合的教育政策。金滅遼後，在吸收漢族文

---

21 《隋書·靺傳》。
22 《新唐書·渤海傳》。
23 參見《續文獻通考》卷四十八《學校二》有關金熙宗、海陵王、金章宗等尊孔崇儒的記載。

化的同時，又吸收了某些契丹族的文化。《金史》卷四十五《刑志》中云：「太宗雖承太祖無變舊風之訓，亦稍用遼、宋之法。」金代的史學家劉祁也認為，「大抵金國之政，雜遼宋，非全用本國法。」[24]在科舉學校方面，都有為其本族人即女真族特設的制度，並在學習漢文的同時，力求保持其本民族的語言文字。金世宗曾告誡其宰臣說：「女真人訴事，以女真語問之，漢人訴事，漢語問之。」即不要忘掉其本民族的語言。

金代教育的來源是多元的，既有豐富的本民族的文教習俗，又有來自漢、遼的教育方法。多元的教育在同一個軌道上齊發並舉，構成了多民族的多種教育並存的統一的教育制度。這一特徵，表現在金代的教育結構上明顯地有多系統、多層次的組織程式。

金代教育比遼、西夏的都先進、發達，可以分兩個系統，即漢人學校與女真學校。從層次上看，有宮廷教育、中央教育、地方教育和私人教育等多種，宮廷教育可分為東宮、王傅府、侍衛親軍和宮教；中央教育可分為國子學、太學、司天臺五科以及醫學十科；地方教育可分諸路府學、州學以及地方縣學等；私人教育則可分為家學與私學。[25]

宮廷教育屬皇室中的教育，既不同於國家教育，又不同於地方及私人教育，而是專為太子、諸王、侍衛親軍和宮女所設的特殊教育形式。

東宮太子教育。金代統治者十分重視太子教育，對東宮官屬（即太師、太保、少師等）的選擇和要求都很嚴格，「太子宜擇碩德宿學之士，使輔導之，庶知古今，防過失」[26]，尤其應當選用品行高潔的正人君子。對太子講書或議論，應當以孝儉、德行、修行正身等方面的知識為主，以培養太子具有良好的品行和有利於政治統治的學識。張用直少以學識淵博和品行端正著稱，宗幹曾延請他教育海陵王和他哥哥。海陵王即位後，又任他為太子詹事。海陵王曾對張用直說，

---

24 《歸潛志》卷十二《辨亡》。
25 張博泉：《金代教育史論》，《史學集刊》，1989 年第 1 期。
26 《金史・光英傳》。

他自己能夠通經史，都是張用直平時輔導的功勞，太子現在開始學習，應該諄諄善誘，多方面引導，讓太子學得更多的儒家經典，也是儒士的光榮。世宗時，任太子太師的人有宗賢、李石、完顏守道等；太子太保有徒單克寧等；太子少師有任熊祥、劉仲海、張汝霖、石琚等；太子少傅有孟浩等；太子侍讀有完顏匡等。世宗對太子教育非常重視，認為皇太子少不更事，讓他們平時嚴加訓導，從學識、品行多方面進行教育。

親王府教育。親王府設王傅一人，文學二人，教育的內容是「贊導禮義，資廣學問」。金對親王府官屬的遴選也很嚴格。王傅多由狀元擔任，文學多由名行俱佳的進士擔任，以教授諸王及其弟子學識，培養其高尚的德義。

侍衛親軍教育。金代宮廷侍衛親軍是從宗室、外戚和勳臣子弟中選拔出來的，是金朝統治階級的一部分。按照金代的統治制度，侍衛親軍可以出職為官，而且晉升很快。在其未出職以前，金專設教授對他們進行文化教育。一方面可提高其本身的素質；另一方面也可鞏固其封建統治。金世宗時，開始規定侍衛親軍要學習用女真文字翻譯的儒家經籍。世宗大定二十三年（1183 年）八月，規定以女真文字翻譯的《孝經》作為侍衛親軍的教材。章宗泰和年間下詔令三十五歲以下的親軍學習《孝經》和《論語》[27]。加強對侍衛親軍的教育，是金代教育的一個特點。

宮女教育。為提高宮女的文化素養，熟知宮廷的禮儀法度，更好地為宮廷服務，金統治者專門設宮教教育宮女，選拔行為規正、學問通達的老成之士為宮教（即教師）。教授方法是：「宮教以青紗隔帳蔽內外，宮教居帳外，諸宮女居帳內，不得面見。有不識字及問義，皆自帳內映紗指字請問，宮教自帳外口說教之。」[28]

海陵王遷燕之後，金朝開始參照中原傳統的教育制度，興建各級學校。在遼、金、西夏三個少數民族政權中，金的教育行政制度最完備，中央有禮部，地

---

27 《金史·章宗本紀》。
28 《金史·章宗元妃李氏傳》。

方有提舉學事。但由於民族畛域的存在，金一方面有國子學、太學；另一方面又有為其本族人特設的女真國子學，諸路設有女真府學。在京師設的漢人、女真國子學、太學、司天臺五科、醫學十科，共計六學。這六種學校都為官學，稱為中央六學。

國子監，始置於海陵王天德三年（1151 年），是全國最高學府。國子監設祭酒、司業各一人，分別為正四品、正五品，是國子監的正、副職長官；丞二人，從六品，協助祭酒、司業工作。明昌二年（1191 年），又增加一人，兼管女真學。國子監招收辭賦、經義生一百人，小學生一百人，招生對象是宗室及外戚皇后大功以上的親屬、諸功臣及三品以上官吏的兄弟子孫，年十五以上者入國子學，不及十五歲的入小學。後來又設國子學和太學，隸屬於國子監，國子監又是掌管全國學校教育的總機構。

漢人國子學，設博士二人，正七品，分掌教授學生，考核成績。助教一人，正八品。教授四人，正八品，分掌教學，是專職教員。國子學校勘，從八品，掌校勘文字。國子書寫官，從八品，掌書寫實錄。

漢人太學。大定六年（1166 年）開始設置。設博士四人，正七品。助教四人，正八品。太學生員，初為一百六十人，後定五品以上官吏的兄弟子孫一百五十人，曾得府薦及終場人二百五十人，共四百人。[29]

女真國子學。大定十三年（1173 年）開始設置，生員為二百人，其中策論生一百人，小學生一百人。

女真太學。大定二十八年（1188 年）設置。

司天臺五科。在籍學生七十六人，其中漢人五十人，女真二十六人。設天文、算曆、三式、測驗、漏刻五科，教授二人。

太醫院醫學十科。十科生員五十人。

---

29 《金史・選舉志》。

除國子學、太學隸屬於國子監外，司天臺五科隸屬於秘書監，太醫院醫學十科隸屬於宣徽院。

金代的地方學校主要有府學、州學、縣學和鄉學四級。金初，隨著政治穩定和社會經濟的發展，逐漸恢復了原有的地方學校並新建了一些學校，促進了原有的地方學制的恢復和發展，使地方學校數量得以很大的增加。

金世宗大定十六年（1176 年），在地方學制恢復和發展的基礎上，建立起了具有金朝特點的地方學制，大致分三種不同的情況。

一是京、府、市鎮、防禦州學。府學設置於金世宗大定十六年（1176 年），共設十七處，共有生員一千人。到章宗時，又「詔京、府、市鎮、防禦州設學養士」。此時，所置府學二十四處，學生九百零五人，市鎮學三十九處，學生六百一十五人，防禦州學二十一處，共二百三十五人，一共有學生一千八百人。還有女真府州學二十二處。這些學校被通稱為「京府鎮州之學」。金代，由國家所設置的地方官學主要設在京、府、市鎮和防禦州，國家在諸府、諸市鎮和諸防禦州內各置教授一員，刺史州以下的學校不置教授。

二是附於京府的刺史州學。金有刺史州學，這類學校是由京府所管的地方學校，不設教授，由州長、縣長主持、管理。

三是在外縣的縣學、鄉學。金代在各縣、鄉中也都設置學校，在縣中設置的學校稱縣學，在鄉中設置的學校稱鄉校、鄉學，鄉校是地方基層主辦的學校，主要收鄉里子弟入學，與私塾不同。

金代私學有很大的發展，其辦學形式也是多種多樣的，是發展社會文化和培養人才的一個途徑。私學除進行兒童的啟蒙教育以外，也有專門學問的高等教育。私學主要是通過家庭與私塾兩種形式傳授知識，家庭教育又是一種重要的教育形式，其主要形式有家學傳授、親戚傳授和延師執教幾種。

二、學校的管理和教育內容

金代的辦學宗旨，是以封建儒家經籍為據，結合漢人、女真人的不同情況，為國家培養各種有用人才。學校成為科舉入仕之途。金朝規定，「凡國子學三年不能充貢，欲就諸局承應者，學官試，能粗通大小各一經者聽」[30]。即大約在學三年然後得應試。這與金代三年一次的科舉制度有關。

金代學生來源和入學資格等級限制較嚴，充分體現了教育為統治階級服務的本質。天德三年規定，國子學學生為宗室及外戚皇后大功以上的親屬，諸功臣及三品以上官的兄弟子孫，十五歲以上的可入國子學，十五歲以下的入小學。錄取的學生名額有一定的規定，分辭賦、經義兩科共一百人，小學生一百人。女真國子學、府學生之制，都與漢人國子學辭賦、經義生相同。規定每科取二人，若家室每二十戶內沒有願意學習的，可由有物力家子弟十三歲以上、二十歲以下的充任。太學生錄取總數為四百人，規定從五品以上官員的兄弟子孫中取一百五十人，從得府薦及終場人中取二百五十人。府學大定十六年十處，共取一千人，「初以嘗鄉廷試及宗室皇家袒免以上親、並得解舉人為之」。州學「遂加從五品以上官，曾任隨朝六品官之兄弟子孫，餘官之兄弟子孫經府薦者，同境內舉人試補三分之一，闕里廟宅子孫年十三以上不限數，經府薦及終場免試者不得過二十人」[31]。凡試補學生，太學則禮部主之，州府則以提舉學校學官主之，曾得府薦及終場舉人，皆免試。

教學內容分經、史、子三大類，以經史為主。所用課本及注有統一規定。《易》用王弼、韓康伯注；《書》用孔安國注；《詩》用毛萇注、鄭玄疏；《春秋左氏傳》用杜預注；《禮記》用孔穎達疏；《周禮》用鄭玄注、賈公彥疏；《論語》用何晏集注、邢昺疏；《孟子》用趙岐注、孫奭疏；《孝經》用唐玄宗注；《史記》用裴注；《前漢書》用顏師古注；《後漢書》用李賢注；《三國志》用裴松之注；及唐太宗《晉書》，沈約《宋書》，蕭子顯《齊書》，姚思廉《梁書》、《陳書》，

---

30 《金史・高仲振傳》。
31 《金史・章宗本紀》。

魏收《後魏書》，李百藥《北齊書》，令狐德棻《周書》，魏徵《隋書》，新舊《唐書》，新舊《五代史》，《老子》用唐玄宗疏，《荀子》用楊倞注，《揚子》用李軌、宋咸、柳宗元、吳祕注。總計有經書九種，史書十七種，子書三種。這些課本都由國子監印刷，發給各級學校使用。金世宗為了滿足女真文化教育的需要，特設譯經所，翻譯經史，以供女真人學習使用。前後翻譯的有《貞觀政要》、《白氏策林》、《史記》、《西漢書》、《易》、《書》、《孝經》、《論語》、《孟子》、《老子》、《揚子》、《文中子》、《劉子》、《新唐書》等。

金代教材的選定基本上沿襲前代，但也有較明顯的特點。金代重視經史的學習，注重學識淵博和經世致用，與東漢以來墨守成法的經學學習有很大的不同；漢人與女真人所選的課本大體相同，這一方面表現了對歷史的繼承，另一方面也表現了以中原的經史為核心來發展女真族的文化教育和民族文化的大融合；金朝對女真族的教育是以盛唐為規範，翻譯《貞觀政要》以教育女真人。同時為了適應女真族為統治民族的統治需要，繼承和學習王通的民族思想，翻譯、學習王通的《文中子》，從思想上鞏固其封建統治。

各級學校平時的經費，主要仰賴學田收入，以學田地租作為教師的俸祿、學生的日常生活及祭祀之用。學田一般由政府撥給，也有來自私人的捐贈。當府州縣學依靠學田而入不敷出時，則由府州縣調撥錢糧補充。

金對學生有較完備的管理、考試制度。凡學生會課，三日作策論一道，又三日作賦及詩各一篇，每三個月進行一次私試，以最後一個月的月初先考試賦，隔一日考試策論，考試成績在前五名的學生名單申報到禮部。學校每逢旬休、節辰都有假期，學生生病還給假療養，如遠行省親，視路程遠近給假。違犯學規的給以懲罰，不服從教誨者開除學籍。家遭喪事一百天後入學的學生，不能參與釋奠三禮等。

三、科舉考試

金代的科舉考試開始於太宗天會元年（1123 年），因急於籠絡漢人，曾設進士科，次年又連續開了兩次貢科舉。但當時的科舉考試實行「南北選」，南北士人分試經義和辭賦，即黃河以北的遼人試辭賦，兩河之間的漢人試經義，這是由於南北兩地各因其所習之業不同而採取的靈活而切實的做法。當時的考試既沒有固定的時間要求，錄取的生員也沒有統一的標準，考試地點也不固定，一般是根據需要，隨時把所到之處設為考場。考試的程式也比較簡單，其實只是一種地區性的考試。熙宗和海陵王時期，科舉制度逐步健全和發展起來，首先，由「南北選」過渡到「南北通選」。其次，逐步健全了分級逆進的考試程式，實行鄉、府、省三級考試制度，天德三年（1151 年）又增加了殿試之制，並確立了三歲一闈的定期考試制度。考試命題以五經三史正文為內容。科目有辭賦、經義、策論、律科、經童、制舉、女真進士等科。考試辭賦、經義、策論中選者稱進士；律科、經童中選的稱舉人。凡進士、舉人由鄉至府，由府至省及殿廷四試都中選的，則朝廷授給官職。至廷試落選者，則賜之及第，稱作「恩例」，凡試進士不中者，由大臣推薦者稱「特恩」。金對進士的待遇十分優厚，進士及第後，除本人不願入仕者外，其餘的都按榜次立即授予官職，所以《金史·選舉志》稱，金代科目得人最盛。

為了培養女真族人才，加速女真文化的發展，金代特設女真進士科，又稱策論進士科。考試對象是以女真族為主的少數民族。考試文體以女真人易於掌握的「策」、「詩」和「論」，而以「策」為主，程文策用女真大字，詩用小字。「策」指時務策，是用以闡述對國家時務的見解和主張的一種文體，同其他文體相比易於掌握。因此以策取女真進士，是與他們的文化水準相適應的。進行了策論考試後，還要對女真人考試弓箭。試弓箭對女真舉子十分重要，如射未中選，即失去了繼續參加考試的機會。舉進士而試弓箭，是女真族所特有的。

女真進士科的設立確實是一個創舉。元朝的蒙古進士榜和清朝的滿蒙八旗榜，都是受它影響的產物。

第三節 ·
西夏的教育

　　西夏自元昊建國後，為了爭取與宋朝的平等地位，足以與中原王朝對峙、抗衡，在引進中原王朝的一整套政治制度的同時，也加強了對漢族先進思想文化的學習，尊孔崇儒，但又力圖保持其本民族的文教風俗，採用夏漢混合、蕃漢並存的思想文化政策。如一方面有「漢禮」；一方面又有「蕃禮」（吐蕃禮）。西夏與吐蕃有密切關係，因之西夏的教育政策其實兼有其本族的党項羌文化與吐蕃文化和漢文化的成分在內。他們大量吸收了吐蕃的佛教文化，同時又經常向宋朝請求給以儒家經典。

　　元昊建國之初，創建「蕃學」，入學學生都是貴族品官子弟，為西夏培養了大批管理人才。在梁氏專權時，儒學不受重視。梁氏死後，崇宗乾順親政，儒學又重新得到倡揚。永安三年（1101 年），御史中丞薛元禮上疏，列舉了中古代北方少數民族政權尊行儒學的先例，建議於「蕃學」之外，設立「國學」，以教授儒家之道，以五經作為學習的重點內容。崇宗乾順採納了這一建議，於是在「蕃學」之外特建「國學」。所謂國學，實際上是以傳授漢學為主的最高學府。聘請教授，選拔貴族品官子弟三百人入學。設立養賢務作為掌管教育的行政機構，而且負責國學的廩食。由於崇宗乾順重學養賢，使儒學在西夏的地位日益提高。西夏仁宗李仁孝執政的五十多年中，更是極力推廣漢族文化。人慶元年（1144年），他下令在各州、縣設立學校，生員增至三千人，是崇宗乾順建國學時生員

的十倍。為了培養党項貴族宗室子弟，同年又在皇宮中設立小學，宗室中凡七至十五歲的子弟都可以入學。人慶二年（1145年），西夏又創立太學，仁宗親臨太學祭奠先聖先師。在短短的兩年之內，西夏國中普遍設立學校，宮中設立小學，京城建立最高學府，充分顯示出教育在西夏的發展。

西夏仁宗時開始接受中原科舉制度，設進士科，策試舉人。各科考試均以儒學經義為主要內容。人慶四年（1147年），西夏又創立唱名取士法，設童子科。於是，西夏儒學教育與科舉取士相依存，「學校列於郡邑，設進士科以取士」[32]，進一步確立了儒學教育在國家政治生活中的主導地位。

人慶五年（1148年），又建內學，選名儒主持教授。天盛十二年（1160年），又設立翰林學士院，使儒學教育在西夏中、後期進入昌盛時期。伴隨著西夏封建化的進程，儒學教育融入了西夏文化之中，成為西夏思想統治的一大精神支柱。

由於資料的匱乏，只能勾畫出西夏學校教育的概貌。但從有限史料可證明，西夏的中央和地方教育和行政制度都比較單純，文教機構很少；學校中漢族生員極少，也可能幾乎沒有；科舉取士可能是專為蕃學特設的考試用人制度，「國中由蕃學進者，諸州多至數百人」[33]。但在科舉進士的具體情況和每次所進人數方面，都不甚清楚。

---

32 《道園學古錄》卷四《西夏斡公畫像贊》。
33 《西夏書事》卷三十一。

元代的教育
與科舉制度

一、元代的學校制度

元代的統治者重視興建學校以培養統治人才，學校的設立因民族畛域關係而有其特色。

元朝在京師設有國子學、蒙古國子學和回回國子學三種，屬中央官學。

1. 國子學 據《新元史·學校》記載，元太宗（窩闊臺）六年（1234 年），「以馮光宇為國子總教，命侍臣子弟十八人入學，是為建置學校之始」。但路、府、州、縣的學校當時卻是時而廢棄，時而建置。至元六年（1269 年）四月，又下詔令各路長官僚屬建置學校，焚香膜拜孔子廟。十一月，設提舉學校及教授官。至元七年（1270 年），又下令侍臣子弟十一人入學學習，其中年齡較大的四人跟隨許衡學習，童子七人跟隨王恂學習。許衡曾任國子祭酒，對於經傳、子史、禮樂、名物、星曆、兵刑、食貨、水利等無不涉獵；在此之前即已開始教誨蒙古弟子。王恂曾任太子贊善，輔助太子（裕宗）頗有成績，許衡告老後以王恂為國子祭酒。

至元二十四年（1287 年），於大都創設國子學，設博士及助教擔任教學，但助教必須分別住進學生宿舍，博士親自講授經旨、是正音訓。學正、學錄在幫助

學生學習外，還負有「申明規矩、督習課業」的任務。課程、教材及教學實施計畫都有明確規定。從課程與教材中，顯然是接受了宋代理學教育的傳統，把《孝經》、《小學》、《論語》、《孟子》、《大學》、《中庸》擺在學習的首位，其次學習《詩》、《書》、《禮記》、《周禮》、《春秋》、《易》等。博士、助教親自教授，學正、學錄、伴讀則按次序傳習。學生作業有對屬、詩章、經解、史評，由博士出題，生員具稿，先呈助教，俟博士既定，始錄附課簿，以憑考校。[34]

當時集賢院和有關官員還議定，國子學設監官四員，祭酒一員，司業二員，監承一員，學官六員，博士二員，助教四員。生員定額是二百人，先讓一百人和伴讀二十人入學。在這一百人中，蒙古人為五十名，色目人及漢人五十名，年齡皆在十一歲以上。學生資格限制為宿衛大臣子孫、衛士世家子弟及七品以上朝官子孫。平民的俊秀者，需經三品以上官的保舉方可入學。各人所用的經史子集諸書，由國家典藏書籍中發給。學生膳食和一切費用，都由國庫撥用。等置備學田並提供經常費用之後，一切費用從學田內開支出。生員後增至四百人。

元代國子學實行「升齋積分法」和「貢生制」。「積分升齋」是把學員按程度分別編入三齋，後改為六齋，東西相向。下兩齋叫「游藝」、「依仁」，程度最低，習《小學》；中兩齋叫「據德」、「志道」，學習《四書》、肆詩律；上兩齋叫「時習」、「日新」，程度最高，學習《五經》，研明經義。每季度考核其學習內容，按成績依次遞升。漢人升至上兩齋，蒙古、色目人升至中兩齋後，只要兩年未曾犯過錯誤，不違規矩者，允許按月參加考試，依其成績判分，一年內積至八分為及格，可充任高等生員，每齋生員人數不等，坐齋三年以上即可充貢舉，與舉人有同等資格，其中最優秀的六人可以直接做官。這種選拔優異生員直接授官的制度即稱為「貢生制」。由此可見，在國子學裡對漢人學生限制較嚴，對蒙古及色目人較寬。

2. 蒙古國子學　創設於元世祖至元八年（1271 年），選隨朝蒙古、色目、漢人官員及怯薛子弟中俊秀者入學。學官有博士、助教、教授、學正、學錄、典書

34　《新元史・學校》。

等。教材用翰林院譯成蒙古文字的《通鑑節要》一書。愛好學習的也可兼習算學，生員初無定額，其後為一百人，官府為其提供膳食、費用。延二年（1315年），增為一百五十人，其他就學者可作陪堂學業。生員學習二、三年，成績優秀者策題考試，精通者量授官職。蒙古國子學著重培養蒙古族子弟，學習內容（包括語言）都是蒙古文字。管理和考試辦法及津貼補助與國子學都不同。蒙古國子學成立時間在國子學前十六年，由此可知它的重要性。

3. 回回國子學　創設於至元二十六年（1289年），由翰林院益福的哈魯丁教授，用「亦思替非文字」（即波斯文字）教學，教授對象和學生來源是一般的公卿大夫與富民之子，入學制度與漢人相同。學校以為諸官衙培養翻譯人才為目的。泰定二年（1325年），由於回回國子學學生較多，除原已給予津貼補助膳食的學官生員二十七人外，又增加補助員額二十五人。可知元朝政府對於這所學校還是相當重視的。

元代按路、府、州、縣四級，設相應的官學，但事實上並未普及。

路學創設於世祖至元九年（1272年），設有教授、學正、學錄等官員各一員，府學及上中州學各設教授一員。教授由朝廷任命，其他學官由禮部、各行省或宣慰司任命。至元二十八年（1291年），命江南諸路學及各縣學內設立小學，選老成之士任教，並於「其他先儒過化之地，名賢行經之所」，建立具有地方官學性質的書院。諸路都設有提舉學官管理教育，學習內容與國子學相同。

元代地方官學，除設以上學校外，還設有具有民族特色的蒙古字學和醫學、陰陽學。諸路蒙古字學創設於至元六年（1211年），招收諸路府州官員子弟及民間子弟。教材同蒙古國子學，以蒙古文《通鑑節要》為教學內容。學官設置有同郡縣學，有教授、學正等。命有司割地以充作學田，為學官、生員提取俸祿和廩給。生員學成通過翰林考試後，可授以「學官譯史」。諸路蒙古字學和蒙古國子學都是「國字」教學，都以蒙文譯寫的《通鑑節要》為教材；兩者學生來源大致相同，實際上蒙古、色目、漢官子弟都有去上學的，民間子弟也有不少。這個學校設置目的雖有普及蒙古文之意，同時也有培養「譯史」、「學官」的作用。

諸路醫學創始於世祖中統三年（1262 年），直屬太醫院。學習內容以《素問》、《難經》和仲景、叔和脈訣之類的醫經文字為主，但也必須通「四書」，不通「四書」者禁治，不得行醫。學校設有教授、學正、學錄，以對醫學生員進行教授、管理，對醫學生員免除其一切雜役。為了使醫學生員成材，世祖皇帝初年還注意檢查考核醫生平日的學習成績，方法是當醫學生員學有所成時，每月以疑難雜症對其進行考試，以其答對成績的優劣作為獎罰的根據。至元二十三年，又命各道按察司檢察醫學生員，每年降下十三科題目，讓醫學生員每月研習醫義一道，以便年終考其優劣，以檢查考核醫學生平日的學習成績。太醫院也制訂了考試醫學生的辦法，並由中書省議行，還頒行了醫學官罰俸條例，規定凡有醫學生員不「坐齋肄業」和「有名無實」者，對教授、學正、學錄罰其俸祿，以正學風。

諸路陰陽學創設於至元二十八年（1291 年），隸屬司天臺，是培養訓練關於天文、曆算方面人才的專門學校。按照儒學、醫學的教學辦法，每路都設有教授掌管教學。學習內容有天文、術數、測驗、漏刻、陰陽、司辰等科，學有成就者錄在司天臺就職。

元代之所以要在地方諸路普設醫學和陰陽學，大概主要是軍事、對外貿易和農業上的需要。從軍事上說，蒙元統治者以征戰起家，在戰爭過程中士卒發生疫疾勢所難免，如何醫治疾疫，這就成為元蒙統治者十分關心的問題。另一方面，天文、季節、氣候、風向等都與戰爭發生密切聯繫，具有陰陽學的知識藝能就有利於戰爭的部署和指揮。從對外貿易來說，元代幅員遼闊，對外海陸交通和貿易絡繹不絕，這也如戰爭一樣需要醫療與天文曆法等方面的知識。從農業生產上說，廣大農民群眾是主要的生產力，為了保護生產力而從事農業生產，即從統治者本身利益著想，也不能不注意醫學的普及。還有，農業耕作莫重於「不違農時」，掌握準確的曆法知識和按照季節時令播種耕種，是農業生產上的現實需要。唐代教育注重了醫學，宋代教育注重了武學，元代教育則既重視醫學，又創設陰陽學，都是有其社會原因的。

元代私學是繼承了宋和金的私學傳統發展下來的，從《元史》記載中看出它

的形式和內容與宋、金沒有大的差別。從教學的形式上看，自動尋求名儒或名師授業才有所成，也有少數靠家長督課，從幼小便受到家庭嚴格教育訓練出來的有為青年。此外，也有不少人靠家長延師教誨，卒致成名者。從教育內容上看，以儒家經典及道德性命之說為普遍教材，間或旁及天文、地理、律曆、算數等自然科學方面。從私學的生員來源看，除漢族外，還有蒙古族、維吾爾族、女真族、契丹族、党項族以及阿拉伯族，昭示了中華民族大融合，東西文化的廣泛交流。

元代書院是相當發達的，在《元史·列傳》中看到的有：太極書院、曆山書院、景賢書院、東岡書院、慈湖書院、淮海書院、上蔡書院、四賢書院、明經書院、東湖書院、景星書院、魯齋書院、鼇溪書院和師山書院等等。

元代對書院採取提倡、扶植和加強控制的政策，使書院逐漸官學化。當時，除路、府、州、縣設立官學由政府官辦之外，還提倡私人辦小學或私塾，甚至獎勵「好事之家」捐輸錢糧辦書院。因當時許多儒家學者不願出仕，退而自行修建書院，收徒授課。元代統治者因勢利導，對於書院並非採取不聞不問政策，而是在一定程度上給予控制和管理。書院的山長和官學的學正、學錄、教授一樣，須經禮部或行省及宣慰司任命備案。此外，「路府州書院，設直學以掌錢穀，從郡守及憲府官試補」[35]。直學掌管路府州書院財政（錢糧）收入的職事，山長是書院的首腦，由政府委派並授予官職，撥給官俸。書院的教授、學正等的任命、提升都由政府批准，用人權操在政府手上。書院生徒與官學生徒一樣，經過「守令舉薦、臺憲考核」後成績合格者可分配作為學校學官和其他官吏。元代書院的官學化使書院成為元朝鞏固統治的工具。政府控制書院的措施遠遠超過宋代。

元代書院官學化的特徵是同元代特定的歷史條件相聯繫的。元蒙統治者為了統一全中國，特別是以一個少數民族入主廣大的漢族人民聚居的領域，除了運用武力鎮壓手段之外，勢必千方百計進行精神統治。重視儒學，起用儒士，發展儒家教育就成為它的重要政治任務。於是，蒙元政府便有意識地在詔令設置京學和路州府學的同時，強調設辦書院。但書院本來是私學的形式，蒙元政府為了使書

---

35 《元史·選舉志》。

院能補官學之不足，而與諸路府州學起到相類似的作用，乃實行對書院的官學化的政策。由於元代社會階級矛盾與民族矛盾摻合一致，特別是少數民族貴族集團居於統治者地位，他們出於鞏固自身統治政權的需要，嚴密防範廣大漢人、南人的反抗情緒，加強對書院的控制管理，也是其所必須重視的。元朝統治下的封建士大夫處在當時的社會政治經濟條件之下，多數人是隨波逐流，與世俯仰的，但也有少數「隱居教授」的高潔之士。元蒙政府為了籠絡這些士大夫，也不能不提高書院的政治地位與社會地位。

二、元代學校教育的內容

和宋代及遼、西夏、金相比，元代的教學內容有下列特徵：

1. **「四書」、「五經」的學習和研究**　元代教育中特別重視「四書」、「五經」，尤其是「四書」的學習和研究。這是與統治者宣導理學相適應的。《孝經》、《小學》也被列為首先應該誦讀的書。凡讀書必先《孝經》、《小學》、《論語》、《孟子》、《大學》、《中庸》，次及《詩》、《書》、《禮記》、《周禮》、《春秋》、《易》。這一方面和南宋末年理學開始被官方尊崇後相似。元世祖時規定「經學當主程頤、朱熹傳注」[36]。所以「四書」並不是研習的重點。在理學家許衡、趙復等的提倡下，研究四書五經的風氣盛極一時。這與遼、金、西夏是有顯著區別的。

2. **文字語言的學習，也是元代學校的一個重要教學內容而加以鼓勵**　當時規定，凡入蒙古字學者，可免本身雜役。除蒙古字外，還重視亦思替非文字（即波斯文）的學習。因為當時與西域諸國交流頻繁，因此要加強教授學習，還設有專教這種文字的亦思替非文字博士。

3. **《通鑑輯要》，即指《資治通鑑》的輯要**　元代國子學中規定該書為必修

36　《元史・程鉅夫傳》。

的科目，特由翰林院設官譯寫之後，頒發給國子學及各路教授。

4. 陰陽術數學　元代也很重視這方面的研究，設有諸路陰陽學，每路設教授通掌教學，精能術數的生徒，每年由學校將其名單上報省府，然後赴京都參加考試，成績優秀者錄作官用。陰陽學是關於天文曆算方面的學科，當時任國子祭酒的許衡也是精通算學的，對此也很重視。

5. 農學　元代特別重視農政，「勸農立社，尤一代農政之善者」[37]，規定社長的專職任務就是教勸農桑。掌管學校的大司農司編印有《農桑輯要》一書，作為教材。當時著名的農業科學家王楨，著《農書》三十六卷，是中國農業科學上一部著名的古典著作，內容包括有農器、圖說、穀譜等方面的論述及圖解。

三、元代的科舉制度

元代的科舉制度，正式建立的時間較遲，直至元仁宗皇慶二年（1313 年）才明令舉辦，那時距元世祖忽必烈統一中國已有三十餘年。但是，遠在太宗窩闊臺滅金之後，蒙古貴族集團佔領了淮河以北的廣大地域，便實行過科舉取士的做法。太宗九年（1237 年），採納中書令耶律楚材的意見，下詔令斷事官術忽和山西東路課稅所長官劉中，在淮河以北諸路設經義、辭賦、論三科考試儒生，凡能專治一科，不失文義者便可中選，儒士被俘淪落為奴隸的也可參加考試。詔令規定，「其中選儒生，若有種田者納地稅，買賣者出納商稅，開張門面營運者依例供差發除外，其餘差發並行蠲免。……與各住達嚕噶齊管民官一同商量公事勾當著。隨後依照先降條例開闢舉場，精選入仕，續聽朝命」[38]，諸路考試，均於第二年即戊戌年舉行，故稱戊戌選士。這次科舉共取士四千零三十人，都是一時的名士。

---

37 《新元史·食貨志》。
38 《選試儒人免差》，《廟學典禮》卷一。

戊戌選士是在耶律楚材、郭德海等人鼓動下舉行的。按照他們原來的打算，此後準備再闢舉場，「精選入仕」，證明戊戌選士確實是科舉取士的步驟之一。對戊戌中選者，除免其賦役外，原規定授予地方性的議事官之職，這更使它帶有傳統的科舉考試的性質。但是，到窩闊臺十年（1238 年）四月，又下詔舉行汰選僧道的考試。於是對僧道和對儒生的考試被一併施行，主持諸道考試的考官如趙仁、田師顏等，都是「三教試官」。中試儒生除議事官、同署地方政事的規定，也基本上沒有實行，而僅僅得到了與僧道相同的豁免差發的機遇。[39]因此，戊戌選試在付諸實施的過程中，被蒙古統治者納入了「考試三教」的範圍。

　　忽必烈即位後，元廷圍繞科舉行廢問題曾展開反覆討論。其中比較重要的，是至元十年之議。這次議定的程式，曾於次年十一月間呈聞太子真金，[40]其「條目之詳，具載於策書」[41]。《元史・選舉志》謂世祖時「事雖未及行，而選舉之制已立」，當即指此而言。但是，終忽必烈之世，科舉制度始終沒有實行。成宗、武宗時，也一再議貢舉「法度」，但仍然沒有結果。

　　元朝前期科舉長期停廢的原因是多方面的。首先，蒙元貴族集團世居漠北，他們的生活習慣和文化風俗都同漢族迥然有別，且以征戰的勝利者入主中原，原來的習慣勢力根深柢固，狹隘的民族主義感情實非短期內所能消弭。例如太宗當政時，「皇子闊端鎮西涼，儒者皆奴役」[42]。世祖在潛邸時，「淮、蜀士遭俘虜者，皆具為奴」[43]，特別是蒙元貴族親王們一切以蒙族「舊俗」或「故事」為依據，對於中原傳統的封建文化制度都看不慣。又如「會西北藩王遣使入朝，謂『本朝舊俗與漢法異，今留漢地，建都邑城郭，儀文制度，遵用漢法，其故如何？』」[44]他們對於「漢法」在思想上是懷疑抵觸的。所以在蒙元貴族集團中思想較為頑固的人，感到對漢族儒生那樣優待（考試經義、辭賦和論三科後便可免賦役與做

39 安部健夫：《元代的知識人與科舉》，《史林》，第 42 卷第 6 號，（1959 年）。
40 《元史・選舉志一》。
41 蘇天爵：《陝西鄉貢進士題名記》，《滋溪文稿》卷三。
42 《元史・高智耀傳》。
43 同上。
44 同上。

官）是不應該的。其次，忽必烈立國之前，蒙古對中原的統治已長達半世紀之久。在這個時期中，無論是蒙古軍政長官或漢人世侯，都通過「承制宣署」及自行辟署兩條途徑除授了大量的軍政官員。忽必烈更定官制時，「先帝朝廷舊人，聖上潛邸至龍飛以來凡沾一命之人，隨路州府鄉曾歷任司縣無大過之人，暨亡金曾入仕及到殿舉人」，都成了既定官員的人選。[45]因此，元朝開國之初，另闢取士途徑的客觀需要不像其他新王朝那麼緊迫。再次，中統、至元之際，國家多事，「渡鄂渚，平內亂，討賊璮，取江南，破襄漢，駕洋海，下臺城，定高麗，問罪交州，掃清遼甸」[46]，大量的軍費開支使元政府面臨嚴重的財政問題。忽必烈使用阿合馬、桑哥等人以「理財助國」，遭受到朝中許多儒臣的反對。這就進一步加深了蒙古統治者與儒臣的隔閡，因此對於遴選儒士的科舉制度十分冷淡。再者，在忽必烈疏遠儒臣、科舉制度沮泥不行的同時，由吏之仕逐漸制度化。由吏出身的官員往往精於簿書期會，比較符合理財之臣用以督責百姓、聚斂財物的需要。這種用吏制度在形成的過程中，以越來越大的力量排擠了實行科舉的可能性。最後，科舉在長期推行過程中，其自身流弊日甚。元滅南宋後，一部分儒士甚至痛呼「以學術誤天下者，皆科舉程文之士。儒亦無辭以自解矣！」[47]元初接近忽必烈的一部分理學家，由於忌惡宋金科場遺風，所以著重強調舉辦學校，作新人才，對立即恢復科舉也不感興趣。社會對以章句注疏、聲律對偶之學取士的嚴厲批評，也加深了蒙古統治者對科舉制本身的不信任。

　　由於上述種種原因，自忽必烈開國算起，元朝前期科舉停廢長達半世紀之久。直到主張以儒治國的元仁宗即位，為了整頓吏治，改革由吏入仕制度帶來的某些弊端，才重新提出「求賢取士，何法為上」[48]的問題。皇慶三年（1313 年）末，元廷以行科舉詔頒布天下，決定恢復科舉制度的第一次考試，在延時舉行，故以延首科見諸史端。

　　元代科試，每三年舉行一次。分為鄉試、會試、殿試三道。舉人從本貫官司

45 胡祗：《論選舉法上執政書》，《紫山集》卷十二。
46 王惲：《上世祖皇帝論政事書》，《秋澗集》卷三十四。
47 謝枋得：《程漢翁詩序》，《疊山集》卷六。
48 黃：《柏鐵木兒家傳》，《黃金華集》卷四十三。

於諸色戶內推舉，年齡在二十五歲以上，鄉黨稱其孝悌，朋友服其信義，經明行修之士，貢諸路府。其或徇私濫舉，並應舉而不舉者，監察御史、肅政廉訪司體察究治。

關於考試程試，元地方一級考試沿用金代的「鄉試」之名，於八月舉行。其科目，蒙古、色目人試二場。第一場經問五條，在大學、論語、孟子、中庸內設問，用朱氏（朱熹）章句集注。其義理精明，文辭典雅者為中選。第二場第一道，以時務出題，限五百字以上。至正時改經問五條為三條，另增本經義一道。經問只在「四書」內出題，增本經義一道，須在《詩經》、《尚書》、《周易》、《春秋》、《禮記》內明一經，增加了難度。漢人、南人考試三場。第一場明經經疑，大學、論語、孟子、中庸內出題，並用朱氏章句集注，復以己意結之，限三百字以上；經義一道，各注一經，《詩》以朱氏為主，《尚書》以蔡氏（朱熹門人蔡沈）為主，《周易》以程氏、朱氏為主，以上三經兼用古注疏，《春秋》許用三傳（左氏、公羊、穀梁三傳）外，還可並用程頤私淑胡安國作的傳，《禮記》用古注疏，限五百字以上，不拘格律。第二場古賦、詔誥、章表內科一道。古賦、詔誥用古體，章表四六，參用古體。至正時改古賦外於詔誥、章表內又科一道。第三場策問一道，經史時務內出題，不矜浮藻，惟務直敘述，限一千字以上成。蒙古、色目人，願試漢人、南人科目，中選者加一等注授。蒙古、色目人作一榜，漢人、南人作一榜。第一名賜進士及第，從六品；第二名以下及第二甲，皆正七品；第三甲以下，皆正八品。兩榜皆同。

答題時「四書」、《詩經》採用朱集，《周易》用程、朱之說，《尚書》用朱熹門人蔡沈之說，《春秋》許並用左氏、公羊、穀梁三傳外，其他儒家經典一律以程朱理學的闡發附會為本。

中書省遵照上述詔令旨意，所列條目更為具體詳細。

鄉試，八月二十日，蒙古、色目人，試經問五條；漢人、南人，明經經疑二問，經義一道。二十三日，蒙古、色目人，試第一道；漢人、南人，古賦、詔誥、章表內科一道。二十六日，漢人，南人，試策一道。鄉試科場，全國共設十七處，從天下赴試者中選合格者三百名到大都會試。

會試，於鄉試次年二月初一舉行第一場，科目與鄉試相同。第三日為第二場，第五日第三場。會試共錄取一百人，內中蒙古、色目、漢人、南人各二十五名。

御試，三月初七，前期奏委考試官二員，監察御史二員，讀卷官二員，入殿隨試。考試內容為試策一道。每舉一名，派怯薛歹（宿衛士）一人看守。漢人、南人，試策一道，限一千字以上成。蒙古、色目人時務策一道，限五百字以上成。殿試諸生不再被黜落，只是以所對策第其高下，重新厘定名次，以蒙古、色目人為右榜，以漢人、南人為左榜，唱名公布。兩榜各分三甲。第一甲各一人，賜進士及第，秩從六品；第二甲賜進士出身，秩正七品；第三甲同進士出身，正八品。元統元年（1333年），殿試曾稍異其制，右、左榜第一甲各三人，皆賜進士及第。

鄉試、會試，除《禮部韻略》外，不許再懷挾其他文字。舉人試卷，各人自備三場文卷並草卷，各十二幅，在卷首書寫三代姓名、籍貫、年甲，考期前月交投到印卷所。

元代對應舉之人也作出了限制：「倡優之家及患廢疾，若犯十惡奸盜之人，不許應試。」[49]

舉人於試場內，毋得喧嘩，違者治罪，仍殿二舉。

舉人與考試官有五服內親，自須迴避，仍令同試官考卷。若應避而不自陳者，殿二舉。

鄉試、會試，若有懷挾及令人代作者，漢人、南人有居父母喪服應舉者，並殿二舉。

元泰定元年（1324年）三月，對於會試下第舉人，擬定優待辦法。對於蒙古、色目人，年齡在三十歲以上，並且兩舉不第者授予教授；以下授予學正、山

---

49 《元史・科舉一・科目》。

長。漢人、南人，年齡在五十歲以上並兩舉不第者，授予教授；以下的授予學正、山長。不願做官的，令備國子員。

元代科舉考試，從延首科到元末，共舉行過九次。其間由於伯顏擅權，執意廢科，還曾停科兩次。科舉規模，無論就錄取人數或進士的地位前途而言，與唐、宋相比都是微不足道的。

元代後期五十多年的科舉取士，包括國子監生員會試中選者共一千二百餘人。這個數字，占相應時期中文職官員總數的百分之四。從比例來說，只相當於唐代和北宋的十分之一強。

唐代科舉入仕者，「位極人臣常有十二三，登顯列十有六七」[50]，在整個官僚構成中占有優越的地位。初唐以後，凡入相者幾乎都出身進士。宋代進士科也被時人視為「將相科」[51]。一旦及第，「指日金馬玉堂」[52]，「十二年可至輔相」[53]。元朝復科後五十四年間，可以確定以科舉進身的參相者共九十五人，其入相年數總和，占同時期參相官員在職總年數的百分之三強。進士中官至省、部宰臣（包括侍部）、行省宰相及路總管的，亦不過六十至七十人。大部分「例不遷七品官」而已。

（元）薩都拉《雁門集》

元代科舉與宋代科舉相比，有其顯著的時代特徵，這主要表現在下列各方面：（1）元代民族歧視政策貫穿於整個科舉制度中。如蒙古、色目人只考二場，漢人、南人考三場；而且考試題問的繁簡、深淺、難易也大相懸殊。蒙古、色目人的題比較簡淺，易於及格。（2）元代科舉取士，實際上只有進士科，而宋代

50 王定保：《唐摭言》卷二。
51 王惲：《秋澗集・論詩經保舉科目狀》。
52 王義山：《周均焱四書衍義序》，《稼村類稿》卷六。
53 劉孫：《題陳文二相翰墨》，《養吾齋集》卷二十六。

科舉除進士科外，還有明經、明法諸科。（3）元代科舉考試內容以程朱理學和《四書章句集注》為主，宋代考試內容除一度採用王安石《三經新義》之外，大都用「九經」或「五經」。（4）元代禁止應試的對象較宋代稍微寬些，只限於「倡優之家及患廢疾，若犯十惡奸盜之人」，而宋代則規定「不許有大逆人緦麻以上親，及諸不孝、不弟、隱匿工商異類、僧道歸俗之徒」。（5）元代科舉取士名額較少，如延二年（1315 年）廷試進士及第、出身五十六人，延五年（1318 年）五十人，天曆三年（1330 年）九十七人，取士人數最多的是順帝癸酉科，人數達到百人。而宋代科舉取士較多。宋太宗太平興國三年（977 年），御殿複試得一百零九人，又複試諸科得二百人。至於「仁宗之朝十有三舉，進士四千五百七十人」[54]。南宋偏安東南，紹興二年（1132 年）廷試，得張九成以下二百五十九人。[55]兩相比較，足見宋代應舉之人多，而錄取人數也多。

綜上所述，元朝科舉制度的規模極其狹隘，因此，它對元代的既定用人格局沒有發生什麼大的影響。不過，元王朝最先把程朱理學規定為考試取士的標準，以後經明代直到晚清改革科舉制度，以理學開科取士，維持了將近六百年，對中國封建社會後期的政治產生了深刻影響。

---

54 《宋史·選舉志一》。
55 《宋史·選舉志二》。

第十章

史官與史學

第一節·
遼代的
修史之風

　　遼的統治者十分重視本朝歷史的撰修，設立了專門的修史機構，專司起居注、日曆和實錄的編撰工作，私人史學著述也有一定成就。清人魏源稱：「其國多文學之士，其史紀、表、志、傳，皆詳明正大，雖在元代之前，而遠出元代之上。」[1]

一、遼代的修史制度和官修史籍的門類

　　遼從太祖耶律阿保機建國時起，隨著契丹文字的創立，就沿襲唐、宋以來封建國家的修史制度，開始在其統治機構中設立「監修國史」的官職，並任命耶律不古擔任監修國史一職[2]，聖宗之後，成為定制。遼初史官之設也可能是有名無實，到太宗時期，遼的典章制度趨於完備，並開始了本朝歷史的撰修工作。會同四年（941年）二月，「詔有司編《始祖奇首可汗事蹟》」[3]，便是一個例證。遼

1　魏源：《古微堂外集》卷四。
2　《遼史·耶律不古傳》。
3　《遼史·太宗紀》。

景宗以後，契丹社會基本上完成了封建化的改革，步入了發展史上的鼎盛時期，統治者大量吸收中原封建王朝的統治經驗，重視編修本朝歷史。遼的中央南面官統治機構中，設立了國史院和起居舍人院兩個修史機構，負責編修本朝歷史。

　　遼的國史院係仿宋制而設，國史院設有監修國史、史館學士、史館修撰、修國史、同修國史等官職。監修國史一職，唐、宋均以宰相兼領，遼則以樞密使領之。監修國史以下的史館學士、史館修撰、修國史、同修國史等職，具體承擔修史事務，其中除史館學士為遼代創設之外，其餘史官均係仿效唐、宋制度設立，主要負責國史、皇帝實錄的修撰工作。

　　遼的起居舍人院隸屬門下省，也是仿照宋代起居院設置的，內設起居舍人、起居郎、修起居注、知起居注等史官，主要負責編修起居注。

　　遼代不僅有史官之設，且有修成之典冊，如起居注、日曆、實錄等俱可考稽。

　　起居注是由起居舍人院的史官所記錄的當時皇帝的言行，是最基本的原始資料，也是封建史家修撰歷史的重要依據。由於《遼史》無《藝文志》，故後人對遼各朝修撰起居注的情況知之不詳。但關於起居注的記載，《遼史》中仍可考見，蕭韓家奴兼修國史時，興宗詔諭之云：「文章之職，國之光華，非才不用。以卿文學，為時大儒，是用授卿以翰林之職，朕之起居，悉以實錄。」[4]《遼史》明確提到《起居注》的僅有《道宗本紀》中的一處，云太康二年（1076 年）十一月甲戌，「上欲觀《起居注》，修注郎不及忽突謹等不進，各杖二百，罷之；

《遼史》書照

4　《遼史‧蕭韓家奴傳》。

流林牙蕭岩壽於烏隗部」。當時正值耶律乙辛為了專權，製造了宣懿皇后與伶官趙唯一私通的誣案，因事關重大，所以皇帝才要調閱《起居注》，故這件事被史官作為遼代後期政治生活中的一件大事記載下來。這則史料說明遼自景帝以後諸帝均有《起居注》。

日曆是根據起居注的材料由史官逐日撰成有關朝政事務的編年體史冊。宋制，日曆由日曆所主撰，《遼史》雖未記載遼代撰修日曆的專門機構，但從現存幾則史料來看，遼代也有撰修日曆的機構和史官，而且也修有《日曆》。《遼史·聖宗本紀》記載，統和二十一年（1003 年）三月壬辰，「詔修《日曆》官，『毋書細事』」；統和二十九年（1011 年）五月甲戌朔，聖宗又要求「已奏之事送所司，附《日曆》」。遼代的《日曆》亦可從中考見一斑。

實錄是根據日曆編撰而成的，至晚從聖宗時起，遼的史臣就開始陸續撰修其歷朝實錄，並且成為遼代官修史書的主要成就。

二、官修史書的主要成就

撰修歷朝實錄，是遼代官修史書的主要成就，共修成四部實錄。這些實錄雖已失傳，但撰修情況仍可考見。

1. **《統和實錄》** 室昉與邢抱朴共同撰修。室昉，字夢奇，遼南京（今北京）人。景宗時遷工部尚書，拜樞密使，兼北府宰相，加同政事門下平章事，監修國史。邢抱朴，應州（今山西應縣）人，博古好學。景宗保寧初為政事舍人，知制誥，累遷翰林學士，加禮部侍郎，又遷翰林學士承旨。室昉與邢抱朴於統和九年（991 年）正月修成歷朝實錄二十卷，得到聖宗的嘉獎[5]。這部實錄記載了太祖、太宗、世宗、穆宗、景宗五朝事蹟，因成書於聖宗統和年間，故稱《統和實錄》。

---

5 參見《遼史·聖宗本紀》、《遼史·室昉傳》、《遼史·邢抱朴傳》。

2. **《遼國上世事蹟及諸帝實錄》，又稱《遙輦可汗至重熙以來事蹟》** 蕭韓家奴等編撰。蕭韓家奴，字休堅，遼涅剌部人，通遼漢文字，博覽經史，是遼代卓越的歷史撰修家，興宗重熙中，同知三司使事，後擢翰林都林牙，兼修國史。蕭韓家奴十分重視契丹先世歷史的撰修，重熙十三年（1044 年）曾上《請追崇四祖為皇帝疏》[6]，重熙十三年六月，奉詔與耶律庶成、耶律穀欲等共同編撰《遼國上世事蹟及諸帝實錄》[7]共二十卷，其中關於契丹先世的歷史是參據《舊唐書》寫成的。

3. **《七帝實錄》** 《遼史·道宗本紀》云，大安元年（1085 年）十一月辛亥，「史臣進太祖以下《七帝實錄》」。太祖至興宗凡七朝，所謂《七帝實錄》應當包括太祖、太宗、世宗、穆宗、景宗、聖宗、興宗七朝。大概是在蕭韓家奴修史基礎上，將重熙十三年以後的歷史進行了續修。但蕭韓家奴等修史遠追遙輦氏，而此次所修則稱「太祖以下」，明顯有斷代之意。馮家升云「蓋契丹亦講所謂朝代，大賀氏、遙輦氏皆前代，如宋之上有隋唐五代」[8]。

4. **《皇朝實錄》又稱耶律儼《實錄》** 耶律儼，字若思，析津府（今北京市）人，咸雍進士。太康初，官至將作監，累遷大理寺少卿；大安初為景州（今河北遵化）刺史，後改御史中丞，同知宣徽院事，提點大理寺。壽昌五年使宋，拜參知政事，遷知樞密院事及監修國史，道宗臨終，受命輔立天祚帝[9]。乾統三年（1103 年）奉詔編撰太祖諸帝實錄。[10]按《遼史·耶律儼傳》，耶律儼於道宗朝「修《皇朝實錄》七十卷」，蓋天祚帝詔耶律儼修實錄是在此基礎上的續修活動。耶律儼《皇朝實錄》被元人稱為《遼史》，《遼史·耶律儼傳》稱：「儼以俊才蒞政，所至有能譽，纂述遼史，具一代治亂，亦云勤矣。」元修《遼史》中的《世紀表》、《太祖本紀》、《太宗本紀》、《世宗本紀》、《穆宗本紀》、《景宗本紀》、《聖宗本紀》、《興宗本紀》、《道宗本紀》、《營衛志》、《儀衛志》、《百官志》、《禮

6　《遼史·蕭韓家奴傳》。
7　《遼史·耶律谷欲傳》。
8　《遼史證誤三種》，頁 8，北京，中華書局，1959。
9　《遼史·耶律儼傳》。
10　《遼史·天祚帝紀》。

志》以及《後妃傳》等部分都吸收了耶律儼的編撰成果。

除《實錄》、《起居注》等以外，遼的統治者可能還有自編的本朝歷史。劉輝於壽昌三年（1097 年）上書說，「臣請以趙氏（宋）初起事蹟附國史」[11]，就是一個例證。耶律孟簡曾編撰遼的三位大臣耶律曷魯、屋質、休哥的「行事」進呈道宗，並建議編修國史。這一建議被道宗採納，並命置局編修。耶律孟簡本人也參與了編修活動。[12]由於文獻的闕略，我們已無從了解遼朝國史的編修狀況了。

根據文獻記載，遼代也有一些私人著述，儀注類的有蕭韓家奴等傳之《禮書》及《契丹官儀》、《遼朝雜禮》；地理類的有《遼四京記》、《契丹地理圖》、《疆宇圖》、《大遼對境圖》；政書類則有《契丹會要》、《大遼登科記》；傳記類則有《三臣行事》、《七賢傳》等。

第二節 ·
金代的史籍編撰
及私人著述

一、金代的史官制度和纂修國史的主要成果

金仿宋遼的史官制度，設立國史院，內設監修國史、修國史、同修國史等

11 《遼史·劉輝傳》。
12 《遼史·耶律孟簡傳》。

職，還設有編修官、檢閱官、《遼史》刊修官等。又將著作局隸於秘書監，設著作郎、著作佐郎等官掌修日曆。其尚書省還常設修起居注官多員，後又特設記注院專修起居注。史官修國史的門類也同前代一樣，有起居注、日曆和實錄，但這些史書俱已散失，其歷朝實錄的撰修情況尚可考見一斑。

有金一代，計有實錄十部，即：《祖宗實錄》、《太祖實錄》、《太宗實錄》、《熙宗實錄》、《海陵實錄》、《睿宗實錄》、《世宗實錄》、《顯宗實錄》、《章宗實錄》、《宣宗實錄》。

這些實錄元時猶存，成為元修《金史》的重要史料來源，其後散失，內容無從考知，但從《金史‧完顏勗傳》記載的《祖宗實錄》的有關內容看，金朝實錄的編撰還是十分詳盡的。

完顏勗是穆宗第五子，十六歲即從軍征戰，太宗即位後參與政事，歷任尚書左丞、左丞相、監修國史，領行臺尚書省事等職。《金史》本傳稱其「好學問，國人呼為秀才」。金兵克汴，完顏勗前往勞軍，宗翰等人間其所好，答曰：「惟好書耳，遂載數車而還。」天會六年（1128 年），太宗詔求祖宗遺事以備國史，命完顏勗、耶律迪越掌之。然女真人在興起之初，「既未有文字，亦未嘗有記錄，故祖宗遺事皆不載」。完顏勗等人修史最感缺乏的恐怕就是成文史料，因此訪問先人遺事就顯得十分重要。完顏勗等在宗翰「訪問女直老人，多得祖宗遺事」的基礎上，於皇統元年（1141 年）撰成《祖宗實錄》三卷，記錄了金始祖以下十帝事蹟，凡氏族均說明某部、某水、某鄉、某村，以示區別。而金先祖在與契丹人往來征戰過程中，「詐謀詭計，悉無所隱，故所舉咸得其實」[13]。元修《金史》中，錫馨、和諾克、薩克達、烏春必拉、罕都、伊克等人的傳記中，地名、部名、村名詳盡，可能得益於完顏勗等人所修的《實錄》。

13 趙翼：《廿二史札記》卷二十七。

二、金代對遼代歷史的編修

金滅遼後，曾兩次編修遼史。第一次是熙宗皇統年間。熙宗崇儒好學，皇統元年（1141 年）二月祭孔子廟後曾對臣下說：「朕初年，遊佚不知志學，歲月逾邁，深以為悔。孔子雖無位，其道可尊，使萬世景仰。大凡為善，不可不勉學。自是頗讀《尚書》、《論語》、《五代》、《遼史》諸書，或以夜繼焉。」[14] 在這種「勉學」動機的支配下，開始了《遼史》的編修活動。先是遼之遺老耶律固首先進行了《遼史》的編修工作，後由蕭永祺繼之。《金史·蕭永祺傳》說：「廣寧耶律固，奉詔譯書，闕至門下，盡傳其業。固卒，永祺率門弟子服齊衰喪。固作《遼史》未成，永祺繼之，作紀三十卷，志五卷，傳四十卷，上之。」根據《金史·熙宗本紀》的記載，這部《遼史》是皇統八年（1148 年）四月完成的，其總卷數為七十五卷，恰與耶律儼《皇朝實錄》的卷數相近，因此，蕭永祺《遼史》可能是在《皇朝實錄》基礎上修成的。

章宗時，文風聿興，因命臣下重修《遼史》。大定二十九年（1189 年），命參知政事移剌履提控刊修《遼史》[15]，同修國史黨懷英、鳳翔府治中郝俁為刊修官，應奉翰林文字移剌益、趙渢等七人為編修官。此時遼亡已近六十年，載籍散失者益多，遺老率皆物故，因此進行了廣泛的資料收集活動，「凡民間遼時碑銘墓誌，及諸家文集，或記憶遼舊事，悉上送官」。泰和元年（1201 年）又增加編修官三員，「詔分紀、志、列傳，刊修官有改除者，以書自隨」。黨懷英年老致仕而《遼史》未成。[16] 泰和六年（1206 年）七月，章宗命「翰林直學士陳大任以本職專修《遼史》」，至泰和七年（1207 年）十二月，《遼史》終由陳大任完成[17]。此書雖未刊行，但元修《遼史》時尚存，成為重要的史料來源。

---

14 《金史·熙宗本紀》。
15 《金史·移剌履傳》。
16 《金史·黨懷英傳》。
17 《金史·章宗本紀》。

三、金代的私人史學論著

金代私人史學論著遠勝於遼代。清代金史學家施國祁指出，金自天會至明昌年間，「文治彬彬，才人蔚起，在朝在野，世有著述」[18]。他所采輯的金人著作目錄約二百種，但文淵閣目錄尚不及其四分之一，可見金人著述到明代多有散失。私人史籍著述主要有楊雲翼、趙秉文所著《高抬貴手萬年錄》、《君臣政要》，韓玉所著《元勳傳》，元好問所著《中州集》、《壬辰雜編》，劉祁所著《歸潛志》，王鶚的《汝南遺事》，楊煥然的《天興近鑑》，史論方面有王若虛《滹南遺老集》，史地方面有王寂《遼東行部志》、《鴨江行部志》，典禮方面有張的《大金集禮》。其中以元好問、劉祁的著述和王若虛的史論影響最大。

元好問的《中州集》是一部詩傳結合的著作，共收入金代二百五十六人的二千一百餘首詩詞，共為二百五十四名作者立傳，其中有官品的一百八十六人，包括丞相、參政十六人，六部尚書及下屬官員二十二人，大司農一人，太常寺官員九人，御史臺官員七人，翰林院官員三十五人，還有秘書監、國子監、著作局等處官員二十二人，地方州以上機構官員五十五人，縣以下機構官員十九人，無官職者六十九人。元好問通過記述這二百五十四人的生平事蹟，展示了金朝政治、經濟、文化、軍事的狀況，闡發了他對史事的看法，對於研究金代的典章制度、重大歷史事件和文化狀況具有很高的史料價值。如在《中州集》卷十《李汾傳》中，詳細記載了金朝國史院官員的分工：「舊例，史院有監修，宰相為之；同修，翰長至直學士兼之。編修官專纂述之事。若從事，則職名謂之書寫，特抄書小史耳。凡編修官得日錄分授之，纂述既定，以稿授從事，從事錄潔本送翰長。平居無事，則翰長及從事或列坐飲酒賦詩。一預史事，則有官長掾屬之……」此外，元好問親歷金末喪亂，《中州集》中有關金末國家政局不穩，權臣當政、弒主暴民、蒙古南侵、宣宗南渡等重大事件記載較多，保存了豐富的史料。元好問把論詩和論史有機地結合起來，開創了將文學和史學融於一體的新體例，在古代文學史和史學史上具有獨特地位。

---

18 引自《禮耕堂叢說・盧氏補金藝文志說》。

元好問還著有《壬辰雜編》若干卷，專記金末喪亂事，已佚。《中州集》和《壬辰雜編》是元代纂修《金史》的重要史料來源，所謂「纂修《金史》，多本其所著云」[19]。據統計，在《中州集》二百五十四人的傳記中，《金史》中有傳、名的共一百一十一人，其中有官品的一百零一人。當然，《金史》對《中州集》中有關人物傳記一般也是有所取捨的，但應當注意的是，由於《中州集》採取了「以詩存史」的寫作方法，記載的人物中有相當一部分是才華橫溢、文章蓋世的才子和一些自恃清高、不入仕途的隱居者。所以《中州集》幾乎是一部完整的金代《藝文傳》，《金史·藝文傳》的寫作主要是以《中州集》為依據的。據統計，在《金史·藝文傳》所載三十三人中，馬定國、任詢、周昂、趙渢、劉昂、劉從益、呂中孚、張建、王元節、李汾等人的列傳，是轉抄《中州集》而成，只是略作文字改動和順序調整。吳激、麻九疇、宋九嘉、李獻能、鄭子聃、元德明等人的列傳，內容、文字有許多地方與《中州集》相同。蔡松年、蔡珪、趙可、王競、黨懷英、李經、龐鑄、王郁、王庭筠、王若虛等人的列傳，在編寫時也參考或部分取材於《中州集》。此外《金史·隱逸傳》共記載十二人，其中王予可、郝天挺、薛繼先的列傳是從《中州集》中摘錄而成，《辛願傳》也主要取材於《中州集》，有很多地方與《中州集》的文字、內容相同，可見《中州集》也是《金史·隱逸傳》的史料來源之一。[20]

另一位記述金末史事的重要學者是劉祁。劉祁，字京叔，為金末太學生，甚有文名。值金末喪亂，劉祁於壬辰（1232 年）北還鄉里，躬耕自給，築室榜曰「歸潛」。劉祁歸鄉後，「獨念昔所與交遊，皆一代偉人，今雖物故，其言論、談笑想之猶在目。且其所聞所見，可以勸誡規諫者，不可使湮沒無傳。因暇日記憶，隨得隨書，題曰《歸潛志》。」[21]該書今傳本共十四卷，包括金末諸人小傳、雜記軼事、哀宗亡國始末、崔立作亂及劫群臣立碑事等金末史事，最後附《辨亡》一篇，闡發作者對金亡原因的分析和認識，把金朝的滅亡歸結為統治者的腐

19 《金史·元德明傳·附好問傳》。
20 據張博泉等：《〈中州集〉與〈金史〉》，見陳述主編：《遼金史論集》第 3 輯，北京，書目文獻出版社，1987。
21 劉祁：《歸潛志·自序》。

朽，持論頗有可取之處。劉祁的《歸潛志》被《四庫全書》收入小說類，云：「壬辰之變，祁在汴京，目擊事狀，記載胥得其實，於金末書多有足徵，因此言金史者必舉此書。」可見《歸潛志》具有較高的史料價值，元「修《金史》多採用焉」[22]。

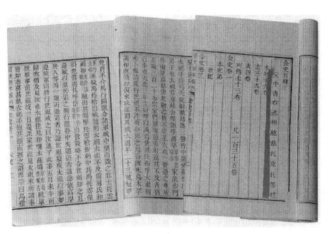

《金史》書照

　　金代史學家王若虛的史論在金元之際有獨到之處。王若虛，字從之（1174-1243 年），幼穎悟，擢承安二年（1197 年）經義進士，調州錄事，歷管城、門山二縣令，皆有惠政，秩滿，老幼攀送，數日乃得行。用薦入為國史院編修官，遷應奉翰林文字，尋為著作郎，參與章宗、宣宗實錄的編撰，仕至延州刺史，入為直學士。崔立作亂，王若虛拒絕為其建功德碑。金亡微服而歸隱，卒年七十，著有《滹南遺老集》四十卷[23]。其中，辨證經史諸書的凡三十三卷，《史記辨惑》、《諸史辨惑》、《新唐書辨惑》等，是其史論的代表作。王若虛的史論擺脫了北宋以來義理學的影響，在「德運之爭」喧囂的金代，一反世俗之見，提出「予謂史書，實錄也」。《歸潛志》卷八也說王若虛主張史為實錄，貴不失真，這種唯實思想是同義理之說有本質區別的。他反對寓褒貶、明義理的史學思想，在《君事實辨》中批評程頤、范祖禹要求司馬光在《資治通鑑》中貶斥魏徵「不死

22　《金史・劉從益傳》。
23　《金史・王若虛傳》。

於建成之難」而反事唐太宗，有違「忠臣不事二主」的封建倫理的迂腐思想；批評左氏、杜預、胡安國把史料中偶爾缺一人名的現象當作「聖人垂訓」的義例來妄加發揮的做法；提出「一切異說不盡人情者，雖託以聖賢，皆當慎取，不可輕信也」。他在對待史料上堅持考證的態度，在史書編纂上堅持「惟其適宜的方法，反對義理派史家不顧史料真偽，只顧發揮義理，講究所謂「書法」的做法。故元好問稱王若虛「頗譏宋儒經學以旁牽遠引為誇，而史學以探賾幽隱為功」[24]。清人施國祁也指出：「金季士大夫多喜逃虛養名，高自位置，假借於道學，汨沒於禪機，趙閑閑、李屏山其著也。求其潛心抵力，本經史通鑑之學為指歸，生平不衍太極圖，不作葛藤語者，惟王滹南為然。」[25] 儘管王若虛的史論中還有不少缺點，如「區分正閏」的思想等，但在治史方法上他反對義理之學，崇尚實事求是態度，在金元之間是十分罕見的。

第三節 ·
西夏史學簡說

　　西夏統治者十分重視學習中原文化，多次請求宋王朝給予經史之類的書籍，這無疑對西夏文化包括史學在內產生了重大影響。西夏統治者仿效中原封建王朝

---

24 《遺山文集》卷十九《內翰王公墓表》。
25 《禮耕堂叢說·繡谷寫本滹南集說》。

設立了史官，著名儒士斡道沖一家幾代都擔任纂修西夏史事的職務。一一六一年，夏仁宗設立翰林學士院，以焦景彥、王僉等為學士，纂修李氏實錄[26]，後人稱為《夏國實錄》。一二二五年，夏臣羅世昌撰寫夏國「譜序世次」[27]，後人稱之為《夏國譜》或《夏國世次》。可惜這些史籍未能流傳下來。

蒙古滅夏時，耶律楚材曾得到太宗西夏文獻[28]。宋人有關西夏史事的書籍主要有：孫巽撰《夏國樞要》二卷[29]，劉溫潤撰《西夏須知》一卷[30]，無名氏撰《契丹夏州事蹟》一卷[31]。元人袁桷因參與修撰遼、金、宋史，搜訪遺書，條列事狀，列有《趙元昊西夏事實》及《西夏事宜》二書[32]。但元人在修撰遼、金、宋三史的同時，沒有利用西夏文獻和宋人有關西夏史事的著作編修西夏專史，致使西夏史籍湮沒，其損失是無可彌補的。清代乾嘉以來，有不少學者根據前代文獻對西夏歷史進行復原工作，見諸著錄的有關西夏史地著作不少，其中已經完成並刊行的較有代表性的著作有張鑑《西夏紀事本末》（36卷）、吳廣成《西夏書事》（42卷）以及戴錫章的《西夏紀》（28卷）等。

由於西夏本朝史籍的散失和有關西夏歷史的漢文原始資料貧乏，二十世紀初大量發現的西夏文文獻就顯得尤為珍貴，它為研究西夏的社會經濟、社會關係、政治制度、法律制度、軍事制度、軍事設施，以及宗教、社會生活、風俗習慣、地理、姓氏、紀年等提供了豐富、生動的第一手資料，具有極高的史料價值，可以補充漢文史籍的不足。例如《宋史‧夏國傳》記載元昊建國前即「設十六司於興州，以總庶務」，但未列司名。《藩漢合時掌中珠》、《天盛年改定新律》則有詳細記載，列有西夏政府管理機構與所屬地區一百多個，其官階分上品、次品、中品、下品、末品及不入品者。黑城所出《西夏官階封號》則列上品、次品、中品、下品、末品、第六品、第七品，並詳列諸品封號，如皇后、公主、嬪妃封

---

26 《宋史‧夏國傳》。
27 《金史‧夏國傳》。
28 《元史‧耶律楚材傳》。
29 晁公武《郡齋讀書志》、尤袤《遂初堂書目》、《宋史‧藝文志》均著錄。
30 《宋史‧藝文志》、《遂初堂書目》均著錄。
31 《通志‧藝文略》有著錄。
32 《清容居士集》卷四十一。

號，南、北、東、西院諸王封號、國師大臣封號、統軍封號等等。這些都是研究西夏官制的重要資料。

第四節 ·
元代史學
的發展

　　蒙古先人有修史記事的傳統。蒙古統治者在入主中原之前，就編撰了《蒙古秘史》。元朝統治者在入主中原、統一全國的過程中，逐步吸收了中原地區先進的封建文化，並仿效中原王朝的修史制度，在短期內完成了《遼史》、《金史》和《宋史》，使遼、宋、金三朝的主要歷史資料得以系統地保存下來。同時還編修了本朝歷史（如實錄），彙編了本朝的典章制度和文獻，為後人研究元史提供了一些資料。在大一統的形勢下，史地研究有了空前發展，《大一統志》的編修總結了前代方志學和地理學的成果，成為中國封建社會後期方志學和地理學的重要著作。私家史學著述和文獻也十分豐富，保留下來的遠比遼、金要多出許多，而尤以馬端臨、胡三省的史學成果為最。所有這些，足以說明元代史學比之遼、金、西夏有了很大發展。

一、正統之爭與遼、金、宋三史的修訂

在元修遼、金、宋三史時，正統之爭非常激烈。元世祖中統二年（1261 年）七月，「初立國史院，王鶚請修遼、金二史。⋯⋯乞以右丞相史天澤監修國史，左丞相耶律鑄、平章政事王文統監修遼、金史，仍採訪遺事。並從之。」[33] 至元元年（1264 年），世祖又令王鶚等修遼、金史。至滅宋後，世祖命詞臣通修遼、宋、金三史。[34] 此後，仁宗延年間、明宗天曆年間皆屢詔修撰，均無甚進展，究其因，「以義例未定，竟不能成」[35]。到順帝至正三年（1343 年），詔修遼、金、宋三史，脫脫為都總裁。至是時，「脫脫獨斷曰：『三國各與正統，各系其年號。』」[36] 以此為三史之義例，結束了正統之爭。

正統之爭平息後，三史的纂修迅速展開。為了統一體例，制定了總的編撰凡例：（1）帝紀，各史書法以《史記》、《西漢書》、《新唐書》為準，各國國號，以南、北史為準；（2）各史所載，取其重者為志；（3）表與志同；（4）列傳，人臣有大功者，雖父子各傳；餘以類相從，或數人共一傳；三國所書事，有與本朝相關涉者當稟；金宋死節之臣皆合立傳，不需避忌；其餘該載不盡，從總裁官與修史官臨文詳議；（5）疑事傳疑，信事傳信，準《春秋》。[37] 在確定義例的同時，元政府組織了強大的寫作班子，以鐵木兒塔實、賀唯一、張起岩、歐陽玄、揭傒斯、呂思誠為《遼史》總裁官，鐵木兒塔實、賀唯一、張起岩、歐陽玄、揭傒斯、李好文、楊宗瑞、王沂為《金史》、《宋史》總裁官（其中揭傒斯先死，未任《宋史》總裁官）。為了保證三史的纂修，脫脫還籌措了纂修經費。至正三年四月，三史同時開始纂修，四年三月《遼史》先成，次年十一月《金史》成，五年十月《宋史》成。

---

33 《元史・世祖本紀》。
34 楊維楨：《正統辨》，《輟耕錄》卷三。
35 《續文獻通考・正史考》。
36 權衡：《庚申外史》。
37 參見《遼史・附錄・三史凡例》，頁 1557，北京，中華書局，1974。

二、遼、宋、金三史的內容和評價

遼、宋、金三史共七百四十七卷，是二十四史的重要組成部分。

1. **《遼史》** 《遼史》在遼時已有耶律儼本，在金時又有陳大任本，元修《遼史》時二本俱在。脫脫等《進遼史表》云：「耶律儼語多避忌，陳大任詞乏精詳」；《遼史‧後妃傳序》云：「儼、大任《遼史‧後妃傳》大同小異，酌取以著於篇。」可見，元修《遼史》依據耶律儼、陳大任本無異。

《遼史》共有《本紀》三十卷，《志》三十二卷，《表》八卷，《列傳》四十五卷，《國語解》一卷。

《遼史》中的《國語解》，對契丹人的稱謂、官名、地名、部族等都有解釋，不僅有助於研讀《遼史》，而且也有助於研究已經失傳的契丹文字和語言。

《遼史》過於簡略，也有不少疏漏，由於成書太速，其中前後矛盾、重複或與《金史》、《宋史》、《新唐書》相矛盾的地方也有不少。此外還有許多名字互稱、人名音譯不一而致生歧義的地方。儘管如此，由於耶律儼《實錄》和陳大任《遼史》俱已失傳，元代官修《遼史》就成為現存唯一一部系統記載遼代歷史的書籍，是研究遼代歷史的基本資料。清人厲鶚作《遼史拾遺》、汪輝祖作《遼金元三史同名錄》，對研讀《遼史》均有參考價值。

2. **《金史》** 金有累朝實錄，元初王鶚等人又對金史進行了纂修。阿魯圖等《進金史表》稱：「於時張柔歸金史於其先，王鶚輯金事於其後。」金毓黻在《中國史學史》中說：「金史之修，創於王鶚，考其初稿，即據實錄。」王鶚是金正大元年（1224 年）進士第一甲第一人出身。天興三年（1234 年）蔡州陷落被元人所俘，後被萬戶張柔解救，館於保州（河北保定）。忽必烈即位後，授翰林學士承旨。王鶚精於史學，中統、至元年間積極建議修遼、金二史。王惲《玉堂嘉話》中錄有王鶚《金史》目錄，可見王鶚已有《金史》底本。元至正年間官修《金史》主要本之於金累朝實錄和王鶚《金史》舊本以及元好問、劉祁等私人著述。

《金史》共一百三十五卷，其中有《本紀》十九卷，《志》三十九卷，《表》四卷，《列傳》七十三卷，末附《國語解》一卷。

《國語解》附於《金史》之末，分官稱、人事、物象、物類、姓氏等五類，對書中音譯名詞注明漢語語文，對釋讀《金史》大有裨益。

在元修遼、金、宋三史中，《金史》較之於其他二史，得到了後世史家很高的評價。清人趙翼說：「《金史》敘事最詳賅，文筆極老潔，迥出宋、遼二史之上。說者謂多取劉祁《歸潛志》、元好問《壬辰雜編》以成書，故稱良史。」而《四部備要書目提要》稱：「是元人之於此書，經營已久，與宋、遼二史取辦倉促者不同。故其首尾完密，條列整齊，約而不疏，贍而不蕪，在三史之中，獨為最善。」《金史》所以被稱為良史，也是相比較而言的。清代金史學家施國祁認為，其「文筆甚簡，非《宋史》之繁蕪；載述稍備，非《遼史》之厥略；敘事得實，非《元史》之訛謬。」[38]其評價顯得客觀公允。儘管如此，《金史》的缺陷還是很多的，如敘事自相矛盾，內容重複，史實訛誤，氏名、地名、官名前後互異，應立傳而不立傳，應載之國事、政事而不載等，同時在某些地方也與《遼史》、《宋史》等相互矛盾。後人對《金史》做了很多考據、補證工作，清人施國祁作《金史詳校》、汪輝祖作《遼金元三史同名錄》，今人陳述作《金史拾補五種》，均可作為研讀《金史》的參考。由於金代史籍多已失傳，《金史》自然體現出其重要價值，是今人研究金代歷史的主要資料來源。

3. **《宋史》** 宋代遺留的史料十分豐富，每帝必有日曆，日曆之外又有實錄，還有正史和私家關於當代史籍的記述。而名臣傳、言行錄、家譜之類則更多。元人蘇天爵說：「宋自太祖至寧宗，實錄凡三千卷，國史凡六百卷，編年又千餘卷，其他宗藩譜圖、別集、小說不知其幾。」[39]宋亡後董文炳在臨安（今浙江杭州）的宋史館所藏其太史所著《宋史》及諸記注五千餘冊，「悉歸國史院」[40]。元代史臣正是在這些史料的基礎上，完成了卷帙浩繁的《宋史》。

---

38 《金史詳校·序》。
39 《滋溪文稿》卷二十五。
40 《元史·董文炳傳》。

《宋史》共四百九十六卷，內分本紀四十七卷，志一百六十二卷，表三十二卷，列傳二百五十五卷（含世家 6 卷），是二十四史中卷數最多的一部。全書記載了宋太祖建隆元年（960年）至南宋帝昺祥興二年（1279年）共三百二十年的歷史。

《宋史》的纂修是以宋代國史為稿本的。清代考據學家趙翼說：「宋代國史，國亡時皆入於元。元人修史時，大概只就宋本稍為排次，今其跡有可推見者……」[41]由於元人修史倉促，急於求成，無暇梳理浩繁的史料，致使《宋史》中錯

《宋史》書照

誤、重複、疏漏、雜亂之處很多，如紀傳互異、志傳互異、傳文前後互異、表傳互異、一人二傳等。其疏漏之處突出表現為詳略失當。宋人好述東都之事，故《宋史》對北宋事蹟記載較詳，建炎以後稍略；理、度兩朝，宋人罕有記載，《宋史》也不具首尾，甚至將南宋最後二帝端宗和帝昺削去帝號，不寫入本紀。《文苑傳》只詳北宋，南宋則只有周邦彥數人，《循吏傳》更未記南宋一人。由於《宋史》存在著突出的缺陷，因此明、清兩代學者對宋代歷史進行了重新編撰的嘗試，明代柯維騏編有《宋史新編》二百卷，王維儉編有《宋史記》二百五十卷；清代陳黃中編有《宋史稿》二百一十九卷，陸心源編有《宋史翼》四十卷。這些改寫的宋代歷史，其史料價值都不及元代官修《宋史》。從保存史料的角度看，《宋史》遠勝於遼、金二史。

元修遼、金、宋三史是二十四史中的重要組成部分，有許多特點和優點。在編撰義例上採用各與正統、各系年號的處理方法，在中國古代史學史上是一個創舉，是當時歷史狀況的反映和民族平等原則的體現；在篇目設計上，三史按照正史體例編撰，但也各有創新（前已述及）。特別是元朝享國日短，能在短期內完

---

41 趙翼：《廿二史札記》卷二十三。

成三史，保存了三朝的主要歷史資料，不使湮沒於兵火，應當說是對中國史學史的一大貢獻。

三、元代官修史書和文獻

元朝統治者十分重視本朝歷史的纂修，除順帝外，太祖以下皆有實錄。太祖、太宗、定宗、憲宗四朝實錄都於成宗大德七年（1303 年）撰成，次年又成《世祖實錄》。《成宗實錄》成書於仁宗皇慶元年（1312 年），《仁宗實錄》成書於英宗至治三年（1323 年），《英宗實錄》成書於泰定元年（1324 年）。泰定帝、文宗、明宗、寧宗諸朝實錄成書時間不詳。另外，未踐位的順宗也有實錄，成書於皇慶元年。由於元朝的國史、實錄均秘不外傳[42]，故明以後亡佚，今存元代官修反映蒙元史事的書籍尚有《元朝秘史》、《聖武親征錄》、《通制條格》、《元典章》、《經世大典》等，這些史籍雖然絕大多數都已殘缺不全，但仍然是反映元朝歷史的重要資料。

1. **《元朝秘史》** 《元朝秘史》又稱《蒙古秘史》，蒙文名《忙豁侖·紐察·脫卜察安》，是十三世紀蒙古國官修史書，也是一部文學著作。關於其成書時間，書末說：「於子年之七月，書畢矣。」這個成書時間，語焉不詳，但根據其所述史事，當為一二八八年戊子、一二四〇年庚子、一二五二年壬子或一二六四年甲子，目前學術界尚未有定論。此書原為畏兀兒體蒙古文，書中記載了成吉思汗先人譜系、成吉思汗生平事蹟和窩闊臺統治時期的歷史，個別記述涉及到窩闊臺以後的事蹟，可見該書不是一次完成。根據《元史·察罕傳》和《元史·虞集傳》的記載，該書在仁宗時曾被譯為漢文，文宗時仍在續修，但後世未見流傳。明朝初年翰林譯員出於教授蒙古語的需要，將此書譯為漢文，題名《元朝秘史》。

---

42 據《元史·虞集傳》。

《元朝秘史》明初刻本為正集十卷，續集二卷，《永樂大典》收錄本為十五卷。全書按明四夷館的分段節譯共有二百八十二節。第一卷從成吉思汗二十二代前的遠祖寫起，記述了直至成吉思汗幼年時的史事，第二卷至第十一卷，記述了成吉思汗一生的事蹟，最後一卷記述了窩闊臺即位以後的史事，其記事時間跨度前後約五百年。書中突出描述了成吉思汗早年的艱難歷程和統一蒙古各部、建立蒙古汗國的過程，記錄了蒙古汗國南征金夏、收復畏兀兒、進兵中亞、遠征歐洲的情況。對十二世紀至十三世紀蒙古社會的經濟、政治、軍事、文化的發展狀況都有生動反映。特別是該書描述了蒙古族由原始社會早期的氏族組織發展為部落、部落聯盟，直至產生階級、建立奴隸制國家的歷史過程，是研究民族史和社會發展史的珍貴資料，是一部蒙古族早期的重要歷史典籍。

　　《元朝秘史》還是蒙古民族第一部文學經典作品，對研究古代蒙古文學和蒙古文字具有很高的價值。該書在軍事研究方面也有重要價值，書中記錄了成吉思汗指揮的以少勝多、出奇制勝的精彩戰例，值得認真研究和總結。

　　《元朝秘史》也有一些不足之處，如兩卷續集內容過於簡略，錯訛之處較多，文筆也不如正集。全書對某些年代和史事的記載，也有不確和錯亂的地方。

　　2.《聖武親征錄》　是一部記載成吉思汗、窩闊臺時期蒙古歷史的重要史籍。成書於元世祖時期，作者佚名。中統三年（1262年）忽必烈曾令王鶚等人商榷史事，王鶚等延訪了成吉思汗事蹟，故《四庫全書總目提要》認為該書係王鶚等人纂修。該書與《元史·太祖本紀》、《元史·太宗本紀》頗相近似，與根據《金冊》纂修的拉施都丁《史集》第一卷《成吉思汗紀》的許多內容也有共同之處，與《元朝秘史》有同有異。因此，《聖武親征錄》對研究蒙古早期歷史也有重要價值。

　　3.《經世大典》　《經世大典》是元朝官修政書。元文宗至順元年（1330年），由奎章閣學士院負責編撰，趙世延、虞集為總裁，其後歐陽玄繼任總裁，纂修官皆一時名士。次年五月成書後，名為《皇朝經世大典》。全書共八百八十卷，目錄十二卷，附公牘一卷，纂修通議一卷。據《元文類·經世大典序錄》記載，全書分為十篇，其中君事四篇，即帝號、帝訓、帝制、帝系，別置蒙古局負

責修撰；臣事六篇，即治典、賦典、禮典、政典、憲典、工典。各典之下又分若干目，內容豐富，記載了有元一代的重要制度。治典分制官、三公、宰臣年表、各行省、入官、補吏、儒學教官、軍官、錢穀官、投下、封贈、承蔭、臣事等十三目；賦典分都邑、版籍、經理、農桑、賦稅、海運、鈔法、金銀珠玉銅鐵鉛錫竹木等課、鹽法、茶法、酒醋、商稅、市舶、宗親、歲賜、俸秩、公用錢、常平義倉、市糴糧草、蠲免、賑貸等二十目；政典分為征伐、招捕、軍制等二十目；憲典分名例、衛禁、職制等二十二目；工典分宮苑、官府、倉庫、城郭、橋梁、河渠、郊廟等二十二目。《經世大典》的體例仿唐、宋會要，而在篇目設置、編撰方法上則有所創新，是元朝典章制度總匯，內容涉及元朝政治、經濟、軍事、文化乃至社會生活的各個方面，明修《元史》時對該書多有引用。

《經世大典》在明代已殘缺，今所存遺文，除《元文類》所收該書序錄和《永樂大典》殘本中留存的《站赤》部分外，尚有《廣倉學窘叢書》所收之《大元馬政記》、《元代畫塑記》、《大元氈工物記》、《大元官制雜記》、《元高麗記事》，均為前人從《永樂大典》中輯出，共約十餘卷，其內容雖然很少，但涉及市糴、糧草、倉庫、招捕、站赤、急遞鋪、海運、高麗、緬甸等事，仍不失為研究元代歷史和中外關係史的重要資料。

4. **《元典章》**　原名《大元國朝聖政典章》，是至治二年（1322年）以前元朝的法令、文書、判例等檔案、材料的彙編，是各級官吏行使政令的依據。全書包括前集六十卷，內容分為詔令、聖政、朝綱、臺綱、吏部、戶部、禮部、兵部、刑部、工部十大類，記事至延七年（1320年）止；英宗至治年間又增附新集，分國典、朝綱以及吏、戶、禮、兵、刑、工共八大類，不分卷。各大類之下有門、目，目下列舉條格事例，全書共八十一門，四百六十七目，二千三百九十一條。

《元典章》的全部內容由元代原始文牘資料組成，是反映元代政治、經濟、文化和社會生活的客觀、具體、生動的重要歷史文獻。其「聖政」、「吏部」各條，比較集中地反映了元朝的政治制度，如官制、吏制、職制以及吏治狀況，各類官吏的官職、品級、職責、任免、遷轉、考核、公規和文牘程式都有系統的資

料可資考稽；「戶部」、「工部」各條，比較集中而詳細地反映了元代土地、戶口、農桑、課稅、租稅、賦役、差發、市舶、手工業、商業和幣制的狀況，是研究元代經濟制度和經濟發展狀況的重要資料；「兵部」各條集中反映了元朝的軍役、軍器、驛站制度等；「刑部」各卷在《元典章》中篇幅最大，大量的詞訟文字和判例從不同層面反映了元代尖銳的階級矛盾和社會矛盾，是研究元代法制史和社會政治、經濟狀況的重要資料。《元典章》中抄引的聖旨和中書省、御史臺等官府的檔，保存了元朝中央政府議決政務的記錄，從中可以窺見其處理政務的準則、方法和程式。《元典章》在許多方面都能補充《元史》的不足，是研究元史的重要文獻。

  5. **《通制條格》**　　《通制條格》是元朝政府頒行的法令文書彙編《大元通制》中的條格部分（相當於唐、金代法律體系中的令）。蒙古貴族入主中原之初，政府尚無本朝成文法，「百司斷理獄訟，循用金律」[43]。元朝建立後，忽必烈下詔禁用金律，並於至元二十八年（1291 年）制定了《至元新格》，「大致取一時所行事例，編為條格而已」[44]。仁宗延三年（1316 年），由樞密院、御史臺及翰林院、國史院、集賢院諸宰臣，根據世祖以來的條格、詔令和斷例，加以厘正和編撰，於英宗至治三年（1323 年）成書，名曰《大元通制》。該書具有法典性質，全書共八十八卷，分詔制、條格、斷例以及別類四部分，並仿唐宋舊律篇目，分為名例、衛禁、職制、祭令、學規、軍律、戶婚、食貨、大惡、奸非、盜賊、詐偽、訴訟、鬥毆、殺傷、禁令、雜犯、捕亡、恤刑、平反二十篇，凡二千五百三十九條。全書僅有《通制條格》明寫本傳世，一九三〇年由北平圖書館影印出版，共二十二卷，涉及戶令、學令、選舉、軍防、儀制、衣服、祿令、倉庫、廄牧、田令、賦役、關市、捕亡、賞令、醫藥、雜令、僧道、營繕等十九個方面的內容，雖然其中不少條款屬於臨時制宜性質，但其作為單行法，也具有普遍的法律效力，是元代民事、行政、財政等方面的重要法規，是反映元代典章制度、社會經濟和階級關係的寶貴史料。

---

43 《元史·刑法志》。
44 《新元史·刑法志》。

6. **《憲臺通紀》及其續集**　《憲臺通紀》及其續集是元代監察機構典章制度的彙編，元御史臺官修。成書於元順帝至元二年（1336 年）四月，由御史臺官員趙成禧負責編撰。此書的編撰依據了元御史臺的檔案，所謂「稽之簡策，參以案牘，旁詢曲采，彙集成書」。其記事起於元世祖至元五年（1268 年），終於順帝至元二年（1336 年），內容涉及元朝御史臺的「立法定制，因革變通，與夫除拜先後，官職名氏」等。《憲臺通紀》成書十五年以後，御史臺議室由御史臺掾史唐惟明，「摭故府事蹟，自丙子（1336 年）以後，仿前凡例，有合載者作《續集》以補之」。並由御史中丞張琪等勘定，名曰《憲臺通紀續集》。記事起於順帝至元二年，迄於至正十二年（1352 年）。《憲臺通紀》及其續集，是反映元朝御史臺典章制度的資料彙編，是研究元朝監察制度的重要史料，元朝的政治法律制度、社會生活、民族關係、階級關係和階級鬥爭在這兩部書中都有反映。根據這兩部書的序文，這兩部書被收入《永樂大典》二六〇八卷和二六〇九卷，《永樂大典》收入本均未見分卷。[45]

7. **《南臺備要》**　《南臺備要》係元代江南行御史臺有關典章制度的彙編，至正年間由劉孟琛等纂修。該書記載元代江南行御史臺事甚詳，所謂「自有行臺以來，典章制度與夫隨時制宜者，罔不畢備，至若治所之變遷、官員之除擢、屬道之廢置，亦皆秩然臚列於斯所考矣」[46]。該書除涉及典章制度的部分與《憲臺通紀》有相同的地方外，主要記述了元代江南行御史臺事蹟。行御史臺是元代設立的特殊監察機構，它既是中央御史臺的分設機構，又是地方監察機構，負責管轄所屬各道肅政廉訪司。《南臺備要》記載了元朝最重要的行臺之一——江南行御史臺的事蹟，有助於後人了解元代地方監察機構的運轉情況，同時該書還保存了江南社會經濟和農民起義的部分檔案資料。該書收在《永樂大典》卷二六一〇至二六一一中。

8. **《秘書監志》**　又名《秘書志》，元順帝至正年間秘書監官員王士點、商企翁撰，全書共十一卷。秘書監是元朝掌管歷代圖籍並陰陽禁書的機構，《秘書

---

45 引文據二書有關序文，見《永樂大典》本。
46 據《南臺備要》序文，見《永樂大典》本。

監志》主要記述該機構的建置遷除、典章故事、官吏工匠的題名待遇、天文陰陽人員的考試程式，還載有編撰《大元大一統志》的經過和北司天臺譯寫域外天文資料等事宜。《四庫全書·秘書監志提要》稱該書「凡至元以來建置沿革、典章故事無不具載，司天監亦附錄焉」。該書對研究元代圖籍管理、科技文化和中外文化交流，具有很高的參考價值，還可以從中了解元代秘書監的機構運轉情況。

四、有關元朝歷史的私人著述和文獻資料

元朝私人著述本朝史事的書籍種類較多，除雜史、傳記一類書籍外，其餘散見於元人文集、筆記、行記之中，是研究元代歷史的重要資料。

（一）雜史傳記類

1. **《元朝名臣事略》** 《元朝名臣事略》十五卷，是元代著名史學家和文學家蘇天爵編。蘇天爵（1294-1352 年），元真定（今河北正定）人，字伯休，人稱滋溪先生。他曾任職國史院、預修《武宗實錄》、《文宗實錄》。史稱「天爵為學，博而知要，長於紀載⋯⋯其為文，長於序事⋯⋯」有《滋溪文稿》、《元文類》傳世。《元朝名臣事略》成書於天曆二年（1329 年）以前。全書包括元開國以來至仁宗延年間四十七個大臣的傳記，前四卷收蒙古、色目十二人，後十一卷收漢人三十五人。該書仿南宋杜大珪《名臣碑傳琬琰集》的體例，直接利用碑傳等原始資料成篇，但又不像杜書那樣全文照錄，而是按年按事選輯有關人的行狀、碑文、墓誌、家傳及其他資料，分段注明出處，取詳去略，棄去重複和蕪詞，使文字首尾一貫。每人傳記之前有提要，概述其氏族、籍貫、簡歷、年歲等。其先人功業卓著者，在正文下加小字注明其事蹟。正文中涉及的事件、人物有它書可以補充的，也以小字注出。這是對中國古代傳記類史籍寫作方法上的創新。全書引文共一百三十餘篇，其中元初名家王鶚、王磐、徐世隆、李謙、閻復、元明善等十餘人的作品占一半以上，這些人的文集今已不存，所據碑傳不少也已佚失，因此該書具有很高的史料價值，明修《元史》，從其中取材甚多。

2. **《庚申外史》** 又名《庚申帝史外聞見錄》、《庚申大事記》，權衡撰，全書分上下兩卷，主要記載元順帝一朝事。因順帝生年庚申而得名。權衡，字以制，江西吉安人，號葛溪，元末隱居黃華山（今河南林州境內）。作者根據自己的見聞，逐年編次元統元年（1333 年）至至正二十八年（1368 年）的歷史，記事客觀真實。其中關於元廷宮闈軼事，多為它書所不載；對上層官僚貴族如燕鐵木兒、伯顏、脫脫、孛羅帖木兒、擴廓帖木兒等之間的紛爭，也有詳細記載；對元末農民起義如彭瑩玉、芝麻李、南瑣北瑣紅軍等事蹟記載翔實。因此該書對研究元順帝朝政治和元末農民起義具有很高的史料價值。明修《元史》時徵得此書，成為撰寫順帝本紀和元末有關臣僚傳記的素材。

除上述兩部史傳外，元代私人史學著述還有《平宋錄》和《北巡私記》，都是記載某一特定事件的史作。劉敏中所撰《平宋錄》記述了至元十三年（1276 年）元軍下臨安、滅南宋及宋幼主北遷之事，其中保存了忽必烈封瀛國公詔和伯顏賀表等重要史料。劉佶所撰《北巡私記》，記述了至正二十八年（1368 年）元順帝出逃及死去的情況。此外，王鶚所撰《汝南遺事》以其親身經歷，隨日編載記述了蒙古滅金的蔡州戰役的情況，是研究金元戰爭的重要史料。

（二）筆記類

現存元人筆記約四十餘種，以陶宗儀《南村輟耕錄》最具史料價值。

陶宗儀，字九成，號南村，浙江黃岩人，曾投考進士不中，因絕意仕途，以耕讀自適。元末兵起，避亂於松江華亭，耕作之餘，隨手採摘樹葉作箚記，至正末，由其門生加以整理，得三十卷五百八十五條，名曰《南村輟耕錄》。《南村輟耕錄》的內容涉及範圍很廣，諸如天文曆算、地理氣象、歷史文物、典章制度、掌故、宗教、迷信、災異、風俗人情、小說繪畫等均有記述。該書對元朝典章制度、掌故和農民起義事最為詳細。

除《南村輟耕錄》外，元人筆記中如《草木子》、《癸辛雜識》、《山居新語》、《農田餘話》、《樂郊私語》等也有較高的史料價值。

（三）行記類

　　蒙古西征和元朝統一後，中西文化交流和中國境內各民族各地區的交流顯著增加，官宦、文人、僧道、使節等的各具特色的旅行記大量出現，成為研究元史和元代中外文化交流的一個重要資料來源。

　　李志常所撰《長春真人西遊記》記載了長春真人丘處機西行見聞，是研究漠北、西域、史地及全真道歷史的重要資料；耶律楚材所撰《西遊錄》記載了西亞、中亞地區的地理、物產、風俗等，同時也反映了耶律楚材的宗教思想；劉郁《西使記》記載了旭烈兀西征活動和西亞的風土人情；張德輝《紀行》敘述了大漠南北蒙古人的風土人情。上述行記成書於蒙古國時期，對研究蒙古國的歷史有所裨益。到元代，出現了幾部記載域外事蹟的行記。成宗元貞元年（1295 年），周達觀奉命隨使赴真臘

（元）陶宗儀《南村輟耕錄》

（今柬埔寨），在該國居留一年，根據本人親身見聞，寫成《真臘風土記》一書，書中記載了該國城郭宮室、語言、宗教、經濟生活、社會風俗等方面的事蹟共四十餘條。此書是反映柬埔寨歷史上文明極盛之吳哥時代的最重要的歷史文獻，也是現存同時代關於柬埔寨歷史的唯一記載，具有很高的史料價值。元末南昌人汪大淵曾兩次隨商船遊歷東西洋諸國，寫成《島夷志略》。全書共一百條，記述了二百二十多個國名和地名，其中不少是第一次見於中國古代文獻著錄。其記述範圍東至今菲律賓群島，西至非洲，涉及當地的山川風土、物產貿易、民情習尚等，是研究元代中外關係和十四世紀亞非諸國歷史地理的重要資料。此外，涉及域外的行記還有元朝官員徐明善出使安南（今越南）所寫《安南行記》，是研究元代中越關係和越南史地的重要資料。

五、元代的方志學

　　《大元大一統志》是元代官修的全國性地理總志。世祖至元二十三年（1285年），集賢大學士、中奉大夫、行秘書監事苫馬剌丁建言編修大一統志，被忽必烈採納，命與秘書少監余應龍共同編撰。至元三十一年（1294年）書成，共七百七十五卷，名《大一統志》。元貞、大德年間，又得《雲南圖志》、《甘肅圖志》、《遼陽圖志》，因命增修該書，至大德七年二次成書，共一千三百卷，由集賢大學士、同知宣徽院事孛、秘書監岳鉉等上進，存於秘府。該書編撰歷時十八年，先後參與撰修的不下五十人。

　　《大元大一統志》記述了中央中書省和十個行中書省所轄路、府、州的情況，大抵一州一卷，其事蹟多者分為二卷或三卷，所記州縣之事，仿照唐代《元和郡縣圖志》、宋代《太平寰宇記》、《輿地紀勝》等書的成例，分建置沿革、城郭鄉鎮、里至、山川、土產、風俗形勢、古蹟、宦跡、人物、仙釋等部門，但每州也不必各目皆備。《大元大一統志》就卷數而言，是《明一統志》的十四倍，《清一統志》的二倍，是元以前的方志總匯。該書資料豐富，多取材於唐宋舊志，但也有一些新的補充，還保留了元代城鎮居民生活、宗教等方面的資料，具有較高的史料價值。

　　《大元大一統志》在中國古代方志發展史上，起到了承上啟下的作用。金毓黻說：「至其所用資料，多出《元和郡縣圖志》、《太平寰宇記》、《元豐九域志》、《輿地紀勝》及宋元所修地方志乘，而明初修《元史·地理志》，多依據是書，其後修一統志，更以是書為藍本，剪裁原文，舊痕猶在，而不及其美富遠矣。」[47]可惜此書在明代已散失，僅存殘卷數十，其遺文散見於《永樂大典》等書中。金毓黻輯有《大元大一統志》殘本十五卷，輯本四卷；趙萬里以《元史·地理志》為綱，將該書殘本、各家抄本及群書所引，匯輯為一書，分編十卷，題名《元一統志》。

---

47 金毓黻：《中國史學史》，頁144，香港，香港鼎文出版社，1982。

元代的方志除《大元大一統志》外，還有《延四明志》及其續志、《大德昌州國圖志》等。

六、馬端臨的《文獻通考》

馬端臨（約 1254-1323 年），字貴與，饒州樂平（今江西樂平）人，是元代偉大的歷史學家，他所著《文獻通考》在中國古代史學史上占有重要地位。

馬端臨之父馬廷鸞是南宋右相。根據同治《樂平縣志》記載，馬端臨二十歲時曾獲「漕試第一」，一二七六年元軍陷臨安，馬端臨絕意仕進，專心治學。元吏部尚書、南宋降臣留夢炎「使求端臨出身文書，以親疾力辭之」，後為慈湖、柯山二書院山長，教授台州路學，旋即辭歸。大約在三十歲前後，馬端臨開始編撰《文獻通考》，歷時二十餘年成書。延四年（1317 年）道士王壽衍奉朝廷之命訪求有道之士，發現了馬端臨的《文獻通考》，於延六年向朝廷推薦。隨令馬端臨繕寫全書，送翰林國史院審定，復令本路選人謄寫刊印。英宗至治二年（1322年），饒州路禮請馬端臨親自攜書赴路謄寫校刊，《文獻通考》得以廣為流傳。

《文獻通考》是繼《通典》、《通志》以後又一部專門論述歷代典章制度的歷史巨著，記事自上古起至南宋寧宗嘉定末年止。全書以《通典》為藍本，唐玄宗天寶以前事在《通典》基礎上加以增補，其後至南宋嘉定末則廣泛收集材料編撰而成。馬端臨在《自序》中對該書的編撰原則作了說明，對「文獻」二字進行了解釋：

> 凡敘事則本之經史，而參以歷代會要，以及百家傳記之書，信而有徵者從之，乖異傳疑者不錄，所謂「文」也；凡論事則取當時臣僚之奏疏，次及近代諸儒之評論，以及名流之燕談，稗官之記錄，凡一語一言可以訂典故之得失，證史傳之是非者，則採而錄之，所謂「獻」也。

全書三百四十八卷，共分二十四門，計有《田賦考》七卷，《錢幣考》二卷，《戶口考》二卷，《職役考》二卷，《徵榷考》六卷，《市糴考》二卷，《土貢考》一

卷,《國用考》五卷,《選舉考》十二卷,《學校考》七卷,《職官考》二十一卷,《郊社考》二十三卷,《宗廟考》十五卷,《王禮考》二十二卷,《樂考》二十一卷,《兵考》十三卷,《刑考》十二卷,《輿地考》九卷,《四裔考》二十五卷,《經籍考》七十六卷,《帝系考》十卷,《封建考》十八卷,《象緯考》十七卷,《物異考》二十卷。其中前十九考俱因通典成規而對其門類加以調整,分類更加細緻合理;後五考係《通典》「未有專論,而采撫諸書以成之者也」[48]。其《經籍考》採錄歷代各種書目,《帝系考》敘歷代帝王姓氏出處及統治時期,《封建考》敘歷代封爵建國之事,《象緯考》敘歷代天象情況,《物異考》敘歷代災異等。每一考都按時代先後排比,前作小序,說明著述成規和考訂新意,後有按語,闡發自己的見解。由於馬端臨貫通古今,結論往往是非常精當的。《文獻通考》材料比《通典》豐富,內容比《通典》詳備,編排體例比《通典》合理。但該書成於馬端臨一人之手,難免有遺漏史事、輕重失當之處。《四庫全書總目提要》舉出了不少這方面的例子。此外,該書在體例上也缺乏創新,有的內容基本上是照搬前人著作。儘管如此,《文獻通考》仍不失為南宋寧宗以前有關典章制度和其他史事的集大成著作。

《文獻通考》表現了馬端臨卓越的史識。他對中國古代社會歷史的見解比以往史學家有了很大的發展,如果拋開其總結歷史經驗教訓用以維護封建制度的目的之後,不難發現馬端臨的史學思想有一定的進步性。首先,馬端臨注重對社會經濟的觀察和研究,他把《通典》中的《食貨典》分為八考,將田賦置於全書之首,錢幣、戶口、職役等次之,共計二十七卷,占全書類目的四分之一,內容更加詳盡、具體,全面展示了中國封建社會的經濟結構。其次,馬端臨注重探求「變通張弛之故」,把「會通」思想發展到新的高度,開始從典章制度的變化來探求中國古代歷史發展的規律。例如,在論及田賦制度的變化時馬端臨指出:「隨田之在民者稅之,而不復問其多寡,始於商鞅;隨民之有田者稅之,而不復視其丁中,始於楊炎。」[49]這裡他把商鞅、楊炎的變法作為田賦制度變革的標誌。

---

48 《文獻通考・自序》。
49 《文獻通考・自序》。

儘管馬端臨的歷史觀是唯心的，但還是提出了一些接近科學的觀點，給封建社會的發展勾畫了一個比較清晰的線索。第三，馬端臨繼承和發展了中國古代史學的無神論思想。杜佑在《通典》中捨棄了有關五行災異的內容，鄭樵更斥五行之說為「妖學」，而馬端臨認為五行災異之說是穿鑿附會之論，遂專立《物異》一考，述歷代史籍中附會於五行之說的災異等事，保留了許多自然界反常的資料，這是對待自然歷史的一種客觀態度，同五行學家的封建迷信思想有著根本的區別。第四，在馬端臨的史學思想中，愛國主義思想也有突出表現。馬端臨是南宋遺民，對宋朝的滅亡有切膚之痛。《文獻通考》繼承了「詳今略古」的優良史學傳統，全書有關宋朝的史事占其篇幅的一半以上，許多內容為《宋史》所未備。馬端臨通過對宋代史事的總結和研究，揭露了南宋王朝的腐敗統治和地主階級對農民的殘酷剝削，從社會政治、經濟、軍事等方面探究宋亡的原因，其中不乏其獨到和近乎科學的見解，字裡行間流露了作者的民族感情和愛國主義思想，這是值得充分肯定的。

七、胡三省注《資治通鑑》

胡三省（1230-1302 年），字身之，臺州寧海（今浙江寧海）人，早年受其父的影響，立志注釋司馬光的《資治通鑑》。南宋寶四年（1256 年）中進士，與文天祥、謝枋得、陸秀夫同科。此後他開始致力於注釋《資治通鑑》，所謂「大肆其力於是書，遊宦遠外，率攜以自隨，有異書異人，必就而正焉」。他仿照陸德明《經典釋文》的體制，著《資治通鑑廣注》九十七卷，論十篇。胡三省在注《通鑑》的同時，開始了他動盪年代的宦海生涯。他中進士後，任吉州泰和縣尉，調慶元慈溪縣尉，因剛直忤上被罷職。此後，他歷任江都丞、江陵縣令、懷寧縣令。咸淳三年（1267 年）任壽春府學教授，佐淮東幕府。咸淳六年至杭州，為廖瑩中薦於賈似道，主管沿江制置司機宜文字。時元軍圍襄陽，胡三省曾上禦敵之策，未被賈似道採納。襄陽失守，胡三省間道歸鄉里。在此後的戰亂中，胡三省失去了《通鑑》注文原稿。宋亡，胡三省重歸故里，繼續進行《通鑑》的注釋工作。他「復購他本為之注，始以《考異》及所注者散入《通鑑》各文之下，

曆法、天文則隨《目錄》所書而附注焉。迄乙酉（1285 年）冬，乃克徹編。凡紀事之本末，地名之異同，州縣之建置離合，制度之沿革損易，悉疏其所以然。若《釋文》之舛謬，悉改而正之，著《辨誤》十二卷」[50]。

胡三省注《資治通鑑》歷時近三十年，傾注了畢生的心血，注文的字數幾乎同原文相等，所涉及的內容大到典章制度、地理沿革，小到草木蟲魚，十分廣泛，具有很高的學術價值。胡三省將《通鑑考異》及所注等散入《通鑑》各文之下，便於檢索。在注釋過程中，他根據原書編年體的特點，注意標明人物或事件的連貫，例如卷一百八十八載李密舊部杜才幹殺邴元真為之復仇事，胡三省注曰：「（元真）叛密事見一百八十卷元年九月」，諸如此類的注釋眉目清晰。胡三省還就原文進行了一些解釋，使原意更為顯著，極易領會。胡三省在注釋過程中，對《通鑑》原文的錯誤進行了考訂，並對宋元之際流行的《通鑑》注本特別是《史炤釋文》的謬誤進行了糾正，治學態度十分嚴謹。

胡三省還是一個愛國主義的史學家，他在《注》中表達了自己對故國淪喪的哀痛，並對宋亡的教訓進行了深刻的總結。同時他借注史對元朝的統治進行了抨擊，要求「解人之束縛，使得舒展四體，長欠大伸」[51]，這種帶有人民性的進步史學思想是十分難能可貴的。

---

50 胡三省：《新注資治通鑑序》。
51 《資治通鑑》卷二四〇注文。

第十一章

影響深遠的
少數民族文學

第一節 ·

質樸無華
的遼代文學

一、宮廷詩詞

　　遼代帝王、後妃及戚畹貴族中能夠吟詩作賦者不乏其人，可惜流傳至今者不多。究其原因，一是遼代統治者多次頒布詔令，禁止民間刊印文字，「契丹書禁甚嚴，傳入中國者法皆死」[1]。因此，遼代文學書籍流入漢地者極少；二是遼朝滅亡時，大量檔案典籍文獻毀於兵燹之中，以至於元代修遼、金、宋三史時，都總裁官脫脫在《進遼史表》中發出了「國既丘墟，史亦荒弗」的感歎。因為史料不足，遼史文學列傳顯得闕略粗疏。清代乾隆以降，有志於修補遼史的學者從筆記小說、稗史家乘、墓誌碑刻中搜錄出一些遼人詩歌作品，加上近年考古發掘，可以知道從遼初東丹王父子到聖宗、興宗、道宗乃至王公貴族，都能夠搦筆擘箋，寫出清新流暢的詩詞。可見遼代契丹社會上層教育非常普及，文化水準還是相當高的。

　　據《詩話總龜》卷四十三引《談苑》：「北虜（遼）多有文籍，亦以文雅相尚。」遼代的文學家們重視吸收漢文化的精華，能夠熟練地用漢、契丹文字寫

1　沈括：《夢溪筆談》卷五。

作。如遼太祖長子東丹王耶律倍博通古今，工遼、漢文章，知音律、善詩歌，精通繪畫、醫藥，是一位才華出眾的契丹詩人、畫家。他因在王位繼承問題上受到胞弟耶律德光（即遼太宗）的猜忌，憤而出走，投奔後唐。臨行前，他寫了一首《海上詩》：

> 小山壓大山，大山全無力。
> 羞見故鄉人，從此投外國。

小山指胞弟耶律德光，大山是自況。這首五絕雖算不上上乘之作，但詩中流露出來的抑鬱憤懣情緒，還是很值得同情的。他曾買漢文書籍至萬卷，藏於醫巫閭山絕頂的望海堂。投奔後唐後，他頗為推崇唐代大詩人白居易，白居易字樂天，他自稱「鄉貢士黃居難，字樂地」。他的兒子耶律隆先博學多才，也有乃父之風，著有《閬苑集》行世（今佚）。

遼宋雙方自「澶淵之盟」後，枹鼓不鳴，使軺相接，朗月霽風，關係融洽，遼政權進入了鞏固發展時期。聖宗、興宗、道宗祖孫三代政事之暇，留心翰墨，造詣頗深。聖宗耶律隆緒幼喜書翰，十歲能詩，既長，精騎射，曉音律，善丹青，喜歡唐詩，尤其喜愛白居易質樸無華的樂府詩。他曾親自翻譯白居易的《諷諫集》為契丹文，並題詩云：「樂天詩集是吾師。」[2] 然後將翻譯的詩集頒賜群臣，俾便學習。聖宗寫有詩、詞五百餘首，可惜已亡佚殆盡，《全遼文》卷一載有他寫的《傳國璽詩》：

> 一時製美寶，千載助興王。
> 中原既失鹿，此寶歸北方。
> 子孫宜慎守，世業當永昌。

詩雖平淡，但出自一位契丹族天子之手，也算難能可貴了。

聖宗不但自己寫詩，還經常與大臣們酬和相答，如北院樞密使蕭朴之父蕭勞

2　《遼詩話》引《古今詩話》。

苦，因善屬文，成為聖宗的「詩友」。他還出題讓宰相以下大臣賦詩，並親自評閱，優勝者賜予金帶。遼朝實行科舉考試時，聖宗下令設正科詩賦、雜科法律，模仿唐制以詩賦取士。如「太平九年十一月皇城進士張人紀、趙陸等三十二人入朝，試以詩賦，皆賜第」[3]。平時聖宗也用試詩辦法破格用人，如楊晳幼通五經大義，擅長詩文，「詔試詩，授祕書省校書郎」[4]。至道宗時，楊晳已官升中書省，封為趙王，可謂位極人臣了。只因詩賦寫得好，脫卻藍衫換紫袍。此類事例甚多，甚至在褒揚功臣時也用詩賦。大將蕭撻凜平叛有功，聖宗賜詩嘉獎，並命林牙耶律昭作賦，以述其功。由於遼朝最高統治者稽古右文，以詩文入仕的官吏明顯增多了。

流風所及，一些契丹族大臣也以寫詩賦著稱。如林牙、知惕隱事耶律資忠工辭章，著有《西亭記》；其兄耶律國留善屬文，頗得聖宗賞識，因殺奴判死，在獄中寫有《兔賦》、《寤寐歌》；大將蕭柳多智能文，寫詩千餘篇，裒成一集，名曰《歲寒集》（今已亡佚）。由於聖宗的宣導，遼國朝野都雅好詩詞，使遼代文學出現了一個新局面。

興宗耶律宗真善騎射，好儒術，曉音律，也是契丹帝王中吟詩作賦的好手。從他與一些大臣乃至佛教沙門為「詩友」來看，可以斷定他是遼代詩壇上非常活躍的詩人。彰湣宮使蕭韓家奴博覽群書，才華出眾，善寫詩，被興宗「命為詩友」，時常切磋詩藝，「帝與飲酒賦詩，以相酬酢，君臣相得無比」；南院大王耶律谷欲工文章，也被「命為詩友」[5]。興宗經常設宴款待群臣，在絲竹畢陳、酒酣耳熱之際即興賦詩，如重熙六年（1037年）六月，「上酒酣賦詩，吳國王蕭孝穆、北宰相蕭撒八等皆屬和，夜中乃罷」[6]。興宗的詩詞流傳下來的不多，《以司空大師不肯賦詩以詩挑之》是唯一保存下來的一首：

為避綺吟不肯吟，既吟何必昧真心？

3　《遼史·聖宗本紀八》。
4　《遼史·楊晳傳》。
5　《遼史·耶律谷欲傳》。
6　《遼史·興宗本紀》。

吾師如此過形外，弟子爭能識淺深。

這首詩是寫給沙門海山的，海山是進士郎思孝遁入空門後的法名。興宗以萬乘之尊謙稱「弟子」，而尊海山為「吾師」，以此來激海山賦詩。海山不得已，賦詩二首相答：

一

為愧荒疏不敢吟，不吟恐忤帝王心。

本吟出世不吟意，以此來批見過深。

二

天子天才已善吟，那堪二相更同心。

直饒萬國猶難敵，一智寧當三智深？

天子已是吟詩能手，再加上兩位善於辭章的宰相推波助瀾，海山縱然是才華蓋世，也難以招架了，因此才說「直饒萬國猶難敵，一智寧當三智深」。天子引誘、逼迫他人賦詩，堪稱一段文壇佳話。

興宗對詩賦情有獨鍾，太平無事時命大臣作《四時逸樂賦》，並親加評騭，優秀者加以獎賞；廷試進士時，賜詩褒美。甚至在祭奠仁德皇后時，也「詔儒臣賦詩」，結果南府宰相杜防奪冠，興宗「賜金帶」為獎賞。興宗每有新詩寫成，便贈給臣下徵求意見，獎勵大臣也多用詩詞，如重熙年間「賜南院大王耶律胡睹袞命」，興宗「親為制誥詞，並賜詩以寵之」[7]。老臣蕭惠「每生日，輒賜詩以示尊寵」[8]。大將耶律仁先征戰有功，興宗賜詩說：「自古賢臣耳所聞，今來良佐眼親見。」[9]皇太弟生子、幸大臣府第、召宋使臣釣魚等場合，興宗也有即興之作。雖然他的詩不能和李後主、宋徽宗等帝王相媲美，但也是位才思敏捷的契丹詩人。

---

7 同上。
8 《遼史·蕭惠傳》。
9 《全遼文·耶律仁先墓誌銘》。

道宗耶律洪基嫻於詩詞，文學修養超過其父、祖。他寫過一首《君臣同志華夷同風詩》，此詩雖已亡佚，但從懿德皇后所作《君臣同志華夷同風應制詩》來看，道宗反對以華夷之別來區分正統與非正統的觀點，還是很有見地的。清寧年間，道宗應大臣耶律良之請，將自己所寫詩文編為《清寧集》。此書今已泯滅不傳，但道宗僅即位五、六年，便有詩集問世，說明他是一位勤奮多產的詩人。如今能見到的道宗詩詞，只有陸游《老學庵筆記》中所載《題李儼黃菊賦》一首。李儼即《遼史》中的耶律儼，好學，有詩名，大安初年拜參知政事。一日，進《黃菊賦》，興宗讀後，興會飆舉，立即寫了一首《題李儼黃菊賦》：

> 昨日得卿《黃菊賦》，碎剪金英填作句。
>
> 袖中猶覺有餘香，冷落西風吹不去。

這首詩清新雋永，深得詩家三昧，比起唐詩宋詞，也毫不遜色！

道宗還有一篇《銀佛背銘》，文字雖短，但意味深長：

> 白銀千兩，鑄二佛像。
>
> 威武莊嚴，慈心法相。
>
> 保我遼國，萬世永享。
>
> 開泰寺鑄銀佛，願後世生中國。
>
> 耶律洪基虔心銀鑄。

作為遼朝皇帝，希望遼國江山億萬斯年地傳下去，自是應有之義；「願後世生中國」一句表達了少數民族帝王向風慕化的心情，是值得稱道的。

遼道宗時期，也有許多善於吟詩作賦的官員。如耶律良寫有《秋遊賦》、《捕魚賦》等，後來集為一冊，名為《慶會集》（已佚）；大臣蕭鐸盧斡好學，善屬文，被誣以罪，謫戍西北十餘年才得返鄉，流放中寫詩三首，「當時名士稱其高情雅韻，不減古人」[10]；翰林學士王鼎，才富學贍，「當代典章多出其手」，被誣

---

10 《遼史·蕭迂魯傳附鐸盧斡傳》。

以罪流放鎮州。當使者前來探視時，他寫了「誰知天雨露，獨不到孤寒」兩句詩，讓使者轉給道宗，「道宗聞而憐之，召還復其職」[11]。王鼎有《焚椒錄》一書傳世。六院太保耶律孟簡聰穎異常，六歲時隨父親出獵，其時晨光熹微，星月猶存，其父讓他賦一首《曉天星月詩》，耶律孟簡不假思索，應聲而成。大康初年因受奸佞陷害，流放遠惡州郡，及聞皇太子被害，作《放懷詩》二十首，有《耶律孟簡集》行世，如今已不存了。道宗生日被定為「天安節」，沙門海山有一首《天安節題松鶴圖》詩祝壽：

> 千載鶴棲萬歲松，霜翎一點碧枝中。
> 四時有變此無變，願與吾皇聖壽同。

把道宗比作棲息於萬歲松上的仙鶴，未免有奉迎、討好之嫌，但從整個詩來看，寫作技巧還是嫻熟的。

　　道宗篤信佛教，大臣中沉溺於佛教者也不在少數。《全遼文》、《遼文存》載有《玉石觀音像唱和詩碑》，上面嵌刻了二十五人的唱和詩，立於今遼寧朝陽大淩河東岸天慶寺（又稱臥佛寺）旁，詩後有「大遼壽昌五年九月二十六日建碑」字樣。可惜詩碑早已頹圮不存，賴有拓片傳世，使後人得以窺其崖略。現摘錄兩首：

> 一
>
> 貞珉未用似煙埋，選造觀音眾快哉。
> 募匠俄鐫大士相，成形不自凡夫胎。
> 琳瑯光彩院中滿，冰雪威儀天上來。
> 珍重吾師能鑑物，從今免屈非常材。

> 二
>
> 天慶寺前一片石，造就觀音神在哉！
> 八萬由旬妙高骨，三千世界明月胎。

11　《遼史・王鼎傳》。

> 潛救眾生苦惱去，默傳諸佛心印來。
>
> 十首新詩贊功德，等閒難繼貫休材。

把一塊頑石雕刻成觀音像，便能普度眾生脫離苦海，這顯然是癡人說夢。但就詩而論，還是寫得不錯的。

遼代還有幾位擅長翰墨的契丹女貴族，她們的詩文風格不同，有的粗獷剛毅，有的委婉細膩，都有很高的藝術造詣。如太師耶律適魯之妹耶律常哥，道宗時以閨閣才女著稱。樞密使耶律乙辛愛其才，屢屢求詩，她寫了一首回文詩諷刺他。道宗耽於淫樂，政事多廢，她委婉進諫說：「君以民為體，民以君為心。人主當任忠賢，人臣當去比周，則政化平，陰陽順。欲懷遠，則崇恩尚德；欲強國，則輕徭薄賦……淫佚可以為戒，勤儉可以為師。錯枉則人不敢詐，顯忠則人不敢欺。勿泥空門，崇飾土木；勿事邊鄙，妄費金帛……」[12]憂國憂民之情，溢於言表！

道宗的懿德皇后蕭氏，小字觀音「姿容冠絕，工詩，善談論，自制歌詞，尤善琵琶」[13]。因生太子耶律濬，有專房寵。道宗寫有《伏虎林詩》，懿德皇后和詩云：

> 威風萬里壓南邦，東去能翻鴨綠江。
>
> 靈聖大千俱破膽，那教猛虎不投降？

這首詩一掃女子纖弱之態，顯得雄渾豪放，氣勢不凡。道宗讀後，對群臣嘖嘖稱讚：「皇后可謂女中才子！」這一評價還是公允的。

懿德皇后曾多次進諫，每每為道宗所接納。道宗喜歡狩獵，往往單人獨騎馳入深山野谷之中，懿德皇后深恐發生不測事件，寫了《諫獵疏》表示自己的憂慮。這本是一派好意，不料道宗大為慍怒，認為皇后是在限制他的自由，一氣之下，便疏遠了她。懿德皇后無奈，便寫了《回心院》詞十首，希望道宗回心轉

---

12 《遼史·耶律常哥傳》。
13 《遼史·后妃傳》。

意，再得寵幸：

一

掃深殿，閉久金鋪暗。遊絲絡網塵作堆，積歲青苔厚階面。掃深殿，待君宴。

二

拂象床，憑夢借高唐。敲壞半邊知妾臥，恰當天處少輝光。拂象床，待君王。

三

換香枕，一半無雲錦。為是秋來轉展多，更有雙雙淚痕滲。換香枕，待君寢。

四

鋪翠被，羞殺鴛鴦對。猶憶當時叫合歡，而今獨覆相思塊。鋪翠被，待君睡。

五

裝繡帳，金鉤未敢上。欲解四角夜光珠，不教照見愁模樣。裝繡帳，待君貺。

六

疊錦茵，重重空自陳。只願身當白玉體，不願伊當薄命人。疊錦茵，待君臨。

七

展瑤席，花笑三韓碧。笑妾新鋪玉一床，從來婦歡不終夕。展瑤席，待君息。

八

剔銀燈，須知一樣明。偏是君來生彩暈，對妾故作輕熒熒。剔銀燈，待君行。

九

爇薰爐，能將孤悶蘇。若道妾身多穢賤，自沾御香香徹膚。爇薰爐，待君娛。

十

張鳴箏，恰恰語嬌鶯。一從彈作房中曲，常和窗前風雨聲。張鳴箏，待君聽。[14]

---

14 王鼎：《焚椒錄》。

冷雨敲窗，鴛被未溫，一燈如豆，欲滅還明。這十首詞把失寵皇后的孤寂惆悵、哀婉悲愴的心情抒發得淋漓盡致。懿德皇后寫好詞後，特地叫來伶官趙惟一，命他配以管弦演奏，希冀道宗能回心轉意，重修舊好。不料樞密使耶律乙辛命人炮製輕浮淫蕩的《十香詞》，唆使宮婢哄騙懿德皇后抄寫，以便栽贓陷害皇后。懿德皇后老實木訥，沒有料到這是圈套，在抄完《十香詞》後意猶未盡，又隨手寫了一首《懷古詩》[15]：

> 宮中只數趙家妝，敗雨殘雲誤漢王。
> 惟有知情一片月，曾窺飛燕入昭陽。

詩中譏諷趙飛燕姊妹敗壞了漢室江山，意在規勸天子親賢臣，遠奸佞，立意不可謂不善。奸詐成性的耶律乙辛拿著皇后手筆上奏天子，指控皇后與伶官趙惟一關係曖昧。耶律乙辛的同黨張孝傑鼓動如簧之舌，說《懷古》詩中「宮中只數趙家妝」與「惟有知情一片月」兩句中有「趙惟一」三字，便是皇后與趙惟一通姦的證據，又叫來宮婢單登和教坊朱頂鶴作偽證。結果道宗聽信讒言，族誅趙惟一，賜皇后自盡。可憐懿德皇后有口難辯，只得含恨自裁。臨死前她寫了一首《絕命詞》，其中說：

> 顧子女兮哀頓，對左右兮摧傷。其西曜兮將墜，忽吾去兮椒房。呼天地兮慘悴，恨今古兮安極。知吾生兮必死，又焉愛兮旦夕！

蒙冤含垢，齎恨長逝，她的悲慘遭遇引起了後世的極大同情。雖然這一冤案後來終獲昭雪，她與道宗合葬慶陵，但那已是她死去若干年後的事了。

天祚帝耶律延禧的文妃蕭氏，小字瑟瑟，工文辭，善詩歌。當她看到金兵步步進逼，遼朝國土大片淪喪，而天祚帝仍四時遊獵、不恤政事時，不禁憂心如焚，寫了一首《諷諫歌》：

> 勿嗟塞上兮暗紅塵，勿傷多難兮畏夷人；不如塞奸邪之路兮，選取賢臣。直

15 王鼎：《焚椒錄》。

須臥薪而嘗膽兮，激壯士之捐身；可以朝清漠北兮，夕枕燕雲。[16]

盼望天祚帝斥奸邪，選賢臣，刻苦自勵，奮發圖強，朝政便會清明；天子以身作則，臥薪嚐膽，便可激勵臣下捨生忘死，捍衛社稷。君王聖明，臣下忠貞，上下一體，戮力同心，就能收復被金人奪去的土地了。

文妃還有一首很有思想內容的《詠史》詩：

> 丞相來朝兮劍珮鳴，千官側目兮寂無聲。
> 養成外患兮嗟何及？禍盡忠臣兮罰不明。
> 親戚並居兮藩屏位，私門潛畜兮爪牙兵。
> 可憐往代兮秦天子，猶向宮中兮望太平。[17]

表面上看，這首詩是說秦丞相趙高氣焰熏灼，權傾朝野，玩弄秦二世於股掌之上，他入朝時文武百官只能側足而立，側目而視。實際上是以此詩喚醒天祚帝勵精圖治，除掉跋扈驕橫的丞相，重振朝綱。這首詩直言無忌，不避權貴，那些手握節鉞的權貴對她懷恨在心，又因為她把天祚帝比作秦二世，天祚「見而銜之」[18]。後來文妃在隨天祚帝播遷途中，受權臣蕭奉先誣陷，被天祚帝賜死。與懿德皇后一樣，文妃也是一個紅顏薄命詩人。

值得注意的是，《遼代石刻文編》一書中集有三百餘篇具有重要史料和文學價值的遼代寺廟碑、哀冊、墓誌、題記、紀事碑、石棺記、佛法碑、題名碑等石刻文字，不僅對研究遼代的宗教大有裨益，而且具有很高的文學藝術價值。如陳覺撰寫的《秦晉國妃墓誌》：

> 遼水右兮閭山陽，悲風起兮愁雲翔。
> 天凜冽而斂色，日蕭索而無光。
> 駐仙兮時促，閟幽扃兮夜長。

---

16 《遼史‧后妃傳》。
17 《遼史‧后妃傳》。
18 同上。

> 雖陵遷而谷變，妃之淑德分與令名而不亡！

遼水嗚咽，愁雲飛翔，草木含悲，天地變色，作者以此來形容人們失去秦晉國妃蕭氏的悲痛；儘管陵谷變遷，但蕭氏的淑德與令名將永存於人們的記憶之中。通篇哀婉悲愴，具有強烈的感染力。

據《金史‧樂志》記載，天眷年間金熙宗完顏亶巡視燕京，所用的鼓吹導引樂是從遼朝搬來的，名為《鼓吹曲》：

> 五年一巡狩，仙杖到人間。問稼穡艱難，蒼生洗眼，秋光裡，今日見天顏。金戈玉斧臨香火，馳道六龍閑。歌謠到處皆相似，天子壽南山。

此時遼國已滅亡二十餘年，《鼓吹曲》還為金朝統治者所襲用，可見其藝術生命力是很強的。

二、民間文學

遼代各族勞動人民創作的諺語、歌謠等口頭民間文學，也具有很高的價值。如契丹人歌謠《焚骨咒》：

> 夏時向陽食，冬時向陰食。
> 使我射獵，豬鹿多得。

契丹舊俗：「父母死，而悲哭者以為不壯，但以其屍置於山樹上，經三年之後，乃收其骨而焚之。」[19] 把酒澆在地上，祭奠時口念此咒，便可去禍除災。他的父母在冥冥之中便能保佑他在射獵時「豬鹿多得」。

《遼史‧楊佶傳》載，他任武定軍節度使時，境內長期無雨，乾旱嚴重，禾苗枯萎，眼看就要釀成災荒，楊佶到任的那天晚上，忽然大雨滂沱，普降雨露，

---

19 《隋書‧契丹傳》。

這年獲得了好收成。百姓對楊佶甚為感激，編了一首《喜雨歌》到處傳唱：

> 何以蘇我？上天降雨。
> 誰其撫我？楊公為主。

其實，楊佶上任時下雨，不過是巧合而已，百姓卻把功勞記在楊佶帳上，說明他們是很信賴清官的。

契丹兒童從啟蒙讀書開始，便兼學契丹文、漢文，宋人洪邁的《夷堅志·丙志》說：「契丹小兒初讀書，先以俗語顛倒其文句而習之，至有一字用兩三字者。」如「鳥宿池邊樹，僧敲月下門」兩句，用契丹語則讀成：

> 月明裡，和尚門子打。
> 水底裡，樹上老鴉坐。

若從漢語的角度看，這兩句話文理不通，不知所云，但是契丹人就是這樣學習漢族詩歌的。

遼朝末年天下擾攘，干戈不息，百姓對這種軍閥混戰的局面非常不滿，有詩云：

> 百尺竿頭望九州，前人田土後人收。
> 後人收得休歡喜，更有收人在後頭。[20]

北宋將亡時，遼朝與宋接壤之地流傳一首《臻蓬蓬歌》，歌詞是：

> 臻蓬蓬，外頭花花裡頭空。
> 但看明年正二月，滿城不見主人翁。[21]

主人翁指宋徽宗。此詩流傳不久，宋徽宗果然失了社稷，於靖康二年（1127 年）春與欽宗一起淪為金人的階下囚，算是應了讖語。當然，這只是巧合而已。

---

20 《宣政雜錄》。
21 同上。

遼末政治黑暗，民不聊生，女真人崛起時，天祚帝寵信北樞密使耶律大悲奴、同知樞密院使蕭查剌、南面宰相執政吳庸、馬人望、柴誼等五人。而這五人年事已高，老態龍鍾，步履蹣跚，根本無法議論國家大事。有民謠說：

五個翁翁四百歲，南面北面頓瞌睡。
自己精神管不得，有甚心情殺女直。[22]

女直即女真，遼人避道宗耶律宗真之諱，改女真為女直。這首詩以詼諧的語言，對苟且偷生、不肯抵禦外侮的天祚統治集團給予了無情地嘲弄和辛辣地諷刺。寓意遼朝必將滅亡。

一九八六年，考古工作者在遼寧朝陽縣南雙廟鄉石匠山上發現了遼代摩崖石刻遺存，石壁上有三首題詩，命名為《石匠山石壁題詩》。其中的兩首已漶漫不清，不能辨認，只有一首署「乾統八年十月二十四日李孝安作」的詩清晰可辨：

入門且見一枝花，不知娘子是誰家？
兩頰臉似花紅色，頭上雙龍似黑鴉。

這首詩以白描的手法寫出了契丹女子綽約多姿的風貌：臉似紅花，頭上雙髻盤繞，猶如黑鴉一般。作者為我們描繪的少婦形象，在石壁詩中別具一格。

有趣的是《全遼文》卷十二轉載的一首《寄夫詩》：

垂楊傳語山丹，你到江南艱難。
你那裡討個南婆，我這裡嫁個契丹。

可見此首民歌反映了當時漢人與契丹人通婚的情況，這種通婚促進了民族之間的融合，是進步現象。

遼代還有一首長達一百二十句的《醉義歌》，作者寺公大師，生平不詳。此詩原為契丹文，由東丹王八世孫耶律楚材譯成漢文。他在譯詩的序言中說：「遼

---

22 《契丹國志》卷十。

朝寺公大師者，一時豪傑也。賢而能文，尤長於歌詩。其志趣高遠，不類世間語，可與蘇黃並驅爭先耳。」[23] 把寺公大師與蘇東坡、黃庭堅相提並論，足見其成就之大。《全遼文》在轉載《醉義歌》後評論說：「想見契丹一代以其國語撰造者，亦多斐然之作。」《醉義歌》因譯成漢語得以流傳，還有很多饒有文采的契丹文詩歌，因無人翻譯而湮沒不傳，實在是一件憾事。《醉義歌》描寫的是有志難酬、借酒澆愁的故事。如：

> 醉中佳趣欲告君，至樂無形難說似。
> 泰山截研為深杯，長河釀酒斛酌巵。
> 迷人愁客世無數，呼來掐耳充罰之。
> 一杯愁思初消鑠，兩盞迷魂成勿藥。
> 爾後連澆三五巵，千愁萬恨風蓬落。
> 胸中漸得春氣和，腮邊不覺衰顏卻。

一酒能消萬愁，能使青春永駐，既然如此，為什麼不飲呢？又如：

> 人之富貴我富貴，我之貧困非予窮。
> 三界惟心更無物，世中物我成融通。
> 君不見，千年之松化仙客，節婦登山身變石。
> 木魂石質既我同，有情於我何暇隙。
> 自料吾身非我身，電光興廢重相隔。
> 農丈人，千頭萬緒幾時休，舉觴酪酊忘形跡。

這幾句詩以玩世不恭的態度，勸人及時行樂，顯得頹廢消沉。作者可能是懷才不遇，才發出這樣的牢騷。不過從藝術角度看，這首長詩還是寫得很流暢的。

見於南宋姜夔《白石道人詩集》中的《契丹風土歌》，別是一種情調：

> 契丹家住雲沙中，耆車如水馬若龍。

---

23 耶律楚材：《湛然居士集》卷八。

春來草色一萬里，芍藥牡丹相間紅。

大胡牽車小胡舞，彈胡琵琶調胡女。

一春浪蕩不歸家，自有穹廬障風雨。

平沙軟草天鵝肥，胡兒千騎曉打圍。

皂旗低昂圍漸急，驚作羊角凌空飛。

海東健鶻健如許，韝上風生看一舉。

萬里追奔未可知，劃見紛紛落毛羽。

平章俊味天下無，年年海上驅群胡。

一鵝先得金百兩，天使走送賢王廬。

天鵝之飛鐵為翼，射生小兒空看得。

腹中驚怪有新薑，原是江南經宿食。

此詩題下標注「都下聞蕭總管自說其風土如此」。蕭總管，契丹人，原為金國將領，後降南宋，曾任忠州團練使。詩中「大胡」、「小胡」、「胡女」、「胡兒」不是契丹人自稱，而是當時漢人對北方少數民族的稱呼。姜夔根據蕭總管提供的素材寫成此詩，準確、形象地描繪出了契丹族的風土人情：春天來了，芳草萋萋，芍藥、牡丹相間開放，姹紫嫣紅；契丹族的青年男女彈著琵琶，唱著歌曲，帶著帳幕，向有水草的地方遷移。他們都是射獵好手，在草原上縱橫馳騁，只聽弓弦響處，空中便有天鵝羽毛紛紛落下……姜夔為我們提供了一幅搖曳多姿的草原風情畫卷。

遼代流傳下來的筆記小說，只有王鼎的《焚椒錄》一種。王鼎為人「正直不阿，人有過，必面詆之」[24]。生年不詳，卒於乾統六年。《焚椒錄》的椒是一種香料，遼皇后居住之處以椒和泥塗壁，故稱椒房。王鼎以焚椒作為書名，是為遼道宗懿德皇后蕭氏慘遭誣陷致死鳴不平。此書成於大安五年。王鼎在序言中說：「懿德皇后之變，一時南北面官，悉以異說赴權，互為證足，遂使懿德蒙被淫醜……大墨蔽天，白日不照。」南北面官懾於耶律乙辛淫威，為保自己祿位，都

---

24 《遼史‧王鼎傳》。

不敢說出事情真相，結果導致趙惟一族誅、懿德皇后被賜死的慘劇。王鼎後來待罪可敦城（鎮州）時，秉筆直書其事，真相才大白於天下。王鼎在書中引用了有關文書、蕭後的詩詞，再加上自己的剖析、論證，將懿德皇后含冤蒙屈的經過交代得很清楚。但《焚椒錄》在中國文學史上沒有什麼影響。不過，王鼎《焚椒錄》很注重事實與分析，對研究遼道宗朝統治集團權力之爭等問題，還是有一定參考價值的。

第二節·

清新雋永
的金代文學

一、戲曲

早在金太宗滅北宋時，金人就集了汴京的伶官樂器，「挈之以歸」，至世宗、章宗之世，金石之樂「日修月葺，粲然大備」。此時，金院本（雜劇）與諸宮調說唱藝術也興盛起來。唐五代盛行的樂舞戲，宋代的歌舞雜劇，一直到金代的院本，本質上是相同的。為了吸引觀眾，金院本增加部分多為雜劇說唱，以耍鬧為主，也偶爾加一二支小曲，唱的部分多用大麴、法曲。據陶宗儀《南村輟耕錄》記載，金代「院本名目」分為十一類，子目共有七百餘個。王國維《宋元戲曲考》說：「此院本名目之為金人所作，蓋無可疑。」金朝滅亡後，院本已散失殆盡，僅在元明戲劇中保存了少數段落。一九五九年一月，山西省文管會侯馬工作站在侯馬市郊發掘出了有「大金國大安二年」（1210 年）題記的金人董氏墓，墓

中後壁上端有一座鑲嵌在墓壁上的戲臺和五個磚雕戲俑。二十多年後，考古工作者又在晉南稷山陸續發掘出幾座金墓，都有與侯馬金墓類似的戲臺和戲俑，戲臺位於墓壁的上端，五個戲俑都在臺上做表演動作。有個墓室裡的戲臺與戲俑鑲嵌在對面的墓壁上，一端坐著一男一女兩位老人，面帶微笑直視對面墓壁上的戲臺戲俑。這表明金人喜歡觀看雜劇演出，即使在九泉之下，也不忘雜劇。同時，說明了金代戲曲的發達與盛行。

董解元《西廂記》書影（金）

諸宮調是北宋末京師藝人將講說的散文與歌唱的多種樂曲相互穿插而成，用以詠唱複雜的故事內容。這種有說有唱，以唱為主的講唱文學即諸宮調，在金代中都（今北京）曾極為流行，並產生了一些作品，如董解元的《西廂記諸宮調》、佚名的《劉知遠諸宮調》，都是很有影響的作品。董解元名字，籍貫、生平不詳，據鍾嗣成《錄鬼簿》、陶宗儀《南村輟耕錄》，可知為金章宗時人。《西廂記諸宮調》所用宮調有仙呂調、般涉調、黃鐘調、高平調、商調、雙調、中呂調、大石調、小石調、正宮

山西晉城金代戲臺

調、越調、南呂調等共一百六十九個不同曲牌。《西廂記諸宮調》打破了唐宋大麯、宋鼓子詞等格局，每一宮調多則用五、六曲，少則兩曲後即用尾聲，然後就換其他宮調，在音樂上不再反覆重複同一宮調樂曲，而是富於變化。它是以唐人元稹的《鶯鶯傳》（亦名《會真記》）為藍本敷衍鋪陳而成。《鶯鶯傳》描寫張生與鶯鶯的愛情故事，最後崔、張仳離，鶯鶯別抱琵琶，另嫁他人。董解元將元稹不滿三千字的小說改編成五萬餘字的諸宮調說唱本，崔鶯鶯不再是委曲求全的閨閣弱女，張生也成了有情有義的堅定男兒，經過許多曲折，有情人終成眷屬，

崔、張花好月圓，喜結連理。胡應麟在《少室山房筆叢》中說：「董曲今尚行世，精工巧麗，備極才情，而字字本色，言言古意，當是古今傳奇鼻祖，金人一代文獻盡於此矣。」這並非溢美之詞。《劉知遠諸宮調》是根據後漢高祖劉知遠的一段經歷改編而成的，描寫出身寒微的劉知遠與結髮妻子李三娘悲歡離合的故事，風格渾樸，語言生動。該書原藏俄國彼得格勒（今名彼得堡）研究院，是俄國探險家柯茲洛夫盜竊西夏黑水故城時劫走的，現已歸還中國，有影印本行世。全書十二題，現存五題，計四十二頁，其中存曲七十六段，曲牌六十一個。

此外，金代的俗謠俚曲即帶有通俗方言口語的民間歌謠小曲，也非常流行，元散曲就是在其基礎上發展起來的。總之，金院本雜劇、諸宮調、俗謠俚曲都以嶄新面貌出現在金代文壇上，對北曲（散曲）的形成產生了直接影響，為元雜劇的形成、發展、繁榮創造了條件。

二、詩詞

金朝初年，女真族統治者很注意學習漢族文化，特別是借遼、宋文士興金之文學詩詞。金太宗相繼羅致的名士有宇文虛中、吳激、蔡松年、高士談等，他們活躍在金初詩壇上，使金文苑呈現出一派蓬勃生機。

金初詩壇盟主宇文虛中字叔通，成都人，仕宋累官至資政殿大學士。建炎二年（1128 年）為南宋太上祈請使（即要求金國歸還宋徽宗的使臣）至金，被留不遣，官以翰林學士承旨，掌辭命，被尊為「國師」。但他心繫故國，密謀挾宋欽宗南歸，被人告發，全家遇害。他在金國常以不失節的蘇武自比，詩中充滿了哀怨悲憤。如《又和九月》詩：

老畏年光短，愁隨秋色來。
一持旄節出，五見菊花開。
強忍玄猿淚，聊浮綠蟻懷。
不堪南向望，故國又叢臺。

身在異邦，心繫故園，百無聊賴，借酒澆愁，詩中表現出了強烈的思鄉之情。

高士談字子文，一字季默，宋末任忻州戶曹，仕金為翰林直學士，因受宇文虛中牽連被害。他以宋臣的身分仕金，總有難言的苦衷與進退失據的苦悶心情。如《不眠》：

> 不眠披短褐，曳杖出門行。
> 月近中秋白，風從半夜清。
> 亂離驚昨夢，漂泊念平生。
> 淚眼依南斗，難忘故國情。

我們彷彿看到一個兩鬢添霜的老人，身披短褐，拿著拐杖，在田野上踽踽而行。時令已接近中秋，月白風清，老人隻身獨自，想起在金國的漂泊生活，不禁潸然淚下！誰能忘掉生於斯、長於斯的故國呢？

吳激、蔡松年皆以詞著稱，並稱「吳蔡體」。吳激字顏高，又號東山，建州人，工詩詞，善書畫。奉使至金，扣留不遣，命為翰林待制。蔡松年字伯堅，仕金官至尚書右丞相，晚年號蕭閑老人。吳、蔡均有詩集問世，現在已亡佚了。吳激最受人推崇的作品是《人月圓・宴北人張侍御家有感》：

> 南朝千古傷心事，猶唱後庭花。舊時王謝，堂前燕子，飛向誰家？恍然一覺，仙肌勝雪，宮髻堆鴉。江州司馬，青衫淚濕，同是天涯。

據說吳激曾親睹宋朝被擄至金的宗室女子淪為金朝貴族的家姬，感慨萬端，賦成此詞。詞中嵌典用事非常自然，沒有刀削斧鑿痕跡，且又淒婉沉痛，身在異國的宋臣讀了，莫不為之淚下！

張斛字德容，薊州漁陽人。由遼入宋，官為武陵守，仕金為秘書省著作郎。試看他的《沙邊》詩：

> 晚雨漲平堤，沙邊獨杖藜。
> 長風催雁北，眾水避潮西。
> 楚客相逢少，吳天入望低。

故園無路到，春草自萋萋。

身在江南，心馳薊北，漂泊異鄉的遊子，哪個不思念故鄉呢！

完顏亮（海陵煬王）是金朝帝王中文學造詣較深的一個。他在弒金熙宗後即帝位，成為金朝第四代國君。他的詩詞受宋人詩詞影響很深，但又具有女真人粗獷剛健的氣質。他在當藩王時，曾為人書扇：「大柄若在手，清風滿天下。」這兩句詩寫出了他躊躇滿志，要當天子的急迫心情。他的代表作是《鵲橋仙·待月》：

停杯不舉，停歌不發，等候銀蟾出海。不知何處片雲來，做許大，通天障礙。蚍髯撚斷，星眸睜裂，惟恨劍鋒不快。一揮截斷紫雲腰，仔細看，嫦娥體態。

這首詞還是很有氣魄的。

完顏亮準備牧馬南寇、滅亡南宋時，曾派使臣入宋，隱畫工於使臣之中，密畫臨安（浙江杭州）城郭、西湖和吳山以歸，令人繪己像策馬於吳山絕頂，後題《西湖圖詩》云：

萬里車書盡會同，江南豈有別疆封。
提兵百萬西湖上，立馬吳山第一峰。

志得意滿，睥睨一切，似乎偌大的宋室江山已入金朝的版圖之中，完顏亮成了天下的霸主。《大金國志·海陵煬王下》稱讚其「一吟一詠，冠絕當時」，雖有溢美之處，但大體還是公允的。

大定（1161-1189年）、明昌（1190-1196年）期間是金朝統治的極盛時代，也是金代文學的黃金時代。這時期詩人輩出，他們與金前期由宋、遼入金的文人有著明顯的區別。這些人是在經濟比較繁榮，社會秩序相對穩定的環境中成長起來的，因而他們的詩詞或以格調昂揚見長，或以閒情逸趣取勝。這一時期比較重要的文學家有蔡珪、黨懷英、劉迎等人。他們的詩詞反映了社會生活的各個方面，風格趨於多元化，這標誌著金詩已走向成熟。

蔡珪字正甫，蔡松年之子，進士及第，官至太常丞。他知識淵博，詩文俱佳。如《川道中》：

扇底無殘暑，西風日夕佳。雲山藏客路，煙樹記人家。小渡一聲櫓，斷霞千點鴉。詩成鞍馬上，不覺在天涯。

詩人為我們刻畫了一個恬淡、寧謐、令人心曠神怡的環境，雲山、煙樹、人家、櫓聲、斷霞構成了一幅綺麗的山水畫卷。蔡珪不禁詩情坌湧，就在馬上吟詩，不知不覺已經走遠了。

黨懷英字世傑，號竹溪，少年時與辛棄疾同拜劉岩老為師。金軍至，棄疾南奔歸宋，黨懷英則應金世宗大定十年（1170 年）科舉考試，擢進士甲科，官至翰林學士承旨。他的詩詞在大定、明昌年間為「一時文學宗主」[25]，於明麗中透出蒼勁。如《立春》：

水結東溪凍未游，風凌枯木怒猶威。
不知春力來多少，便有青蠅負暖飛。

春天剛到，乍暖還寒，冰塊未融，風猶逞威。儘管如此，已有青蠅在飛，表明春天已經來了。

與黨懷英同時的還有王寂、王庭筠。王寂進士出身，薊州玉田人，官至中都路轉運使，有《拙軒集》行世。如《日暮依杖水邊》：

水國西風小搖落，撩人羈緒亂如絲。
大夫澤畔行吟處，司馬江頭送別時。
爾輩何傷吾道在，此心唯有彼蒼知。
蒼顏華髮今如許，便掛衣冠已是遲。

暮色蒼茫時分，一個華髮老人站立水邊緬懷先賢：屈原曾在澤畔行吟，白居易曾

---

25 劉祁：《歸潛志》卷八。

在江頭送別，而今自己已經老邁年高，即使掛冠而去，也已經遲了。人在羈旅之中最容易產生思鄉之情，更何況是個老人！

王庭筠字子端，號黃華山主，大定進士，官至供奉翰林。他的詩清新流麗，如《河陰道中》：

> 梨葉成陰杏子青，榴花相映可憐生。
> 林深不見人家住，道上唯聞打麥聲。
> 微行入麥去斜斜，才過深林又幾家。
> 一色生紅三十里，際山多少石榴花。

這是一個麥收季節，因為農家住在林蔭深處，不見其人，只聽到打麥的聲音。放眼望去，只見梨葉成蔭，杏子未熟，石榴花怒放，紅似火焰，好一派農村風景！

劉迎字無黨，大定年間進士，官至太子司經。他的詩大多是反映社會現實的，如《修城行》：

> 淮安城郭真虛設，父老年前向余說：
> 築時但用雞糞土，風雨即摧幹更裂。
> 只今高低如堵牆，舉頭四野青茫茫。
> 不知地勢實衝要，東連鄂渚西襄陽。
> 誰能一勞謀永逸，四壁依前護磚石。
> 免令三歲兩歲間，費盡千人萬人力。

淮安城地處宋、金邊界，形勢衝要，但因統治者腐敗，花了大量人力物力，修建的城牆卻如同虛設，不能起到防守的作用。作者設想，能不能像以前修城時那樣，在城牆四周包上磚石，免得三歲、兩歲就得修補一次，費盡千人萬人之力。這樣既不勞民傷財，又可一勞永逸，何樂而不為！劉迎是關心民間疾苦的詩人，他在《出八達嶺》詩中說：「作詩無佳句，以代勞者歌」，看來還是可信的。

周昂字德卿，真定人，大定年間進士，官至六部員外郎，著有《常山集》（已佚）。他也是關心民瘼的詩人，如《邊俗》：

　　　　　返閭看平野，斜垣逐慢坡。

　　　　　馬牛雖異域，雞犬竟同窠。

　　　　　木杵春晨急，糠燈照夜多。

　　　　　淳風今已破，征斂為兵革。

即使在荒陬遐域的邊陲，老百姓也免不了征斂之苦。刀兵四起，干戈不息，受苦受難的還是平民百姓，詩人為此歎息不已！

　　明昌時期帝王中詩詞有成就的，當數金章宗完顏璟。他係世宗之孫，小字麻達葛，工詩詞，善書畫，多才多藝。他的詩詞與完顏亮全然不同，少了些豪放，多了些纖細工巧，如《宮中絕句》：

　　　　　五雲金碧拱朝霞，樓閣崢嶸帝子家。

　　　　　三十六宮簾盡卷，東風無處不飛花。

把帝王家金碧輝煌、樓閣崢嶸的景象全描寫出來了。

　　又如《蝶戀花・聚骨扇》：

　　幾股湘江龍骨瘦，巧樣翻騰，疊作湘波皺。金縷小鈿花草鬥，翠更結同心扣。金殿珠簾閑永晝，一握清風，暫喜懷中透。忽聽傳宣頒急奏，輕輕褪入香羅袖。

這首詞描寫聚骨扇（即折疊扇）小巧玲瓏，上面繪有精緻的圖案，輕輕一搖，便有一縷清風透入懷中。忽聽君王傳宣，趕忙藏入香羅袖中。看來折疊扇在金代已經普及，以至於每個宮女都有一把了。

　　金朝後期，由於蒙古人的入侵，金朝國勢由盛轉衰。宣宗南遷汴梁，以避蒙古人兵鋒，不料蒙古兵又跟蹤而至，金哀宗又遷都蔡州（河南汝南），到底沒有躲過社稷覆亡的厄運。反映到文壇上，感慨悲壯、描寫現實的詩詞便多了起來，正如清人趙翼《題遺山詩》所說：「國家不幸詩家幸，賦到滄桑句便工。」趙秉文、元好問是這一時期的代表人物。

趙秉文（1159-1232 年），字周臣，滏陽人，仕世宗、章宗、衛紹王、宣宗、哀宗五朝，官至六卿，晚年號閑閑，著述甚多。元好問在《閑閑墓銘》中評價他的詩：「七言長詩筆勢縱放，不拘一律，律詩壯麗，小詩精絕，多以近體為之。至五言古詩則沉鬱頓挫似阮嗣宗，真淳古淡似陶淵明。」如《從軍行送田琢器之》：

> 北兵數道下山東，旌旗絳天海水紅。
> 胡兒歸來血飲馬，中原無樹搖春風。

蒙古兵所到之處，打家劫舍，殺人如麻，詩人給予了無情地鞭撻！

元好問（1190-1258 年），字裕之，號遺山，太原秀容（山西忻縣）人。興定五年（1220 年）進士，正大年間為南陽令，天興初年擢尚書省掾，轉行尚書省左司員外郎。金亡不仕，閉門著述。他一生筆耕不輟，著作甚多，今存有《中州集》、《遺山先生文集》等。《金史·文藝傳》評價他的詩：「五言高古沉鬱，七言樂府不用古題，特出新意。歌謠慷慨挾幽、並之氣。其長短句揄揚新聲，以寫恩怨者又數百篇。兵後，故老皆盡，好問蔚為一代宗工，四方碑版銘志盡趨其門。」他生活在金朝由盛轉衰以至覆亡的大動盪年代，現實生活為他提供了取之不盡的創作素材。他的詩流傳下來的有三百八十餘首，有描繪山川壯麗的，有抒發豪情逸興的，更有寫國破家亡的喪亂詩。翁方綱《小石帆亭著錄》中說：「蘇、黃之後，放翁、遺山二家馳騁詞場，而遺山更為高秀。」說元好問詞的成就高於陸游，未必恰當，但元好問的確是出類拔萃的詞人。如《癸巳五月三日北渡三首》中的第三首：

> 白骨縱橫似亂麻，幾年桑梓變龍沙。
> 只知河朔生靈盡，破屋疏煙卻數家。

戰爭使和平、寧靜的鄉村變得滿目瘡痍，白骨縱橫，只有幾家破屋冒著炊煙，大部分人都死於戰火了，令人痛心。又如《水調歌頭·賦三門津》：

> 黃河九天上，人鬼瞰重關，長風怒卷高浪，飛灑日光寒。峻似呂梁千仞，壯似錢塘八月，直下洗塵寰。萬象入橫流，依舊一峰間。仰危巢，雙鵠過，杳難

攀。人間此險何用，萬古祕神奸。不用燃犀下照，未必伏飛強射，有力障狂瀾。喚取騎鯨客，撾鼓過銀山。

黃河三門津（人門、鬼門、神門三津，惟人門可行舟）水流湍急，怒濤翻卷，只有砥柱山昂然屹立，險峻如千仞之高的呂梁山，雄壯如錢塘江的八月潮。鳥兒在山的高處築巢，天鵝從山上飛過，令人望而生畏。儘管如此，也要「撾鼓過銀山（銀山形容大浪）」。這首詞雄偉豪放，是金人詩篇中少見的佳作。

除趙秉文、元好問外，女真人中詩詞成就較高的當推完顏。他是越王允功之子，世宗之孫，自號樗軒居士。十六歲時授奉國上將軍，累封莘國公、密國公。平生所作詩詞甚多，今存詩四十餘首，詞七首。如《梁園》：

一千八里汴堤柳，三十六橋梁苑花。

縱使風光都似舊，北人見了也思家。

金宣宗遷都汴京後，女真人南來者甚多，但是縱然汴堤柳絲垂碧，梁園花草妍麗，仍免不了思念故鄉之情！劉祁在《歸潛志》中說他「其舉止談笑真一老儒，殊無驕貴之態」。元好問在《中州集・密國公》小傳中稱他為「百年以來宗室中第一流人也」，這些評價都是允當的。

金末眾多普通作家中值得一提的還有趙元。趙元字宜之，定襄人，經童出身，舉進士不中，不久雙目失明。金室南渡後，趙元往來洛西山中，自號愚軒。作為盲人，他仍繫念著百姓疾苦，實在難能可貴。如《鄰婦哭》：

鄰婦哭，哭聲苦，一家十口今存五。我親問之亡者誰？兒郎被殺夫遭虜。鄰婦哭，哭聲哀，兒郎未埋夫未回。燒殘破屋不暇葺，田疇失鋤多草萊。鄰婦哭，哭不停，應當門戶無餘丁！追胥夜至星火急，並州運米雲州行。

這個婦女的命運極為悲慘，戰爭使她家破人亡：兒子被殺，丈夫被虜不知下落；在兒死尚未殯埋，丈夫被抓未歸的情況下，破屋不暇修繕，良田已經荒蕪；已是家無餘丁時，胥吏攤派差役急如星火，無奈她只得以孱弱之軀為官家運米。如此大膽揭露社會矛盾，控訴金末戰亂橫徵暴斂的統治者給百姓帶來的災難，真是字

字血，句句淚！

三、文學評論

金代比較著名的文學評論著作，當推王若虛的《滹南詩話》、元好問的《論詩絕句三十首》。

王若虛字從之，號慵夫，槀城人，承安二年（1197年）經義進士，官至翰林應奉轉直學士。著有《滹南遺老集》、《慵夫集》等。《滹南詩話》對黃庭堅及江西詩派進行了猛烈抨擊，他說：「古之詩人，雖趣向不同，體制不一，要皆出於自得。至其辭達理順，皆足以名家，何嘗有以句法繩人者！魯直（黃庭堅）開口論句法，此便是不及古人處。」又說黃庭堅的詩「有奇而無妙，有斬絕而無橫放，鋪張學問以為富，點化陳腐以為新，而渾然天成，如肺肝中流出者，不足也」。《滹南詩話》主張詩要注重「意」、「真」、「自得」、「天成」，也就是說詩歌要有充實的生活內容，反對過分雕飾與忽視思想內容。他說：「雕琢太甚，則傷其全；經營過深，則失其本。」主張「文章以意為主，字語為之役。主強而役弱，則無使不從。世人往往驕其所役，至跋扈難制，甚者反役其主」。很顯然，他反對離開內容片面地追求辭藻、堆砌典故的不良傾向。

《滹南詩話》對江西詩派標榜杜甫，尊崇蘇軾、黃庭堅，而以白居易為「淺」、「俗」，表示了自己的意見。他說：「樂天之詩，情致曲盡，入人肝脾，隨物賦形。」明確指出白居易詩的可貴之處就在於「情致曲盡」、「隨物賦形」的「天成」與「自得」，因而具有「入人肝脾」的感人力量。

王若虛在評論蘇軾的詩詞時說：「東坡，文中龍也，理妙萬物，氣吞九州，縱橫奔放，若遊戲然，莫可測其端倪。」宋人往往蘇、黃並稱，王若虛則將兩人加以區別，還是很有見地的。

元好問二十八歲時撰寫的《論詩絕句三十首》一向受到後人的高度評價。如第一首：

漢謠魏什久紛紜，正體無人與細論。

誰是詩中疏鑿手，暫教涇渭各清濁。

此詩是《論詩絕句三十首》的序言和綱領。他認為自漢魏以來的詩家各派意見分歧不一，而歷代詩歌評論家從各自的觀點出發，褒貶不一，往往正偽不分。因此，他自任「疏鑿手」，要區別清流正體，劃分清濁界限，明辨涇渭。上追風、雅，樹立一代詩風，這是元好問論詩的宗旨。

《論詩絕句三十首》論列詩人和詩歌作品頗多，有讚美，也有批評。如《論詩》三十首之四：

一語天然萬古新，豪華落盡見真淳。

南窗白日羲皇上，未害淵明是晉人。

元好問認為，陶淵明的詩不加雕琢，自然平淡，和諧優美，獨樹一幟，與當時崇尚辭藻華麗、對偶工整的詩風大異其趣，但並不妨礙他仍是晉人。這裡元好問提出詩的語言形式要「天然」，思想內容要「真淳」，以此作為詩歌創作的標準。

元好問崇尚雄放，反對纖巧的詩風，對北齊時北方一首民歌《敕勒歌》大為讚賞，《論詩絕句三十首》之七說：

慷慨歌謠絕無傳，穹廬一曲本天然。

中州萬古英雄氣，也到陰山敕勒川。

《敕勒歌》是天然生成，繼承了《風》、《雅》的優良傳統，表現出了北方少數民族的豪邁氣概，值得推崇。

《論詩絕句三十首》之八：

沈宋橫馳翰墨場，風流初不廢齊梁。

論功若准平吳例，合著黃金鑄子昂。

沈佺期、宋之問、陳子昂是唐初有代表性的詩人，沈、宋廢棄了《風》、《雅》的優良傳統，沿襲齊、梁競一韻之奇、爭一字之巧的詩風，而陳子昂則致力於恢

復漢、魏風骨，一掃齊、梁風雲月露之餘風，使盛唐時期詩歌創作有了正確的發展方向，因此，元好問在高度評價陳子昂在詩歌發展史上的豐功偉績時說「合著黃金鑄子昂」。

《論詩絕句三十首》之十一寫道：

> 眼處心生句自神，暗中摸索總非真。
> 畫圖臨出秦川景，親到長安有幾人？

他認為只有親眼看到現實生活中實際情況而產生的激情，才能自然地寫出入神的詩句，沒有對現實生活的感受，只是憑空想像，絕不會寫出有真實感情的好詩來。他讚揚杜甫親臨長安等地後所作的秦川題詠，把秦川地區的景色描繪得非常生動，如同畫圖。這種觀點對詩歌創作很有指導意義。

《論詩絕句三十首》之二十一：

> 窘步相仍死不前，唱酬無復見前賢。
> 縱橫正有凌雲筆，俯仰隨人亦可憐。

此詩是為批評次韻、和韻而作的。古代和詩都只和意而不次韻，但出現於宋代互相唱和酬答的次韻詩，受原作者韻腳的束縛和詞意的限制，應唱者跬步不得自由，俯仰隨原唱者之意。因為是步人後塵，不能縱橫揮灑，只能在辭藻上爭奇鬥巧，元好問對這種詩風提出了批評。他主張創新，反對模仿。

元好問在《論詩絕句三十首》之二十二中評論宋代江西詩派時說：

> 奇外無奇更出奇，一波才動萬波隨。
> 只知詩到蘇黃盡，滄海橫流卻是誰？

他認為詩歌從風雅、楚騷到漢魏、唐宋的發展過程中，總有人追求新奇和變化，就是奇了、變了還嫌「無奇」，於是進一步獵奇、窮變「出奇」，以致「一波才動萬波隨」，造成「滄海橫流」的局面。蘇東坡、黃庭堅在學習杜甫、韓愈的基礎上，把詩歌的各種特長發揮殆盡，也把詩歌的各種弊端暴露無遺，風雅掃地，

「詩到蘇、黃盡」。「滄海橫流卻是誰」概指學蘇、黃而不得其精髓的江西詩派之末流，他們的詩一味求變求奇，以補綴奇字、論句法為業，變本加厲地把詩模擬因襲氾濫到「滄海橫流」的地步。元好問的批評切中時弊，很有說服力。

元好問的《論詩絕句三十首》對後世詩歌創作與發展產生了深遠的影響，許多詩人、評論家奉《論詩絕句三十首》為圭臬，也是很自然的。因此，元好問作為偉大的詩人、文學評論家而載入中國文學史冊。

第三節 ·
西夏的詩歌

蒙古軍隊在征服西夏的過程中，大肆燒殺搶掠，大量典籍文獻毀於兵燹之中，以致元代未能專修西夏史，只是在遼、金、宋史中分別立了簡短的《西夏外紀》、《西夏傳》、《夏國傳》。僅靠這點有限的史料，無法梳理清西夏詩歌的源流，不能不求助於考古資料。

一九〇八至一九〇九年，沙俄「探險家」柯茲洛夫從中國內蒙古額濟納旗的西夏故城黑城（哈拉浩特）遺址的一座古塔內，發掘並盜走了西夏文等刻本和寫本文獻、文物共八千餘種，門類繁多，內容豐富，其中包括罕見的西夏詩歌集。二〇年代至六〇年代間，蘇聯學者聶歷山、戈爾巴切娃、克恰諾夫等相繼對西夏黑城文獻進行編目研究，其中有關西夏文刊本與手寫本詩歌集是：

《西夏詩集》，西夏文刊本，乾十六年至乾十七年（1185-1186 年）刻印司刻

印，現藏俄國。

《聖義立海》，西夏文刊本，乾十四年（1183 年）五月十日刻印司刻印。此書是詩體格言集，有詩體序言和目次、注釋，仿漢籍類書，現藏俄國。

《賢智集》，西夏文刊本，沙門寶源作，是一部勸世詩文集，有序言及木刻插圖，乾十九年至乾二十年（1188-1189 年）刻印。

《忍教搜（尋）頌》，西夏文寫本，嵬名瓦作，是勸導容忍的宗教詩，天慶二年（1195 年）手寫，現藏俄國。

《西夏宮廷詩》殘頁，西夏文寫本，詩七首。詩後署作者名字，現藏俄國。

《三世屬明言集文》，西夏文刊本，未有跋文，「發願人」沙門慧明、道惠編，刻板者楊金。此書多為勸善性的詩文，間有簡略解釋，現藏俄國。

《新集錦合辭》，西夏文刊本，內容多為詩體諺語，現藏俄國。

《新集金碎掌直文》，西夏文寫本，此書為五言詩集，長一千字，類似漢籍《千字文》，是西夏的啟蒙教育讀物。被譽為「蘇聯西夏學領袖」的克恰諾夫，還整理了西夏文獻藏品中的西夏史詩《夏聖根讚歌》等。日本的西夏學者西田雄風也整理考釋過西夏文詩歌《月月樂詩》、《新修太學歌》等。

在發現的大量西夏文刊本和寫本文獻多未翻譯發表公布於世的情況下，不可能探索出西夏文學全貌，只能根據聶歷山遺著《西夏文字及其貢獻》中提到的西夏詩歌，由俄文轉譯為漢文（見陳炳應《西夏的詩歌、諺語所反映的社會歷史問題》），來初步探討西夏詩歌的基本情況。如第一首詩（聶文只公布個別詩段）是歌頌西夏党項人祖先的：

黔首石城漠水畔，紅臉祖墳白河上，高彌藥國在彼方。

這首詩指出曾經以白河上石城漠水畔為發祥地、愛用紅顏色塗抹黑臉的、身材高大的「彌藥人」是西夏党項羌人的祖先，所以西夏人自稱「白上」或「白河上」國人，表示對祖籍地的崇拜。西夏後來兼用「白上國」作國名，也是為了表達對

祖先的景仰之情。

　　母親阿媽起（族）源，銀白肚子金乳房，起姓嵬名俊裔傳。
　　繁裔崛出「彌瑟逢」，出生就有兩顆牙，長大簇立十次功，七騎護送當國
王。

詩歌中描寫西夏皇族的始祖母「西羌姑娘」有「銀白肚子金乳房」，生了七個兒
子，繁衍了整個西夏皇族，以「嵬名」為姓，繼承血緣宗族關係。長大後成為各
部大聯合的第一個國王「彌瑟逢」，「出生就有兩顆牙」，與「生而有齒」、「長
大簇立十次功」、和宋朝打過多次仗並被遼封為夏國王的李繼遷的情況基本符
合，可以判定這首詩是歌頌李繼遷的。

　　第二首詩《頌師典》是歌頌西夏文創制者的，聶歷山只翻譯了此詩中的五
段。如第一段：

　　　　　　羌漢彌人同母親，地域相隔語始異。
　　　　　　羌地高高遠西隅，邊陲羌區有羌字。

詩中說羌（吐蕃）、漢、彌（党項羌）出自同一個母親，與文獻記載所說遠古時
期炎黃族與羌族三苗關係密切、党項羌是三苗後裔、從內地遷往西北的傳說相吻
合，由於他們的住地相距甚遠，因而形成了不同的語言，即使居住在邊陲的羌
（吐蕃）人也有了文字。

　　又如第五段：

　　　　　　中國地處極東地，中國地區用漢字。
　　　　　　各有語言各珍愛，雙方培育尊己字。
　　　　　　聖邦亦有聖賢詩，偉大名師數伊利。

　　西夏字是野利仁榮根據元昊的旨意模仿漢字形體演繹而成，並頒布全國，尊
為「國」字。在漢文獻中西夏有「野利」姓而無「伊利」姓，這是漢、夏語音差
別所致，實際上「伊利」即「野利」。野利仁榮創制西夏字，功不可沒。

第六段：

> 文字明星東方起，光輝文字照晚夕。
>
> 招募弟子三十七，一一教誨成人杰。
>
> 如今伊等科學業，歷歷在目遍全境。
>
> 太空之下讀己書，禮儀道德吾自立。

這首詩承認「文字明星東方起」——漢族地區早有「光輝文字」，對西夏文的創制很有影響。西夏文公布後，夏、漢兩種文字同時應用，相得益彰。西夏文製成後，曾培育出三千七百個弟子，遍布全國各地，或為官員，或為各州縣學校教授，使西夏文迅速普及全國，對西夏文化的傳播產生了積極影響。《西夏書事》卷十三記載：「元昊思以胡禮、蕃書抗衡中國。」事實上，元昊時用西夏文字翻譯《孟子》、《老子》、《爾雅》、《四言雜字》等漢文儒家經典作為啟蒙讀物，教學內容不出儒學。那麼所謂「太空之下讀己書」，實際上就是汲取和傳播漢文化了。

第十五段：

> 為何不跟西羌走？西羌已向我俯首。
>
> 大陸事務我主宰，政務官員共協輔。
>
> 未曾聽任中國管，中國向我來低頭。
>
> 我處皇族不間斷，彌藥皇儲代代傳。

詩中說西羌（吐蕃）向西夏俯首稱臣，是指西夏曾降服吐蕃各部。至於說「大陸事務我主宰」、「中國向我來低頭」，則是誇大其詞，與事實不符。

第二十段：

> 衙門官員曾幾何，要數彌藥為最多。
>
> 請君凡此三思忖，非師之功是哪個？

西夏「衙門」中党項羌人官員最多，這都是老師教導的結果。

第三首詩是前面提到的五言詩集《新集金碎掌直文》，其中有幾句說：

> 彌藥勇健走，契丹緩步行。
>
> 西羌敬佛僧，中國愛俗文。

彌藥即党項羌，走路勇健，契丹人「緩步行」，吐蕃（西羌）人信佛教，中國漢人喜歡說唱「俗文」。這說明西夏是由上述幾個民族為主組成的多民族國家。

第四首詩（未譯名稱）：

> 堯舜極仁慈，無聞惡父弟。
>
> 文王同民樂，民子如己子。

第五首詩（未譯名稱）：

> 大千世界無比倫，白上國裡聖賢君。
>
> 愛生之念高於天，憎死本能大於地。
>
> 天舉棟梁無誹者，效君封侯甚忠誠。
>
> 一意治國學堯舜，一心治民循湯武。

這兩首詩都表明儒學在西夏有著深遠的影響，西夏統治者要效法堯、舜、文王、湯武來治理國家。

以上舉例詩歌是聶歷山根據《番漢合時掌中珠》中漢字對照西夏字譯成俄文，中國學者又從俄文譯成漢文，幾經周折，很難保持西夏詩歌的原貌，能夠做到這一點，已經很不容易了。

第四節 ·
大放異彩
的元代文學

一、元曲

與唐詩、宋詞並稱的元曲，是中國文學史上璀璨奪目的明珠。

（一）散曲

漢唐以來，配上音樂而可以歌唱的詩，是由文字的「詞」和音樂的「曲」兩部分組成的，到了宋代，則把「詞」作為一種新詩體的名稱，元代「曲」成為繼詞而起可以歌唱的新詩體「散曲」的名稱。獨立存在的散曲叫「清曲」，放在戲曲中，則稱為「劇曲」。散曲最初興起於金末北方，尚未形成完整的體系。蒙古人統一全國的過程中，北方少數民族的音樂得以輸入中原，在金代「俗謠俚曲」的基礎上融入「胡夷之曲」、「胡樂」，便形成了散曲。元人的散曲就是北曲。徐渭《南詞敘錄》中指出：「今之北曲，蓋遼、金北鄙殺伐之音，壯偉狠戾，武夫馬上之歌，流入中原，遂為民間之日用。」

散曲作為一種新詩體，最突出的特點是在語言上的變革和格式上的創新。在語言方面，採用方言口語，顯得純真自然；在格式方面，打破了詩的五、七言格局，以長短句格式出現，這一點雖與詞相同，但比詞更解放。除了依照譜格填詞

外，可以用「襯」字，因此顯得比詩詞更為通暢。如張養浩〔越調·天淨沙〕《閒居三首》之一：

　　昨朝楊柳依依，今朝雨雪霏霏，社雁秋鴻〔忒〕疾苦。〔不是〕濁醪有味，〔怎〕消磨〔這〕日月東西。

括弧內的字是襯字。襯字不論四聲，不論虛實，但加在什麼地方則有規定，不可任意妄加。王國維在《宋元戲曲考》中說：「獨元曲以許用襯字故，輒以許多俗語或自然之聲音形容之，此自古文學所未有。」不僅如此，散曲的韻腳還可以平仄通押，即句句押韻，使得散曲更具神韻。散曲還可以不避重字、重韻，如上面例中「依依」、「霏霏」即為重字。重韻的例子如徐再思〔雙調·折桂令〕《春情》：

　　平生不會相思，才會相思，便害相思。……症候來時，正是何時？燈半昏時，月半明時。

　　散曲所用宮調，即北曲用仙呂宮、南呂宮、黃鐘宮、中呂宮、正宮、大石調、商調、越調、雙調九種。

　　散曲所用曲牌（牌調）與詞牌一樣，據《北詞廣正譜》統計，北曲所用曲牌多達四百四十七個。

　　散曲的結構，包括兩種不同的定式，即小令和套數。小令一名叫「葉兒」，它是由一個曲調成文的，是曲中最簡單的形式，跟詞裡的小令同源。因為短小精悍，它只相當於一首詩或詞的一闋。如馬致遠〔越調·天淨沙〕《秋思》：

　　枯藤老樹昏鴉，小橋流水人家，古道西風瘦馬。夕陽西下，斷腸人在天涯。

所用宮調為「越調」，曲牌為「天淨沙」，題目是《秋思》。這是一支傳唱千古的小令。不過，詩一首或詞一闋中間可以換韻，散曲中小令則必須一韻到底，不能換韻。在特殊情況下，有小令「帶過曲」，它是由於作者填寫了一支小令，覺得意猶未盡，於是續填一調，若兩調還嫌不足，則還可再填寫一調，但到三調為止。也可以從套數裡摘出二支或三支連唱的曲調，跟雙疊或三疊的詞調相似，在

題目中標明「帶用」二字，或只用其中一字，或用「兼」字，或稱「兼帶」，如題目為《錦上花帶清江引碧玉簫》等。小令還有「重頭」的出現，與詞中上下兩疊完全相同的「重頭」一樣，是把同一小令一再填寫時，每支用韻各不相同，但用同一題目或類似題目，如《四季》、《四時行樂》等為總題目，「春」、「夏」、「秋」、「冬」為分題目。

散曲中的套數來源於宋、金時的說唱諸宮調，是為連綴幾調成為一組歌曲，即小令的合調組曲，其中至少由兩支同宮調的曲牌聯合而成一整體，有首有尾。因以套計數，便稱之為一套、兩套等，故名之為「套數」，也叫「套曲」，別名亦叫「大令」，是專對小令而言的，通常，稱其為「北曲套數」。元雜劇中劇曲「套數」各套是有聯繫的；而獨立存在的套數不連貫，只是清唱，故亦名「清曲」，亦叫「散套」。北曲套數各套往往根據情節繁簡伸縮其長短，最長的套數用曲調達三十四調之多，而且各套所用曲牌，都有規定法則，某調宜先，某調宜後，不可顛倒錯亂。最重要的是，每套從頭至尾必須押同一韻，不可換韻，而且每套末須有「尾聲」，以表示首尾的完整與全套音樂的完結，若尾聲與它調混為一體時，亦名「煞尾」、「收尾」、「拍煞」等。

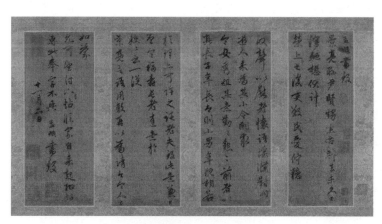

趙孟頫書法作品（元）

元代流傳下來的散曲作品，據隋樹森《全元散曲》統計，有小令三千八百多首，套數四百多套，從數量上看，以小令居多。

元代散曲作家眾多,人才輩出,有姓名可考者達二百二十七人,另外還有許多無名氏作品。

元散曲的前期豪放派首當以馬致遠為代表,他是元代領袖群英的散曲大家。馬致遠,號東籬,大都(今北京)人。曾任江浙行省務官。工樂府,與關漢卿、白樸、鄭光祖並稱元曲「四大家」。生年不詳,至治年間終老於江南。著有《漢宮秋》等雜劇,任中敏輯其散曲《東籬樂府》。他的散曲流傳較多,也最著名,如著名套曲(套數)《秋思》:

〔雙調·夜行船〕百歲光陰如夢蝶,重回首往事堪嗟。今日春來,明朝花謝,急罰盞夜闌燈滅。

〔喬木查〕想秦宮漢闕,都做了衰草牛羊野。不憑麼漁樵沒話說。縱荒墳,橫斷碑,不辨龍蛇。

〔慶宣和〕投至狐蹤與兔穴,多少豪傑!鼎足三分半腰折,魏耶?晉耶?

〔落梅風〕天教你富,莫太奢,無多時好天良夜。看錢奴硬將心似鐵,空辜負錦堂風月。

〔風入松〕眼前紅日又西斜,疾似下坡車。晚來清鏡添白雪,上床與鞋履相別。莫笑鳩巢計拙,胡蘆提一就裝呆。

〔撥不斷〕利名竭,是非絕。紅塵不向門前惹,綠樹偏宜屋角遮,青山正補牆頭缺,更哪堪竹籬茅舍。

〔離亭宴帶歇拍煞〕蛩吟罷一覺才寧帖,雞鳴時萬事無休歇。算名利何年是徹?看密匝匝蟻排兵,亂紛紛蜂釀蜜,鬧嚷嚷蠅爭血。裴公綠野堂,陶令白蓮社,愛秋來時那些:和露摘黃花,帶霜烹紫蟹,煮酒燒紅葉。想人生有限杯,渾幾個重陽節。囑咐與頑童記者:便北海探吾來,道「東籬醉了也」。

這套套曲由牢騷而厭世,由厭世而故作超脫,是當時歷史條件下詩人對庸俗社會風氣的一種批判,表現潑辣、深刻。因此,此套曲極為歷來文人們所讚賞,並評其為「萬中無一」、「無人第一」套曲。

關漢卿,號已齋叟,大都人。金末解元,後為太醫院尹。金亡入元不仕。生卒年不詳。《析津志》說他「生而倜儻,博學能文,滑稽多智,蘊藉風流,為一

時之冠」。是元曲四大家之一。《全元散曲》收其小令五十七首，套數十三套。他的散曲圍繞世態炎涼和人情冷暖，雕琢出各種人物形象，頗具特色。如〔南呂・四塊玉〕《別情》：

> 自送別，心難捨，一點相思幾時絕？憑欄袖拂揚花雪。溪又斜，山又遮，人去也。

用通俗活潑的語言，描寫了感情真摯的女子思戀愛人的心理活動，婉轉而美妙地表達出心靈深處的淒婉幽怨。

白樸，字太素，一字仁甫，號蘭谷，隩州（今山西河曲附近）人，金亡入元不仕，工詩詞，尤工散曲。元曲四大家之一。著有《天籟集》等。其散曲保存至今有小令十六首、套數四套。多具民間文學情調與恬退自適的風格。如〔雙調・得勝令〕《失題四首》中：

> 紅日晚，殘霞在，秋水共長天一色。寒雁兒呀呀的天外，怎生個不捎帶個字兒來？

以紅日、殘霞、寒雁渲染氣氛，以景物襯託人物心理，真是恰到好處。

元代前期散曲作家盧摯、張養浩等，亦皆屬代表性人物。盧摯（1235-1300年），字處道，又字莘老，號疏齋，涿郡人。至元進士，官至翰林承旨。其散曲以「懷古」為題之作較多。他描寫農村生活的散曲，自然活潑。如〔雙調・折桂令〕《失題四首》之一：

> 沙三伴哥來嗏，兩腿青泥，只為撈。……看蕎麥開花，綠豆生芽，無是無非，快活煞莊家。

描寫農村田園樂趣，清新爽朗，別具風格。

張養浩（1269-1329年），字希孟，號雲莊，山東濟南人。曾任監察御史、右司都事、參議中書省事、陝西行台中丞等職。著有《雲莊休居自適小樂府》，多為散曲，語言精練華美，民間口語甚多，如〔中呂・紅繡鞋〕《失題九首》之

一：

那的是為官榮貴，只不過多吃些筵席，更不呵安插些舊相知，家庭中添些作，囊筐裡攢些東西，交好人每（們）看做甚的。

這首小令思想性很強，敢於揭露社會現實。

元後期散曲作家的一些作品不用襯字、口語，追求名句、煉句為工，對仗見巧，甚至向詞回歸，僅存散曲格調，失去了前期散曲的通俗、質樸、豪放、潑辣的本色，從而把散曲的創作引向了衰落的局面。後期散曲作家以張可久、喬吉為代表。張可久，字小山，慶元府（今浙江寧波）人。生卒年不詳。曾做過小官吏，後以畢生精力從事散曲創作，在元代曲壇中享有盛名。著有《今樂府》、《蘇堤漁唱》、《吳鹽》、《新樂府》等。作品傳留至今有小令七百五十多首、套數七套。如〔越調·憑欄人〕《江夜》：

江水澄澄江月明，江上何人玉箏？隔江和淚聽，滿江長歎聲。

這種用白描手法寫景抒情，已接近詞的意境。

喬吉（1280-1345 年），一作喬吉甫，字夢符，號笙鶴翁，又號惺惺道人。原籍太原，流寓杭州，是終生流浪江湖的窮困落魄文人。著有《惺惺道人樂府》、《文湖州集詞》、《喬夢符小令》。今存小令二百多首、套數十套。作為專業散曲作家，他講究斟酌字句，好以出奇制勝，雅俗兼備。如〔雙調·水仙子〕《重觀瀑布》：

天機織罷月梭間，石壁高垂雪練寒，冰絲帶雨懸霄漢，幾千年曬未乾。露華涼人怯衣單，似白虹飲澗，玉龍下山，晴雪飛灘。

把瀑布描寫得極為奇偉壯觀。

元曲四大家之一鄭光祖，字德輝，襄陵人。元末曾以儒補杭州路吏，生卒年不詳。其散曲傳至今日者不多。

在元末散曲演變過程中，仍有以俗謠俚曲見長而頗有成就者，如少數民族散

曲作家貫雲石（1286-1324年），畏兀兒族，原名小雲石海涯，以父貫只哥得姓，自號酸齋。最初襲父官為兩淮萬戶府達魯花赤，後棄職歸隱，篤志詩文。其散曲以豪放飄逸、工麗、爽朗而著稱。如〔中呂·紅繡鞋〕《失題四首》之一：

挨著靠著雲窗同坐，偎著抱著月枕相歌。聽著數著愁著怕著早四更過。四更過情未足，情未足夜如梭。天哪，更閏一更兒妨甚麼！

寫戀人情意纏綿，可謂深得民歌三昧。

除了貫雲石外，還有蒙古人不忽木、阿魯威、字羅；回紇人馬昂夫；女真人王景瑜；耶里可溫人金文石；高麗人李濟賢；西夏人李伯瞻等等，他們都是有較高漢族文學修養的少數民族散曲作家。存留至今的少數民族散曲作家的作品有小令二百多首、套數二十多套。

元散曲開拓了一代新詩風，給後來詩人以啟迪。並且推動了元雜劇藝術的形成，是彌足珍貴的藝苑奇葩。

（二）雜劇

元雜劇，是一種由詩歌（散曲）、賓白、舞蹈、音樂、表演相結合，演出一個完整故事情節的戲曲藝術。它是在繼承並融合前代多種藝術成就，諸如吸收唐宋歌舞戲、參軍戲、傀儡戲、影戲、宋金雜劇和各種各樣民間說唱文學的基礎上發展繁榮起來的。它最初出現在中國北方真定、平陽等地，後來普及全國，因它全用北曲，故亦稱為「北曲雜劇」。

元雜劇在題材、結構、人物造型，乃至文字上都很有特色。

山西洪洞廣勝寺水神廟壁畫（元）

元雜劇的劇本結構，一般是四折一楔子（或不用楔子）。全劇情節大致分為「起」（開頭）、「承」（小高潮）、「轉」（大高潮）、「合」（結尾）四個大段落，每段各用一個套數。明代時戲曲家把元雜劇四大段落改成四「折」（幕、場），就是每一個套數為一折，包括幾場，或一場戲。元雜劇四段之外，為補餘情，另加一至二段楔入的戲，用一支或兩支曲子和賓白。明時把這種楔入戲改名為「楔子」（楔兒），可在劇前，也可在各折之間，起介紹人物和故事情節的「序幕」作用，或起承上啟下的過場戲的作用。為了適應與展開劇情，元雜劇也有一本五折，甚至六折的。元雜劇劇本後都有「題目正名」，用以概括總結全劇故事情節內容和劇碼名稱。

元雜劇戲班中演員角色，基本上有五個行當：（1）末行，有正末、副末、外末等；（2）旦行，有正旦、副旦、貼旦、老旦、花旦等；（3）外行（歸入末行）；（4）淨行，有淨、副淨、丑等；（5）雜行，有孤、駕、孛老等。總之，角色有男有女、有文有武、有老有少、有善有惡、有粗有細各種人物。正末、正旦為劇中男、女主角，其他皆為配角，各有各自的戲裝裝扮。

元雜劇是由「唱」、「云」、「科」三者組成的。「唱」為歌唱「劇曲」套數，四折或五折套曲連唱一個故事，全用北曲諸宮調，主唱由正末或由正旦，由正末主唱的叫「末本」，由正旦主唱的叫「旦本」。全劇四折（或五折、六折）皆由一人獨唱到底，其他角色只有「云」（賓白），僅在楔子中偶爾有其他角色歌唱的變例，「云」為賓白，是元雜劇中的臺詞，只能說念，不能唱，為次角色插科打諢、幽默趣味之用，主要用於通報人物姓名、身世經歷，交代劇中故事來龍去脈，表明人物的處境、關係、矛盾等。敘事皆用有韻的生活語言，顯得簡潔明快。「科」是指表演動作，包括做工、武功、舞蹈、檢場、效果。劇本中規定的演員主要動作與舞臺效果，稱為「科範」。

現存山西臨汾（平陽）等地元代雜劇戲臺十一座，完好的八座，特別是山西洪洞縣東北霍山南麓的廣勝寺水神廟壁畫中，有幅「大行散樂忠都秀在此作場」的戲劇畫面，橫額末題記「泰定元年（1324 年）四月」。此畫表現的是元雜劇的一個領班忠都秀率隊演戲的場面。畫中七男四女，根據扮相年齡、身分、服飾、

臉譜的明顯差異，可分出末、旦、淨、丑等，以及演員表演的牙笏、刀、宮扇等道具，畫中兩男一女伴奏的樂器有皮鼓、笛子、拍板等。此畫可說是元雜劇發展狀況的一個縮影。

元雜劇作家眾多，最享盛名的有關漢卿、白樸、馬致遠、鄭光祖「四大家」及王實甫等。

關漢卿為元代最偉大的雜劇作家，據史載他創作雜劇六十餘種，今存十七種，諸如《單刀會》、《感天動地竇娥冤》、《趙盼兒風月救風塵》、《包待制三勘蝴蝶夢》等。其中《竇娥冤》真實地描繪了當時殘酷黑暗的社會現實，非常生動地表現出勇敢堅強、至死不屈反抗罪惡勢力的竇娥的光輝藝術形象。白樸寫了十六種雜劇，流傳下來的只有《裴少俊牆頭馬上》、《唐明皇秋夜梧桐雨》、《董秀英花月東牆記》。《牆頭馬上》是他最出色的作品，為元代四大愛情雜劇之一，通過裴少俊與李千金的愛情故事，極力宣揚男女自由結合、婚姻自主的思

關漢卿像

想傾向。馬致遠的雜劇作品有十三種，流傳下來七種，如《孤雁漢宮秋》、《江州司馬青衫淚》、《馬丹陽三度任風子》等。其中《漢宮秋》是曲辭相當優美的優秀作品，描寫王昭君的故事，在元代具有強烈的現實意義。鄭光祖創作了十八種雜劇，現存八種，如《醉思鄉王粲登樓》、《迷青瑣倩女離魂》、《程咬金斧劈老君堂》等。其中以《倩女離魂》為其代表作，描寫張倩女思戀王文舉而魂離肉體與他結合的愛情故事，成功地塑造出追求自由幸福生活的倩女形象。王實甫，名德信，大都人，工樂府，生平不詳。其雜劇作品十四種，今存三種，《崔鶯鶯待月西廂記》是他最成功的作品，描寫崔鶯鶯與張生的悲歡離合的愛情故事，它與《董西廂》在情節上基本相同，但在各方面都作了進一步的加工、發展和提高，充分發揮戲劇之長，使人物性格更為鮮明，心理描寫更為細緻，語言也更為精練。

元雜劇，據鍾嗣成《錄鬼簿》記載有四百五十八本，朱權《太平正音譜》卷首記載為五百三十五本。王國維《宋元戲曲考》中記載元雜劇保存下來的有一百六十六本，並說「元劇之作，遂為千古獨絕之文字」。元雜劇以其獨特的方式，特別是它用諸宮調解決了音樂問題，確定了中國戲曲走詩歌、音樂、舞蹈相結合，以歌唱為主的道路，形成了中國戲曲的基本特點，為後世戲曲的發展奠定了基礎。它的興起與繁榮，標誌著中國戲曲藝術已經達到成熟階段。元雜劇是中國古典文學寶庫中極珍貴的文化遺產，在中國戲曲史上佔有相當重要的地位。

《竇娥冤》書影

二、南戲

南戲，是用南方的語言、歌曲所組成的一種民間戲曲，原來它有「戲文」、「溫州雜劇」、「永嘉雜劇」（永嘉即溫州）、「南曲戲文」等稱呼。南戲受宋代具有故事情節的雜劇、歌舞劇、滑稽劇的影響，形成於北宋末宣和年間（1119-1125 年），它是在浙東溫州一帶民間里巷歌謠、民歌，融村坊小曲、講唱文學藝術和部分宋詞於一體的基礎上發展而成的地方性劇種，內容通俗，表達民間百姓的呼聲，有民間文學獨具的本色，深受江南人民歡迎。南宋時盛行於杭州、蘇州一帶。元滅南宋後，北曲雜劇也傳到了南方，為了區別南方戲文與北曲雜劇，便

將其稱為「南曲戲文」，簡稱南戲。

元代時，南戲仍然盛行於南方各地，它的突出特點就是具有南方韻味，以南曲為主。因地方語音的差異，出現了南戲多種地方色彩的聲腔，如海鹽腔、杭州腔、餘姚腔、弋陽腔、昆山腔等。雜劇南移後，南戲採用了雜劇聯套的方法，出現了南北合腔（南北合套），但其套數以南曲為主，曲調的運用採取自由的方式，且可以換韻。

元代的南戲，長短自由，每場戲稱為「齣（出）」，而且數不定，由劇本內容所決定，長者可達數十，短者數。也有「題目」，放在第一前面，用四句概括介紹全劇大意，寫在招子上，作為廣告，與正名戲演出無關。不過，第一照例由副末登場，報告演唱宗旨和劇情綱要，並與後臺即將出場的角色互相問答，引出正戲來，這在南戲叫「家門」，亦叫「開宗」，其作用與元雜劇的題目正名相等同。

南戲戲班演員角色，分生、旦、外、貼、丑、淨、末等，大體上與元雜劇相同，只是元雜劇中男角色以「末」為主，而南戲中則以「生」為主。演出時唱、白、科皆備。只是南戲中於科處多作介，亦有作科介者，如「末作聽科介」、「末行殺介」

《拜月亭記》戲畫瓷瓶

等。而且南戲中賓白多為駢偶句子，甚至出現過白多唱少的趨向。賓白貫穿於全戲始終，可見其重要。元雜劇終場只由一個主角獨唱到底，而南戲凡登場的各種角色都可以唱，可以獨唱、對唱、合唱，往往對唱後合唱尾句；也有表現情節緊張時，角色各唱一曲，且不合唱尾句的。南戲這種不受束縛的演唱藝術形式之所以靈活、自由，是因為它不受宮調的限制，比之雜劇具有進步意義。

元代南戲的題材，基本上取自現實社會生活以及民間傳說故事。而且，絕大部分是描寫男女愛情，揭露與抨擊封建社會不合理婚姻制度的。如施惠《拜月

亭》四十，描寫在一個社會動亂、人民流離失所的背景下，秀才蔣世隆、蔣瑞蓮兄妹和兵部尚書的女兒王瑞蘭、左丞的兒子陀滿興福四人在顛沛流離的苦難生活中，彼此同情和幫助，經過種種悲歡離合的波折和鬥爭，最終結成兩對夫妻的故事。當然，南戲也有描寫歷史上愛國英雄人物的作品，如《東窗記》描寫秦檜為降金而誣陷民族英雄岳飛的故事等。

元代南戲，流傳至今的全劇本僅十六種左右，保存在一些戲曲文獻中有一百一十九種劇本片段，以及散收在各詞曲總集裡三十三種全佚的劇碼。南戲繼承與融合了前代與當代的多種文學藝術形式，曾在中國戲劇文學作品中放射出光輝奪目的光芒。特別是南戲發展到明初，成為全國性的戲劇「傳奇」，它為明代傳奇奠定了堅實的基礎。

三、小說與詩歌

（一）小說

元代的小說，具有一定成就。諸如佚名撰《大宋宣和遺事》、《武王討紂平話》、《西遊記平話》、《三國志平話》，施耐庵《第五才子書水滸傳七十回續四十八回》等等。

《三國志平話》分上、中、下三卷，是由宋說話人講史白話文學而來的，書文的開頭有一段描述光武帝時秀才司馬仲相陰間斷劉邦、呂雉屈斬韓信、彭越、英布一案的「引子」，仲相斷案後，命韓信、彭越、英布分別轉生為曹操、劉備、孫權，劉邦轉生為漢獻帝，曹、劉、孫三人三分漢室天下以報宿仇，而仲相轉生為司馬懿，由司馬氏削平鼎立三國，統一天下。雖然《三國志平話》內容多荒誕無稽之談、語言文字較粗糙，但其結構宏偉，許多故事情節引人入勝，初具長篇小說規模。羅貫中正是利用元代《三國志平話》，及唐宋以來有關三國故事和民間傳說、元雜劇等材料，加以想像和綜合、編排，創作出了雅俗共賞的小說《三國志通俗演義》，即《三國演義》。

施耐庵以其驚人的藝術才能，把《第五才子書水滸傳》，以及《大宋宣和遺事》、民間藝人講說水滸話本、民間傳說、元雜劇等集中起來，加以整理、組織和加工修飾，演繹成了著名長篇小說《水滸傳》。

明中葉出現的深受世人喜愛的浪漫文學巨著《西遊記》，作者吳承恩，也是參考了唐宋元以來民間傳說唐僧取經的神奇故事，特別是元代《西遊記平話》而寫成的。

元代小說在中國小說發展史中，起了承上啟下的作用，為明代藝術大師們創作《三國演義》、《水滸傳》、《西遊記》，提供了豐富的內容。

（二）詩歌

元代的詩歌，是漢族文學的繼續與發展，前期出現了很多漢族著名詩人，如延年間（1314-1321 年）被推為元詩「四大家」的虞集、楊載、范梈、揭傒斯，在當時詩壇上名噪一時。他們的律詩在風格上不盡相同，但他們作詩力求工煉、清新俊逸、委婉，只是在藝術上多半摹唐仿宋，很少創造。除漢族詩人外，元代還出現了許多接受漢文化、精通漢語、漢文學造詣很深、善於用漢文從事創作的少數民族詩人，如耶律楚材、馬祖常、薩都剌等，他們的詩作可與漢族著名詩人的作品相媲美。

耶律楚材（1190-1244 年），契丹族，遼東丹王耶律倍的八世孫，博學多才，通天文、曆法等，善文工詩。金宣宗時任左右司員外郎，成吉思汗時被召用，曾扈從成吉思汗西征，窩闊臺時官至中書令，蒙古建國措施多出自其手，著有《湛然居士文集》。王鄰為《湛然居士集》作序時稱：「中書湛然，有天然之才，或吟哦數句，或揮掃百張，皆信手拈來，非積習而成之。」如《懷親》二首：

> 黃犬不來愁耿耿，白雲望斷思依依。
> 欲憑鱗羽傳音信，海水西流雁北飛。
> 又
> 黃沙三萬里，白髮一孀親。

腸斷邊城月，徘徊照旅人。

詩中沒有用典，清新自然，對親人的思念情真意切，躍然紙上。

馬祖常（1279-1338 年），雍古特部人，其高祖錫里吉思為金末鳳翔兵馬判官，故子孫便以馬為姓，曾祖雅哈隨元世祖忽必烈南征，家遷於汴（河南開封），後徙光州（河南潢川）。馬祖常在元仁宗恢復科舉制時，鄉貢、會試皆第一，廷試第二，授應奉翰林文字，官至御史中丞。著有《石田集》。他詩文兼擅，尤其詩作辭藻瑰麗，風格明快。他的詩內容多為關心民間疾苦之作。如《室婦歎》、《石田山居八首》、《踏水車行》、《繅絲行》等，為人民而痛苦、吶喊，鞭撻貪官、昏官、酷吏的殘暴與卑鄙。

薩都剌（1272-？年），字天錫，蒙古族（也有人說他是色目人），祖父薩拉布哈、父傲拉齊仕元以世勳鎮雲、代州，家居雁門（今山西代縣）。薩都剌泰定四年（1327 年）科舉中進士，官為翰林國史院應奉文字、江南諸道行臺侍御史等職。晚年因戰亂流徙浙東、安慶等地。他才氣縱橫，詩詞佳作在當代諸家之上，被稱為「雁門才子」，著有《雁門集》。給後人留下近八百首詩詞，題材多種多樣。如《鬻女謠》：

道逢鬻女棄如土，慘憺悲風起天宇。
……今日饑餓啼長途。悲啼淚盡黃河幹，
縣官縣官爾何顏！金帶紫衣郡太守，醉飽不問民食艱。

詩人譴責郡縣官腐化墮落，驕奢淫逸，表達了對苦難人民的深切同情。

薩都剌的詩清而不佻，麗而不縟，可謂別開生面。元末楊維楨《西湖竹枝詞序》中評薩都剌「其詩風流俊爽，修本朝家範」。說明當時漢族詩人對薩都剌的詩欽佩不已。他的詩最長於抒情，流麗清婉，表達細膩，耐人尋味。

元末敢於諷喻時政，暴露現實的詩人還有王冕等。王冕（？-1359 年），字元章，號煮石山農，諸暨（今屬浙江）人。家貧自學成才，善詩畫，試進士不第，放棄仕途，自食其力。元末兵亂，避居會稽九里山，名其居曰竹齋，著有

《竹齋集》。他的詩風骨遒勁，筆力挺拔，思想傾向鮮明，藝術性強，題材風格多樣，尤以同情人民、揭露黑暗統治的詩作著稱於世，如《猛虎行》、《痛哭行》、《苦寒行》、《悲苦行》、《勁草行》、《傷亭戶》、《江南婦》、《冀州道中》等，以沉痛憤怒的心情，描述了農民、鹽民等被貪官污吏敲骨吸髓、逼得走投無路的淒慘狀況，強烈控訴與抨擊元朝統治階級對人民的瘋狂掠奪、殘害人民的罪行。

除了上述所舉元代著名詩人之外，元代詩壇上還有劉因、方回、戴表元、王惲、迺賢、尹廷高、辛文房、張翥、倪瓚、楊維楨等，他們的作品也很有影響。

第十二章

搖曳多姿
的藝術

遼代的繪畫、雕塑、
樂舞與體育運動

　　契丹建國之初，因五代之亂而投奔去不少文人，參與了契丹的政治、經濟和文化事業，從而加速了契丹族吸收漢族文化的過程，這在文化方面得到了反映。有遼一代繪畫與雕塑，不僅出現了有不少成就的藝術家，而且也流傳下來不少藝術作品，為研究契丹文化發展提供了較為豐富的文獻資料和實物。

一、卷軸畫與壁畫

　　遼王朝在中央翰林院中設立了畫院，有翰林畫待詔，專門為宮廷作畫，同時在遼朝皇帝、大臣中也有不少善畫之人。遼太祖長子人皇王耶律倍是遼有名的畫家，遼聖宗耶律隆緒、興宗耶律宗真也善於繪畫。有遼一代，還有幾位有名的畫家，他們是耶律題之、陳升、耶律裹履、耶律仁先、蕭嚴壽、胡瓌父子和陳先等人。據《遼史》記載，這些人多以畫鞍馬蕃部人物見長，惜少有作品傳世。

　　《遼史》本紀記載：遼聖宗知音律，好繪畫。他曾於開泰七年（1018 年）七月，詔翰林畫待詔陳升畫《南征得勝圖》於上京（今內蒙古巴林左旗林東鎮）五鸞殿。遼興宗工丹青，重熙十五年（1046 年），「以所畫鵝、雁送諸宋朝、點綴

精妙，宛乎逼真，（宋）仁宗作飛白書以答之」。重熙二十三年，又遣使攜他的自畫像使宋，求換仁宗畫像，以通「兄弟之情」。他畫的《千鹿圖》被宋仁宗掛在太清樓上，並召皇后、群臣及親眷觀賞，後來交天章閣收藏。耶律題之善畫，遼聖宗統和四年（986年）戰敗宋將賀令圖後，他畫了一幅戰場爭戰情景圖，看到此畫的人，無不驚奇他的畫筆神妙。耶律裹履，此人風神爽秀，工畫，因殺人將治死罪，由於獻上他畫的遼聖宗像改死罪為流徙。後來又因畫聖宗像，被召拜同知院宣徽事。遼道宗清寧十年（1064年），被遣使宋，在宋英宗接見時，他距離較遠，還隔著花瓶，未看真切，僅憑拜辭得見一面，就是這瞬間印象，他便畫畫一幅。當他返途離開宋境之前，在宋人餞別宴上，把所畫之像拿出來讓宋接送使看，其像之真，使四座一片驚駭。

契丹人飲馬圖

耶律倍（899-936年），遼太祖長子。通遼、漢文章，善畫本國人物，曾在醫巫閭山建望海樓藏萬卷書。他因宮廷內部矛盾，於九三〇年泛海攜家室、書畫投後唐，九三六年後唐亡時被害於洛陽。遼太祖神冊六年（921年），曾奉召畫前代直臣像《招諫圖》。他的《騎射圖》、《獵雪圖》等被宋宮收藏。《宣和畫譜》一書記載宋內府所藏李贊華（即倍投唐後改名）的畫，有《雙騎圖》、《獵騎圖》、《雪騎圖》、《番騎圖》、《人騎圖》、《吉首並騎圖》、《射獵圖》、《女真獵

騎圖》等，共有十五幅之多。耶律倍慣於畫貴人、酋長及契丹裝束而不作漢人衣冠。《黃金華文集》卷二十一說他畫「馬尚豐肥，筆泛壯氣」。周密《志雅堂雜抄》一書裡，王介石藏他的《番部行程圖》，前有（宋）徽宗御題，後復有題云：「世所謂東丹王（在遼封號）者也，所畫絕妙，與王子慶《西域圖》相伯仲。」今所傳視為倍之畫《射騎圖》，畫一契丹人裝束的騎士，左臂跨弓，腰跨箭壺，雙手托一支箭，似作校正之意。身後站一馬，頸搭韁繩，鞍轡齊全，鞍橋後拴一卷氈毯，作出獵欲行之狀。畫面內容突出，線條簡練有力，比例協調，位置適當，人、馬神態靜中有動，寫實手法很強，是他的代表性作品。

胡瓌、胡虔父子俱為遼代畫家。瓌是五代遼初范陽（亦有沙陀等籍說）人。善畫番馬人物、射獵、穹廬，筆法細膩、構思巧妙，即所謂「凡握筆落墨，細入毫芒，而氣度精神，富有筋骨，然纖細精緻少有人能比」。其子雖得筆於其父，但成就則在其下。《宣和畫譜》載瓌作品六十五件、子虔四十四件（皆失傳）。被認為是瓌的畫除《卓歇圖》外，還有《出獵圖》、《番馬圖》等。舊題《胡瓌卓歇圖》長卷，主題是畫一對男女盤膝左右並坐地毯上。男主人巾幘，穿窄袖長袍，著長筒靴，雙手捧杯正飲。女主人袖手盤坐於右，側目注視男主人飲酒。二主人前各有一張低矮足木幾，上放果食。男主人前及左側二個髡髮男僕，跪在地上供奉食品。女主人前一侍女，雙手捧一酒壺，傾身向前正待為主人斟酒。席前二人作舞，二人以豎箜篌伴奏。男主人左後立四男侍從，皆巾幘，穿窄袖圓領長袍，腰束革帶，皂靴，跨弓及箭筒。女主人身後立女僕，綰髻於頂，穿斜領左衽窄袖長衫，束皂帶下垂過膝。有的袖手佇立，有的側身作接物之姿。所有畫中人物活動，皆圍繞中心男女主人進行。

從以上所舉傳世遼代繪畫中，多以鞍馬狩獵為內容，說明他們是民族畫家，他們的畫多以當時北方草原遊牧民族生活為背景。

一九七四年在遼寧法庫葉茂臺遼代墓葬出土的殉葬品中，出土了兩幅卷軸畫，一幅《深山會棋圖》和一幅《竹雀雙兔圖》。《深山會棋圖》絹軸，長一百五十四點二釐米，寬五十四點五釐米，有竹天竿、木軸。出土時僅天頭空地及部分畫面坡腳少殘。畫中的石青、石綠、朱砂色仍很鮮豔，頭、二、三綠層次

清晰，是一幅山水人物畫。畫面岩壁峭立，高聳入雲，山谷回環幽深，沿山有青綠松林。山谷深處有山莊一處，中心建築是一座二重樓閣，有山門、過庭及回廊。房屋簷柱朱紅，有柱頭斗拱和人字形補間斗拱，直欞窗及格扇皆朱漆。山莊前平臺上，有二人正在對弈，旁有棋童侍候。棋盤方格，棋路清晰，但看不清是圍棋還是雙陸。進谷口處，有一長者戴高冠，穿闊袖肥長袍，一手拄杖，款款而行，旁有琴童書童負琴背囊，嬉笑跟隨，看似深山訪友而來。此畫技術主要用皴筆，有荊、關、董、巨之風。建築用人字拱，則是唐代流行式樣，內容寫的是士大夫隱逸生活，從風格和內容看，有可能是漢人之作。此畫雖無年款題跋，但出自遼代前期墓葬中，繪畫的時間當在後晉天福即遼會同到應曆年間。《竹雀雙兔圖》，絹底設色，長一百五十五點五釐米，寬六十點二釐米，有竹天竿及木軸。畫面內容，在平地上以雙鉤筆法畫三棵竹子，下有幼竹陪襯。三隻麻雀分別站立在竹竿中段，各作理毛、覓食和靜立之狀，立而不穩，竹竿有輕搖晃動之感。竹前畫三株野花，左是蒲公英，右為白頭翁，中間是地黃，皆以石綠點葉，以黃、白、紫繪花朵。滿地繪稀疏小草及車前子。草地上繪兩隻醬色背白肚野兔，一隻正在吃咬腳下的車前子葉，另一隻在不遠處蹲臥作觀望品味姿勢。畫家從安靜的自然環境中，捕捉住瞬間的靜與動，揮毫作畫，讓觀者去細細思索其中的情趣。畫中以野花草點綴的手法，見之於遼慶陵壁畫中，而竹子的畫法和姿態，也能在一般遼墓中見到，給人以北方人寫竹的印象。不過雀、兔的畫功不凡，仍不失為一幅上好的藝術作品。

壁畫是遼代繪畫藝術的另一種形式，主要是墓室壁畫，其篇幅之宏大，內容之豐富，目前發現的數量之多，是中國古代任何一個朝代都難與相比的。遼代的皇帝、貴戚、大臣及一般富有的人，不論是契丹人或漢人墓，不少都有壁畫。內容主要是人間的社會活動，有衣食住行、文化娛樂、狩獵、放牧、出行、歸來、四季景色、天文圖像等。茲舉其代表性內容和形式予以敘述。

1. **《放牧圖》**[1]　繪於石棺內側，彩色橫幅，長二百一十五釐米，高六十五

1　項春松：《遼寧昭烏達盟地區發現的遼墓壁畫資料》，《文物》，1979 年第 6 期。

鰲米。畫中以兩匹紅鬃雉尾、彩色鞍轡的（無騎手）馬為前導，一匹黑馬和三匹白馬奔逐其後。接著是七頭大牛和二頭小牛，色有黑、黃和花牛，散群而跟。牛群後面是兩隻長角黑色帶頭羊，領著十五隻山、綿羊群。最後是一個牧人，上身穿開襟外套，內穿短袍繫著腰帶，足穿長筒靴，右手揚鞭催趕著牧群。背景是起伏的丘陵，近有小道，後有二棵柳樹。線條簡練而粗放，是以寫生的手法表現草原放牧生活的情景。雖用筆欠細，卻別有情趣，意義在於反映了大草原上古代牧民的生活，價值可貴。

遼墓壁畫

2. **《騎獵圖》**[2]　以墨繪於木構墓室窗櫺板壁上，畫二人追殺一獸。二人騎馬並行，緊追一頭頸、臀部各中一箭的野獸，還有一匹馬稍後奔隨而來。右側獵人右臂托鷹，左手執一「小旗」，左側獵手，正引弓欲發。地面畫幾叢小草。畫面簡潔，動感頗強，但畫得潦草，實乃一幅速寫。

以上兩幅畫，當出自遼代前期民間畫工之手，有一定的藝術價值。

3. **《出獵圖》**[3]　畫以墨線勾勒，彩色平塗，繪於墓道兩壁，每側畫面長約十二米，人物車馬略與實物相等。人物皆髡髮，圓領窄袖長袍，足穿靴。北壁內容，開頭有二人左右站立，一人左手指著右手托著的鷹，轉臉向著對方，作評點交談之狀。在他們之前有一隻獵犬正回頭張望。迎面而來的是一駝夫牽一匹駱駝，駄著行囊、旗傘。駝垛上伏一隻小猴，前腿趴著駝峰正在玩弄做戲。駝後一老人，髡髮，穿圓領黃袍，紅革帶，跨匕首，足穿黑色靴，以右手托左手食指，若有所思，看似主人在籌劃和吩咐什麼事情一樣。站在老人身旁的是一馬夫牽著一匹棗紅鞍馬，再後是山巒重重。從畫面看，當是人物出行活動。南壁自墓門口

2　遼寧省博物館、遼寧鐵嶺地區文物組：《法庫葉茂臺遼墓紀略》，《文物》，1975 年第 12 期。
3　哲盟博物館、內蒙古文物工作隊：《庫倫旗五、六號遼墓》，《內蒙古文物考古》，總第 2 期。

起畫山石，山前兩個武士，黑胄，穿直領窄袖短袍，繫腰帶，裹腿，著麻鞋，持短棒及傘。武士前邊，一人戴交腳襆頭，穿圓領綠袍，束黃色腰帶掖著袍角，著麻鞋，拱手而立面向墓室。另一人戴黑巾，長袍束帶，拄杖欲行。接著是二匹並臥的駱駝。駝後停一輛帳車，前後轅鑲螭首，上架車帳用四柱圍藍色布幔，二面坡形頂，前後連著遮陽棚，棚頂前拱後平。全畫富於節奏感，構圖緊湊，生動地反映出行獵生活的內容。

4. 《出行圖》和《歸來圖》[4]　繪於墓道兩壁，畫幅寬廣，各長約二十二米，人物與真人等高，墨線勾勒，彩色平塗。北壁《出行圖》，畫面可分三組，第一組是主人及車騎侍從，第二組是儀仗人物，第三組為前導。第一組殿后第一人髡髮，戴黃色耳環，穿窄袖綠色長袍，腰束黃帶，右手提一骨朵，弓身向前。主人髡髮，戴黃耳環，紅色圓領窄袖袍，黃腰帶，黑靴。左手握腰帶，右臂向下伸指，似向前者吩咐之狀。第三人側身在後，髡髮，紅袍，黃靴，雙手捧一黑色皮帽。第四人髡髮，黃袍，黑靴。右手提刀，左手按鞘，回身注視著主人，當是貼身衛士。第五人髡髮，紅袍，左手捧硯，右手握筆，側視主人，是一錄士。五人之前立一匹白馬，肚帶為紅色，黃色馬蹬，淺紅蹬帶，其他鞍轡帶皆綠色。馬頭左側立一侍從，髡髮，黃袍，黑腰帶，黃靴，左手握腰帶，轉身向右。右側馬夫髡髮，戴耳環，穿紅色窄袖短袍及綠中單，衣角提起掖在黑腰帶內、左手牽住馬籠頭，右手執鞭在肩，作敬候主人出發之狀。人、馬前停一高輪轎廂車，轎廂四角紅柱，藍幔，寶珠頂，四角掛流蘇，黃色簷帷，格子紋布轎門簾。車左輪前一車夫，髡髮，穿綠色窄袖袍，紅腰帶，黑靴，牽一匹灰褐色馬鹿。另一紅袍車夫，手抬車轅，準備引鹿套車。靠左側車旁，還站一髡髮黃袍老人，右手拄骨朵，指使車夫行動。車後側站二女子，一為主人，頭戴黑色小帽，帽檐紮綠色帶，髮鬟下垂，戴黃色耳環，淺綠色長衫，紅腰帶，右佩黃色葫蘆形荷包及黑色小皮包裝四塊磨角「長板」。另一女子戴綠黑皮小帽，後繫花結，綠色長衫，淺紅腰帶，左側佩飾與主人相同。她手捧銅鏡，供主人整容，鏡中反映出了主人的影像。第二組是面向男女主人的儀仗，由五個鼓手和五個大鼓組成。五鼓是用五

4　吉林省博物館、哲里木盟文化局：《吉林哲里木盟庫倫旗一號遼墓發掘報告》，《文物》，1973 年第 8 期。

根長（竹）竿捆紮上頭，下頭分開，每竿下縛一鼓，平面呈五瓣花朵形。五鼓手前二後三，其中一人稍後，大致與鼓的排列相當。五人皆戴黑色交腳襆頭，圓領闊袖袍，窄袖中單，長褲，麻鞋。前排第一人與後排中人為淺綠色袍，其他三人袍為淺紅色，有兩人露出黑色革帶。五人皆留髭鬚，左手握右手拇指，叉腿侍立，全是漢人面相和裝束。鼓手後立一契丹人，髡髮，淺綠袍，黃靴，雙手握一骨朵拄地，好像一個監督者。再前六人，面向墓門，與鼓手相背，僅殘留個別黑色交腳襆頭及紅、綠、藍色袍，手持肩扛之物皆難分其名。這六人前置雙杠抬桌，桌上放一個大口小底方斗。再前為前導人物，很難看出他們的活動內容。

南壁《歸來圖》所繪內容也由三組構成。第一組靠近墓門，畫兩駝、一車、十四人。十男子皆契丹人髡髮及衣飾，首起二人，第一人紅袍，屈雙臂，兩手伸（食）指，另一人綠袍紅中單，白下衣，紅革帶，黃色靴，佩黑色花鞘匕首，左手按刀，屈右臂，相互作交談姿勢。二人前並臥雙駝，紅皮籠頭，黃色韁繩，頸挎軛墊，臀繫綠色遮布。駝前坐一短髮老人，穿黃袍，紅腰帶，黃靴。老者之後一人雙手拄骨朵彎腰靠駝車輪而立。駝車高輪長轅，上有以六根黃色柱子支起的廡殿式車帳，前後有遮陽棚接連。靠左輪旁立二女子，一綰雙高髻，面目清秀，穿直領左衽長衫，束紅帶飄垂，懷抱一大紅包裹，背靠車輪。另一女子戴黑色小帽，綠長衫，紅腰帶，側身向前者挺胸而立，係女主人。靠右輪前也有二個女子站立一旁，其中一女手捧一黃色圓鉢。駝車前轅兩側，扶轅站二人，轅頭有三腳支架撐起。車前四個契丹人，袍角掖起，手持骨朵，雙雙對立，顯係護衛身分。第二組為儀仗，人物裝束如北壁儀仗，人物間有一轎和抬頭亦如北壁轎斗形式。這組人物多已剝落不全。第三組前導畫四契丹人，一人雙手平舉一竿，竿頭一圓口小網籃，另一人執棒，二人站立馬頭一側，互相作對話狀。再前畫二人對坐，中間放一圓形盆鉢狀物，皆漫漶不清。

《出行圖》與《歸來圖》，共畫五十三人，人高一點五米至一點六米，車馬駝類亦同實物大小，隊伍浩蕩，番漢皆有，表現的是契丹顯貴的威嚴和富有。畫筆用散點透視，視平線逐漸提高，墨線勾勒而後施彩。筆劃流暢，色以朱砂、石綠、石黃、石青、赭石、白粉為主，有深淺層次，較遼代早期平塗有明顯的進

步。[5]畫中契丹人身分不同的衣飾和髮型，比較全面地體現了當時的衣飾風俗，而繪畫中的真實含義，即畫中描寫的一送往、一迎來是當時的何種儀式？頗值得深入研究。

5. **《四季山水圖》**[6]　畫的是遼轄境內的四季風光景色，繪之於遼聖宗耶律隆緒慶陵中室四壁。遼聖宗在位近四十五年（983-1031 年），是遼代中後期的鼎盛期。他的陵墓慶陵（後興宗、道宗亦附葬此，統稱慶陵），依山而建，自墓道至墓室繪滿壁畫，在契丹臣僚旁有墨書契丹小字人名或官號。慶陵壁畫應出自當時宮廷內外遼漢名家之手，代表了當時的最高繪畫水準。畫主要用墨線勾勒，彩色平塗，畫樹木用皴法，人物、動物、山水亦多潤染出層次。

陵寢地宮中室圓形，四正面開門，壁畫繪於穹廬頂上和四角壁上。自東南角起繪春季，西南角繪夏季，西北角繪秋季，東北角繪冬季。春季圖，山丘重疊，杏花盛開，蒲公英、車前子遍地可見，山間溪水由高而低流動，沿岸嫩柳叢生，野鴨、鵝等在水中覓食。遠天白雲下，雁群成人字形北飛。夏季圖，山中濃綠的牡丹花怒放，還有叢柳和野花。山間鹿群出沒，有的吃草，有的小鹿正在吃奶，有的三五成群，有的飛跑。雜樹叢生之中，還有野豬在覓食。秋季圖，山中除松柏外，榆柳開始落葉。鹿群行在山間，或站立山巔鳴叫，似在尋偶或尋找自己的兒女。肥壯的野豬在河邊飲水。天空白雲朵朵，大雁成群南飛。冬季圖，山中除可以看到青色松葉外，各種雜樹皆已凋謝，只有點點紅葉點綴著大地。河水開始冰封，野豬、鹿在成群地尋找居處。天空不見鳥飛，好像一切已告結束。每幅畫高約二米，寬一點八米。圖畫中，只見花草樹木，飛禽走獸，獨不見人影，純粹的一片自然風光。野趣橫生的環境，表現出畫家的構思巧妙，也反映出遼代皇帝的「四時捺缽」生活。遼代皇帝，除大禮在京城的宮殿舉行一些活動外，一年四季隨季節變化到一定的地方去，帳幕而居。漁獵、避寒暑、問政，一切都在那裡進行。「捺缽」，契丹語「行在」之意。

5　王澤慶：《庫倫旗一號遼墓壁畫初探》，《文物》，1979 年第 8 期。
6　〔日〕田村實造、小林行雄：《慶陵》，京都大學文學部、座右寶刊行會，1953 年。

遼初期的壁畫以放牧、鞍馬、僕役、侍衛為主，人物呆板，內容簡單。後來從遼聖宗前後，內容變得複雜，出現了大型出行圖場面，筆法熟練，立體層次和寫實感加強，特別是畫人物及鞍馬技術很高，從而填補了傳世卷軸畫稀少的缺憾。

二、雕塑

雕塑藝術，在遼代也有不少實物保存至今，均是以各種質料，經過藝術家精心製作的立體藝術品，大多保存在石窟、寺廟和古代建築中。在遼代石雕藝術中，時代較早又有紀年的是一尊佛像，於一九五六年在遼中京城內出土。佛像為砂岩圓雕，高四十釐米，身披袈裟，結跏趺坐。佛像目光微下視，表情嚴肅而慈祥。在背光兩側刻漢字（遼穆宗）應曆七年（957 年，後周顯德四年）正月，功德主王進卿妻張氏全家供養。

樂舞磚雕（遼）

在遼上京皇城西南角內，有一尊砂岩圓雕觀音菩薩立像，像的頸部以下殘高約三點七米（全高約 4.5 米左右，抗日戰爭後期頭部失落）。像繫頭戴寶冠，祖胸戴瓔珞，左臂屈起，右臂稍伸（手皆殘失），披帛，赤足，足趾刻蓮瓣形，下連襯石。石像打磨精細，衣紋流暢，體態端莊，神情慈善安詳。《遼史·地理志》記載，上京皇城西南角有天雄寺，依石像位置應與天雄寺有關，其時代也不會太晚，因為天雄寺建於遼代初期。

遼上京故城南約二十多公里，在群山環抱風景奇秀的幽谷中，有一座遼代石窟，今名「後召」[7]。一九七四年在石窟門楣上方，發現「真寂之寺」四個大字，當係原名[8]。石窟開鑿在花崗岩體中，現存三窟，在山谷東南側。入谷口窟前岩壁上，就平面淺雕二力士，身高約三米餘。入谷三窟以中窟較大，窟口寬約六點五米，深五米，高約三米，方形，正中偏後雕一臥佛，頭西南足向東北，全長約三點七米。佛螺髻，閉目，披袈裟，赤足，枕右肋而側臥，即佛圓寂姿態。佛前兩側立二菩薩及弟子十五人，對聖人之死，均作悲痛欲絕之狀。繞窟壁三面高約二米，浮雕高約五十釐米「千佛像」共一百尊。其南一窟有門，內方形，長寬約三點五米。門內兩側刻高約一點八米的天王像，正中刻釋迦牟尼坐像，像高約一點五米。佛左前刻文殊菩薩，獅座；右前為普賢菩薩，象座。北邊一窟位置較高，開石階而上，分內外窟。外窟石刻內容同南窟，後室皆壁刻浮雕，正中雕高一點一米的佛像，兩旁為菩薩、諸弟子、供養人和天王像。菩薩寬衣佇立，表情莊嚴。弟子雙手合十，面貌虔誠，供養人跪前，手捧供物，祈求福壽。雕刻藝術形象，富有地方特色，從天王力士及供養人中，可以看出契丹人的風貌。石窟保存較好，雖經清代加上泥彩，但原貌仍存，為遼代不可多見的藝術寶庫。從「後召」越山南有「前召」，也是遼代遺蹟，尚存乾統九年（1109 年）石幢一座。

　　保存至今的遼代泥塑作品，有不少佳作。建於遼聖宗統和二年（984 年）河北薊縣的獨樂寺，現存山門和觀音閣塑像都是遼代原物。山門內有金剛力士二尊，肌肉豐滿，強健有力。觀音閣內塑本尊十一面觀音，站姿高約十六米，頭部在閣之上層，腰在中層。觀音本像面部豐圓，細長彎眉，高鼻梁，大耳垂肩，面相慈善。通體長衫，臂掛彩帛緩緩下飄及地，造型十分精美。頭上諸小像，表情溫雅端莊。這是一尊中國古代最高大的彩塑佛像，觀音兩脅侍高約三點六米，頭戴化佛冠，衣似武士裝，赤足踏在蓮花上，衣紋流暢，姿態穩雅，尤有唐塑風格。遼寧義縣奉國寺大雄殿，建於遼聖宗開泰九年（1020 年），殿內並塑七佛像，每佛前立兩脅侍菩薩，諸佛兩端立二天王。七佛除手勢外，衣飾表情類同。

7　李逸友：《內蒙古巴林左旗前後召廟的遼代石窟》，《文物》，1961 年第 12 期。

8　金永田：《遼上京城址附近佛寺遺址及火葬墓》。《內蒙古文物考古》，總第 3 期。

像高約七米，皆螺髻，彎長眉，眉間有痣，高鼻梁，大耳垂環，面貌豐腴、安詳。袒胸，內裙外披袈裟，衣紋淺而流暢。均結跏趺坐，自東而西，一、三、五、七為八角束腰蓮座，二、四、六為圓形束腰蓮座。佛前菩薩高約二點五米，皆頭戴寶冠，胸佩瓔珞、臂釧，身披袈裟，赤足踏蓮，各作仰首、平視、側目不同角度，均面貌豐圓，表情喜悅而慈祥[9]。

大同華嚴寺是遼代西京城內的一大佛寺，也是當時宋遼的著名寺院。現存薄伽教藏殿，建於遼興宗重熙七年（1038 年），殿內的塑像，除主佛前小坐佛為後代補塑外，其餘大部分仍保持遼代原貌。塑像分三組，用以表現「三世諸佛，十方聲聞、羅漢，一切聖賢」。北部一組以過去燃燈佛（定光佛）為本尊，脅侍二弟子、四菩薩。中部一組以現佛釋迦為本尊，脅侍二弟子、四菩薩。南部一組以未來佛彌勒為本尊，無弟子，脅侍六菩薩。在過去與未來佛前各有兩個供養童子。佛壇四角各有一護法天王。三佛後有火焰紋背光，佛螺髻，面部豐滿圓潤，表情肅穆安詳，袒胸衣裙披通肩袈裟，結跏趺坐於三重（釋迦四重）束腰蓮座上。蓮瓣上印小佛像。弟子迦葉、阿難，一老一少，面目和善。諸菩薩戴寶冠，佩瓔珞，披帛束裙，站立蓮花座上，個個同具慈祥目光。供養人表情虔誠之至，有很強的現實感。護法天王體格健壯有力，戎裝持劍，顯得十分威嚴。全部造像給人以完美和藹的感覺，充分體現出遼代晚期高度發展的雕塑水準。

遼代寺院多在寺中建佛塔，佛塔一層塔身八面，均以佛、菩薩、力士、飛天雕塑為裝飾，獨有遼上京故城「南塔」上是以石雕鑲貼上的。在遼中京故城內，有遼代後期建築的「大塔」（現城址有三塔以其大而名）一層塔八面造像，以其造型優美可與大同華嚴寺遼塑藝術水準相比。許多遼塔上的雕塑品，也是遼代藝術成就的一部分。

---

9 杜仙洲：《義縣奉國寺大雄殿調查報告》，《文物》，1961 年第 2 期。

三、樂舞與體育運動

遼代樂舞，樂有國樂、雅樂、大樂、散樂，有鐃歌及橫吹。《遼史·樂志》記載國樂甚簡，所列僅角及小樂器，而角又列雜戲中。雅樂自遼太宗大同元年（947 年）入汴，掠後晉太常樂譜、宮懸、樂架，用於皇帝繼位、皇后冊封及重大祭祀。樂器乃唐之匏（笙、竽）、土（塤）、革（鼓、鞀）、木（柷、敔）、石（珠、磬）、金（鑄、鐘）、絲（琴、瑟）、竹（籥、簫、篪）八音，而歌辭唐亡後已散失不全。大樂是應天皇后冊封時，晉高祖遣馮道、劉昫帶樂器樂工前往慶賀後，其樂器、工官與法駕同歸於遼，所以遼之大樂工器都是由晉所送，即「遼之大樂，晉代所傳」。得之於晉的大樂樂舞，和雅樂一樣在唐亡後散失，傳到遼的自然也是殘本。所以《遼史·樂志》謂可考者惟景雲、慶雲、破陣、承天四舞，調有娑力、雞識、沙識、般涉四旦二十八調。散樂也是晉伶人劉昫帶來才發展起來的。散樂與百戲、角、戲馬，多在曲宴慶賀時出現，樂器有箏、簫、笛、笙、琵琶、五弦、箜篌、方響及鼓類。鼓吹樂分前後部，遼禮法駕有前後部，百官鹵簿皆有鼓吹樂，即「行則導駕奏之，朝會則列仗，設而不奏」。至於橫吹樂系軍樂，多與鼓吹合奏。

遼代樂舞的具體情形，在不少遼代石刻、繪畫中得到了解答。實物發現有遼代的鹿哨，乃效鹿鳴樂器。還發現有陶長鼓，細腰，兩頭口向外如半個圓球體，中空，全長約五十釐米。形似今日朝鮮族流行的腰鼓。外口緣有凹弦紋，供縛皮之用。遼時民間流行臻蓬蓬歌，江萬里《宣政雜錄》裡解釋說，每歌以扣鼓為節而舞，人無不喜聞而效之，這裡提到「外頭花花裡頭空」，也許與這種鼓相聯繫，因為這種鼓可以束在腰間，亦歌亦舞。繪畫中的舞蹈，在內蒙古庫倫旗六號遼墓門額上，繪五女為一組，中一舞女頭綰雙髻，簪花彩帶，穿粉色直領中單，外穿黃色右衽長衫，肩部結彩花，紅裙，豐潤的面容，雙目微垂，披帛起舞，揮兩臂如雁飛狀，帛衫飄起，舞姿十分優美。舞女左右各二伴奏女子，亦裝飾華麗，左第一人已殘落，第二人吹笛。右第一人彈琵琶，第二人奏箏[10]。河北宣化

---

10 哲盟博物館、內蒙古文物工作隊：《庫倫旗五、六號遼墓》，《內蒙古文物考古》，總第 2 期。

遼韓思訓墓樂舞壁畫，由九男組成，[11]畫幅寬二點七米，高一點一米。自左起第一人戴黑色展腳襆頭，穿圓領寬袖長袍，束黑革帶，黑鞋。舞姿右側身，平舉雙手，身前屈彎。其前第二人，戴黑色花翅襆頭，穿圓領窄袖袍，白褲，黑靴。舞姿弓身屈臂，右腿前伸，左腿微收，作舞步方起之勢。這是二個中心人物。舞蹈者後右側，有六人分兩行而立。前排兩人彎腰雙手拍腰鼓，中二人吹笙，後二人吹簫、笛。最後一人擂大鼓。七樂伎皆戴黑色曲翅襆頭，黑靴。吹笛及鼓手穿白色圓領窄袖長袍，白玉帶，其餘皆淺灰藍色袍，束帛帶。在宣化另一座遼墓中散樂壁畫由十二人組成[12]。一舞者穿窄袖圓領紅袍，腰束革帶，頭戴黑色展腳襆頭，側身向右彎曲，雙手相接，左肘斜向上抬起，右腿伸直用足跟觸地，左腿稍收使足掌著地，臀部後壓，雙目斜視，側身面向觀眾。樂伎前五後六前後兩排，皆戴黑色軟翅襆頭，圓領窄袖紅、黃、藍色袍，黑靴。個個面部豐圓，留髭鬚，全係漢人模樣。兩排十人奏樂，一人擂大鼓。前排左起有篥二、笙一、腰鼓一、大鼓一，後排左起拍板、琵琶、橫笛、腰鼓各一人，十二管排簫一人。該壁畫墓的年代是遼天慶六年（1116 年）。

契丹陶俑圖

以上兩幅散樂圖，皆係遼代晚期作品，已形成當時演奏的固定形式，這種形式與中原地區的散樂雷同，同受唐文化的影響。

體育運動以角、馬戲、馬球和擊鞠最為活躍。角又稱角抵、相撲、摔跤，遼朝角，始於民間二人較力活動，不分階層。《遼史‧太祖紀》記載，在太祖酒宴上曾行角之戲。在後來的宮廷宴中，也常有這一節目助興，而且多以壓軸節目出場。當時的角規則是，以一次倒地

---

11 張家口市宣化區文管所：《河北宣化下八里韓思訓墓》，《文物》，1992 年第 6 期。
12 河北省文物管理處、河北省博物館：《河北宣化遼壁畫墓發掘報告》，《文物》，1975 年第 8 期。

為敗，至有兩人相持終日而難得一勝者。角之士，有契丹、漢人和其他民族。一九九一年，在內蒙古敖漢旗出土遼墓壁畫中，有一幅角圖，畫二赤身男子，他們肌肉發達，體魄健壯，正手舞足蹈，作即將相鬥之姿，這是至今所見契丹人角的最生動的場面。這與張舜民《畫墁錄》記載在遼見角力士袒露身相鬥的情形是一致的。

契丹人習於馬上生活，雖小兒亦能鞍馬，所以賽馬、馬戲和馬球活動在遼代時有所見，在遼墓壁畫中，也有馬球圖的內容，繪畫中有五位騎手，四人躍馬執曲棍，其中二人在中場奮擊一騰空的紅色球，另二騎士殿後，還有一人立在側，腰佩一個紅色球囊，以裁判式進場。五人皆契丹人裝束，頭戴斗笠形帽，穿圓領窄袖長袍、革帶，有一人束蹀帶[13]。

第二節 ·
金代的繪畫、
雕塑與樂舞

一、繪畫與壁畫

金代雖無畫院之設，但在秘書監下設書畫局，掌御用書畫紙張之事，工部下設有祇應司，掌供宮中諸色工作，畫工當在其內。山西繁峙岩上寺壁畫題記中的

---

13 邵國田：《遼代馬球考》，《內蒙古東部地區考古學研究文集》，北京，海洋出版社，1991。

「御前承應畫匠王達」等就是這種屬於宮廷的畫工，他們都有很高的繪畫藝術水準。金代統治者，在金兵於北宋靖康二年（1127 年）從東京開封城北返之前，二月間強迫宋廷將內府戲玩書畫送至城外金營，四月又入宮盡搜秘書三館圖書、府州輿圖，連同宮廷內侍工匠，皆一併送往上京。北宋一代所積文物為之一空，從而成了女真金朝的文化財富，也為他們吸收漢文化提供了基礎。如海陵王完顏亮，不僅嘗作墨戲，喜歡畫竹，還命畫工隨使臣前往南宋京城臨安（杭州），潛入西湖畫湖光山色，然後將他的御騎補畫上，並題「立馬吳山第一峰」字樣。章宗明昌三年（1192 年），詔翰林文字王庭筠與秘書郎張汝方，對內府所藏書畫進行鑑定，按品級編五十類。同時仿宋宣和制度進行裝裱，自書墨簽，鈐之以寶。除注重書畫收藏外，對畫家、文人也多有器重，翰林楊伯仁染疾，海陵王遣使慰勞，賜藥救治。畫家王庭筠去世，章宗詔賜錢八十萬供治喪事之用。親題詩賜其家，詩引云：「王遵古，朕之故人也。乃子庭筠，復以才選直禁林者首尾十年，今茲雲亡，玉堂、東觀無複此人矣。」這是一個封建皇帝，對一個畫家之死，哀慟之情的表達。

金代的文化事業，自完顏亮正隆以後，至章宗泰和年間文風漸盛。在這個時期出現的畫家和作品最多。金代的著名畫家有王庭筠、趙秉文、任詢、武元直、楊幫基、馬雲卿等。其他如虞仲文的墨竹，劉謙的山水，蔡珪的竹蘭，殷志賢的龍，趙霖的走獸和臨寫的《六駿圖》，李漢卿的草蟲，龐鑄的山水禽獸等也很有名。同時金代的寺院和墓室壁畫作品也相當豐富，並有很高的水準，有的更出自名家和宮廷畫師之手，成為金代繪畫藝術的又一寶庫。

王庭筠（1155-1202 年），字子端，號黃華山主，辰州熊岳（今遼寧蓋縣）人。其父任貴也是畫家，子曼慶畫風如父。庭筠文采風流，畫山水學米元章。見於著錄的作品有《幽竹枯槎圖》、《山林秋晚圖》、《江山遠意圖》、《雪梅圖》、《雪溪小隱圖》、《熊嶽圖》等。從後人評他的畫知道，他是一個畫筆爽快的畫家，可惜傳世作品，今僅有一幅《幽竹枯槎圖》藏在日本。該畫瀟灑蒼勁，獨木枯朽尚發嫩葉，秀竹玉立其旁，與宋文人畫風似無二致。

武元直（生卒不詳），字善夫，明昌時進士。善畫山水竹梅。畫有《桃園

圖》、《風雨回舟圖》、《秋江罷釣圖》、《雪霽早行圖》、《漁樵對話圖》、《赤壁圖》等十餘件。《赤壁圖》，紙本水墨卷。明人李日華評此畫是「江流有聲，斷崖千尺」。的確此畫構圖技巧特色突出，以勁利的側筆表現懸崖、石塊嶙峋。以細短筆直皴，斜直交替，濃淡相間。樹木細小挺直，峰石略加皴染。江水波浪不興，順流而下。舟上人物雖小，而精神面貌可觀其概。元直的畫氣勢磅礴，注意寫景寫意，與文人畫一流。

趙霖（生卒不詳）。傳世畫有《昭陵六駿圖》，此畫絹本設色，是以唐石刻唐太宗所騎的六匹馬為素材而畫的。以石刻又繪成畫，屬於藝術的再創，這幅畫既有原石刻藝術的樸實效果，又顯出繪畫的技能，圖畫比原物立體感強，更生動，是一幅少有的藝術珍品。

楊微的《調馬圖》，絹本設色，畫草原調馬生活，一馬飛奔在前，馭手在馬上伸出套馬杆緊追在後，形象逼真，動感極強。如果作者沒有實地生活的細心觀察，很難想像能畫出如此準確的圖畫。這是一幅草原畫中的優秀作品，也是畫家高超才能的體現。

張瑀的名畫《文姬歸漢圖》，絹本設色，是一幅歷史題材畫。畫以蔡文姬歸漢為內容，分四組十二人。人物裝束有番有漢。人物神情生動，步騎人等，逆風急速而行，並有馬駒、家犬相隨，布局十分緊湊。與這幅畫構圖類似的還有宮素然的《明姬出塞圖》，二畫如出一稿，故論者有先後相摹之爭。

傳世的金代名家卷軸畫還有不少，作品亦屬上乘，如李山的《風雪杉松圖》、張珪的《神龜圖》、楊幫基的《聘金圖》、馬雲卿的《維摩不二圖》等，今多流傳國外。

壁畫在金代，墓室壁畫比之前代有所衰退。內容簡單，孝子故事畫明顯增多，有的甚至為全部內容。寺院壁畫技術提高，反映出當時畫家的藝術水準不斷發展。

寺院壁畫以山西朔縣崇福寺彌陀殿、繁峙縣岩上寺南殿兩處具有代表性。崇福寺在朔縣城內，彌陀殿內東西兩壁，各畫三組佛說法圖，畫面高達五點七三

米。主像都是結跏趺蓮花坐佛，三佛只有手勢區別，佛兩旁畫菩薩，上畫飛天。南壁西邊畫千手千眼觀音及其部屬，東邊是三佛和地藏、除蓋障、妙吉祥像。北壁佛菩薩像已脫落。門楣上畫八寶觀音和十六觀音像。其中觀世音菩薩，袒胸，臂帛，衣裙，佩瓔珞及手鐲，左手執淨瓶，右手執楊柳枝，眉目修長，面貌豐潤，端莊慈祥。飛天繪於說法佛上方，豐圓臉、戴耳環、手釧、袒上身，披帛下著長裙，雙臂伸開，身如仰月，裙帶飛流裹身，彩雲升騰，呈現出飄飄「仙景」的味道。婆藪仙圖，繪一綰髮白豐髯老者，身穿道袍，雙手拄竹杖，是所謂長壽神情的體現，寫實手法很強。老者足下跪一四臂護法神，二手舉劍，二手抱拳，頗有力感。壁畫雖是宗教內容，變化又少，但畫法精嚴，線條有力，色彩濃麗，有唐畫之風。[14]

岩上寺壁畫繪於文殊殿內，殿面闊五間，進深六椽，四壁除門窗外，繪滿壁畫，其中南壁窗下和西梢間、北壁東窗下已脫落，東西壁畫保存完好。東西壁壁畫均高三點四米，長十一米，加其餘殘留，共存畫面積約九十平方米。壁畫內容，西壁是佛傳，繪釋迦牟尼一生事蹟，以一組宮廷建築為中心，把他的一生活動巧妙地安排在畫面中。畫他母親受孕時，寢宮祥光四射。出生時沐浴九龍注淨水，他能一手指天，一手指地，以示受於天地。悟道成佛後，則是蓮花托足、聖光繞體，超乎「凡人」。畫他力大可拋大象於空中，善射可一箭正中鼓心。畫他一意出家，對宮廷生活不屑一顧，累得一群歌舞女子困倒

磚雕伎樂人（金）

---

14 山西省古建築保護研究所：《佛宮寺釋迦塔和崇福寺遼金壁畫》，北京，文物出版社，1983。

在地也難動其志。西壁左上方畫酒樓，前掛布幌，上書「野花攢地出，村酒透瓶香」。樓內客座人滿，說唱助酒，一片喧嘩。樓外小街上，各種叫賣、手提、推車、擺攤供各種食品，有盲人算卜，遊方和尚，牽兒買物和閒散人等，其表達細膩、熱鬧情景，可與《清明上河圖》相比。

東壁畫須提太子故事，描繪波羅奈國王因大臣政變出逃落難，太子割身肉供父母充饑，復位後苦尋太子的過程。左上方遇仙圖是一幅優美的仕女畫，中央繪一組高層樓閣，香煙繚繞，有仙女出月宮飄飄而下。殿閣上方，畫群童嬉戲，生動活潑可與蘇漢臣《嬰戲圖》相比。磨房畫水碾操作的全過程，更是一幅當時生產勞作的實物場景。從技術上比較，東壁精於西壁，所畫仙女身姿清秀，風度翩翩。主景瀝粉堆金，以大綠繪山水，富麗堂皇，宛如仙境。

南壁繪海市蜃樓，勾心鬥角、結構複雜、用筆細入毫髮，透視準確，如一幅建築工程圖樣，比宋人畫《滕王閣圖》和《黃鶴樓圖》絕無遜色。其東側所畫主塔底層有東西耳房，雖不見實例，想亦有所本。下方畫一隻遇暴風海船，驚濤駭浪之中，船工的奮力搶險與船中驚恐萬狀的人們相交融。

岩上寺內金代的這批繪畫，面積大，內容豐富，布局精巧，畫筆熟練，雖然繪畫以佛教故事為題材，宣揚宗教，但其表現形式是典型的中國古典人物、山水、建築。宮廷人物戴的襆頭，寬袖大袍，上朝執笏，宮女和其他人物，都是漢貌漢衣，實際上是金代社會的寫實，通過這些畫可以看到當時的社會生活情景。所以從社會的角度和繪畫藝術看，卻是極其珍貴的文化遺產。岩上寺大殿創建於金正隆三年（1158 年），壁畫作於大定七年（1167 年），從大殿建成至畫畢前後達九年之久。領頭畫師是「御前承應畫匠王逵，同畫人王道」等人。工畢時王逵壽六十有八，以此推算，北宋亡時他已二十八歲，想必是由北宋翰林院畫家被掠入金做御前承應畫匠，否則這種精熟的畫藝沒有幾十年的功力是難以達到的，同時不熟悉宮廷生活，也難以畫出宮廷畫面。與朔縣崇福寺皇統年間的繪畫相比，岩上寺的繪畫要技高一籌。[15]

---

15 潘茲：《靈岩彩壁動心魄──岩上寺金代壁畫小記》，《文物》，1979 年第 2 期。

具有代表性的墓室壁畫，時代較早的有朝陽金大定二十四年（1184 年）馬令墓，壁畫用墨線勾勒輪廓，用紅、綠、灰三色渲染，線條優美，人物生動逼真。西壁畫備膳圖，室內繪帷幔於後，前置二個高腿方桌，桌上已放上一部分壺瓶注子和杯盤鉢碗，七個人正來往送食品及餐具。人物中多頭戴軟巾，窄袖長袍束帶，著靴。其中一人髠髮，禿頂，兩側耳上方留髮撮結辮下垂，穿長袍，腰後纏包裹，腰帶右腋下掛一黑色皮囊。內一人迎來，雙方各抱拳拱手相禮。東壁繪餐桌，桌旁人物似酒散作告別禮狀，另一側馬夫牽著鞍馬等候出行。南壁門左右繪二年長人物，左一男子旁墨書「大定二十二年二月二十五日，選吉地埋扶風馬令事」。右一人物僅存下部，有墨書「扶風馬令妻」葬事。這二人似表示馬令及其妻。北壁繪二女子，皆長衫裙，當係女侍，其中一人長衫可以看清為左衽式[16]。馬令墓壁畫是以寫實手法創作的，方桌及餐具也是當時實用形式。人物的形體衣飾及表情，均自然真實，具有金代的時代特徵。

山東高唐金代虞寅墓壁畫，繪於金承安二年（1197 年），比馬令墓壁畫晚十三年。畫以墨筆勾勒，再施紅、黃、藍、赭諸色。內容畫鞍馬、（牛）車帳出行、客室備膳、迎送賓客等活動。還繪出了各種場所的傢俱如桌、椅、飲食器具，以及屏風、花盆等。內容和形式與馬令墓壁畫近似，而人物風格也很接近[17]。

以人物畫為主，內容比較簡單的壁畫如焦作老萬莊八角形金墓[18]。該墓前半部四壁，每壁彩繪二人物，畫面高寬一點二米左右。如西壁畫二女侍，左一人頭戴軟腳襆頭，穿圓領橘紅色長袍，花邊衫，束腰帶及護腰，粉紅褲，黑靴，雙手捧一件玉壺春式瓶；右一人綰雙髻垂耳後，點額痣，穿曲領粉綠色長袍，花襯衫，繫腰帶及護腰，橘紅褲，手捧的盤內放著茶托及茶杯。東壁二侍女，均梳高髻並紮彩巾，穿粉色合領衫，白色長裙，帔帛及地。右女子左手拿一隻黑鞋，左女子雙手持一長柄拂塵。侍女面容豐滿，眉目清秀，高鼻小口，體態端莊大方，

16 遼寧省博物館：《遼寧朝陽金代壁畫墓》，《考古》，1962 年第 4 期。
17 李方玉、龍寶章：《金代虞寅墓室壁畫》，《文物》，1982 年第 1 期。
18 河南省博物館、焦作市博物館：《河南焦作金墓發掘簡報》，《文物》，1979 年第 8 期。

衣紋流暢飄逸，彩色鮮豔，看似民間畫筆，頗具唐宋畫風。類似手法的有馮汝楫墓壁畫[19]。馮墓八角形，正後一壁繪墓主人，係男性老人，圓形臉，蓄長鬚，頭戴直腳襆頭，穿朱紅色圓領窄袖長袍，腰束帶，皂靴，正坐在高靠背交椅上，左手伸放腿上，右臂屈放胸前，表情慈祥，安然正坐。其左右六壁各畫一人。靠身邊二位男子，左戴皂色軟腳襆頭，穿圓領紅色窄長袍，綠色腰帶，皂靴，雙手握長柄方圓形扇扛在左肩，扇面繪綠色雙鳳。右側人禿頂蓬髮，穿圓領窄袍，繫腰帶及護腰，皂靴，雙手捧黃錦包印盒。正東面一侍從已部分脫落衣飾同前者。正西壁畫一老者，短鬚，戴灰色軟翅襆頭，黃色窄袖圓領袍綠中單，腰束帶，皂靴，雙手相握屈於胸前，恰似一個管家形象或「師爺」。東南侍女，頭梳高髻紮花帶，眉清目秀，高鼻小嘴。上穿黃色對襟短衫，袒胸，橘紅長裙束白帶下垂。左手提衣帶，右手托長巾，面向主人站在那裡。西北壁繪女童，梳高髻紮土紅色巾，綠色左衽長袍，腰繫帶，背斜負一長袋，若內裝琴即為琴童身分。全部壁畫繪七人各占一個壁面，以不同身分代表一個內容，這種簡單化的形式別具特色。線條流暢而軟和，人物形象生動，具有現實感，色彩諧調，為不可多得的藝術之作。

二、雕塑藝術

金代以玉、石、木、泥為原料，創造了許多成功的藝術珍品。一九七三年在黑龍江中興古城和奧里米古城附近的墓葬中。出土的玉人、飛天、馬、鹿、魚和「嘎拉哈」等，分別有圓雕、浮雕和透雕多種形式。玉人頭戴襆頭，左手執蕉葉，伸右臂，頸戴銀項圈。飛天係褐色壽山石浮雕而成，綰雙髻，袒胸露臂，帔帛飛帶，人物四周襯荷花及雲紋。鹿為透雕三角形牌飾，二鹿前後成行，前鹿回首與後鹿兩嘴相對，以二棵彎彎曲曲的樹構成花邊，鹿的體型準確，動作生動，鹿上方還雕一展翅飛雁。以一塊墨玉從兩側雕鑿的玉魚，脊上及前後雕蓮葉，前

---

19 河南省博物館、焦作市博物館：《焦作金代墓發掘簡報》，《河南文博通訊》，1980 年第 4 期。

身外露如方遊出蓮荷叢中，魚蓮配置得當，設計精巧。玉「嘎拉哈」是北方人習慣名稱，即羊距骨形物，至今仍為當地兒童玩具。這批玉雕，都很精美。在內容表現上，都具有民族和地區特色。[20]

1. **石雕**　見於完顏婁室墓前一部分石雕，有石龜趺和石人等殘石。石人穿尖領長袖長袍，腰繫帶，著靴，衣飾與漢族有別。晚於完顏婁室的有完顏希伊家族墓上石雕，現存有石柱、石虎、石羊和文武臣像。石虎蹲姿，張目露齒。盤角石羊，屈肢跪臥，表情溫順。石雕文武臣，面寬闊，顴骨平緩，表情嚴肅，頭戴樸頭，穿方圓領闊袖長袍，內穿高領衫，腰帶有帶跨，足穿靴。文臣執笏，武臣拄劍。有的武士頭戴鍪，身披甲。看其衣飾，有類似北宋陵石刻之處，但其人物面貌，則有所區別。上述石雕年代，為金中期至晚期，雕刻技術早者粗獷，晚期比較精細，代表了女真族石刻的藝術水準。

2. **磚雕與泥塑**　在山西與河南省的金代墓中，往往發現以雕磚裝飾的墓室，內容有房屋建築、人物、傢俱、花鳥、動物等。人物方面，有反映墓主人生活，有孝子故事和樂舞，動物有獅子、麒麟、鹿兔，鳥類多為仙鶴。花草有單枝和盆景，多為牡丹以示富貴。以家居生活為內容的磚雕，在山西介休下吐村承安三年（1198 年）磚雕塗彩墓具有一定的代表性。這個墓室平面八角形，正面即正北一面雕一廳室，兩邊雕菱花隔扇門，門框塗紅色，額上繪團花，中間竹簾卷起，露出紅底白梅花牆壁。廳中央置長條几，男主人在左，頭戴黑樸頭，穿黃色袍，束腰帶，黑靴，袖手坐於靠椅上，下踏足床。女主人坐几後，髻髮，插雙釵，紮紅巾，穿黃色袍。几右前立一侍女，髻髮，穿黃袍，腰束帶，雙手捧托碗送向主人。東北壁雕二送食侍女，一個髻髮、穿黃袍，雙手捧一個蒜口細頸瓶，左腋下緊挨一小兒隨行。另一侍女，雙手捧一大盤，內盛似饅頭形食品走在後邊。西北壁殘破不全，為一男子坐在几後舉杯欲飲，侍女在一旁捧食盒而立。東壁雕四扇透花門，中間一門半開，跑出一個幼童，穿黃袍，束腰帶，有長髮辮垂在胸前。小兒右手拿一根鞭子，左手被方露半身的女子拉住，表現出阻止其外出的姿勢。

---

20 黑龍江文物工作隊：《黑龍江畔綏濱中興古城和金代墓群》，《松花江下游奧里米古城及其周圍的金代墓群》，《文物》，1997 年第 4 期。

西壁雕主人內室，雕花隔扇，門開簾卷，室內橫置一床，前有侍女左右站立，皆穿窄袖紅袍，左側侍立在門外，兩臂一屈一伸。右邊侍女，右手拿一床帚，正在打掃左臂上的灰塵。東南壁雕墓主人臨窗而坐，作握筆沉思、欲寫又停的姿勢。西南壁雕女主人居室，室內床上坐一胖女子，一手執鏡，一手理髮，右邊一隻花貓正在足前戲物。床前二侍女，左側一女正在扇動團扇，右一女子持鏡立候。這是一個以壁雕塗彩的藝術形式，表現一個康樂之家的生活情況。外廳、內室、書寫、飲宴，小兒有人照看、起居有人侍候，顯然不是貧困人家[21]。在山西侯馬發現的金大安二年（1210 年）雕磚墓，有一組雕墓主人信佛活動內容，在該墓北壁，正中雕一花牙曲足方幾，上置一盆盛開的牡丹花。幾右

金代擊鼓磚雕

一男子，頭戴圓簷帽，身穿窄袖長袍，左手執扇，右手撥佛珠，側身坐在靠背椅上足踏足床。面前一方桌，上放一盤水果和托杯。身後立一侍者，穿長袍束腰帶，左臂搭一長巾。幾左為女主人，髻髮，上穿窄袖衫，下穿長裙蓋足，左手持「佛經」一卷，右手屈起，側身坐靠背椅，下踏足床。身前方桌上放一個長頸淨瓶和一個曲足香爐，瓶內插菊花，爐內香煙冉冉升起。身後立一侍女，上穿開襟長衫，下束裙，雙手捧著經匣。雕飾刀法熟練，有較強的立體感。

最具生活情趣的一組飲宴圖和一組遊園圖，出於河南武陟縣小董村金代

---

21 山西省文物管理委員會山西省考古研究所：《山西孝義下吐京和梁家庄金、元墓發掘簡報》，《考古》，1960 年第 7 期。

墓[22]。飲宴活動內容：在畫面右側雕方桌，桌上放一大盤肉食，兩邊擺著杯盤碗碟。桌後正中，是一個身形豐滿的女子，頭戴團冠繫彩帶下垂兩頰，方額，戴耳環，穿圓領長袍，正用右手操刀切割盤中肉塊。左右各站一同樣服飾的女子注目盤中，一小童戴小帽，穿長袍繫腰帶立右側。一雙髻紮彩帶女子，戴耳環、披彩帛、穿（塗）紅色圓領長袍，手捧一荷葉口形碗而來。桌左還有二女，皆戴團冠紮彩帶下垂，戴耳墜，穿短衫及翻領襯衣、披帛下長過膝，一女子托著大盤，另一女子把盛滿食品的盤子高舉右肩、側身回首與後邊女子似在交談。整個內容緊湊、協調、明快。遊園雕刻：畫面左邊雕山石樹木，一女子高髻方額、戴耳環、穿翻領長袍，束腰帶，袖手小步而行。畫中央站一女子，高髻方額，頭紮彩帶下垂耳邊，穿衫及裙，長袖下垂，右手舉起搖動撥浪鼓。她前邊有一個幼童梳雙髻，穿長袍繫腰帶，在前仰首舉手作索要動作。她右側一個女子，伸手示意把撥浪鼓給小童的樣子。稍後還有一個紮著雙髻的小女孩，穿圓領長袖袍，盤膝坐地，雙手扶在腿上，好像正在聽人們談話。此情此景，樂趣橫生，妙不可言。

以上以高浮雕塗色人物，刀法相當圓熟，內容有濃厚的生活氣息。從不少類似的金代雕磚墓看，在晉冀豫交界一帶，有著普遍流行的雕刻藝人，這種藝術水準，又是遼宋藝術家難以相比的。

三、音樂與舞蹈

據《金史·樂志》記載，金初因得北宋之器，始有金石之樂，然未盡其美。自大定至明昌年間，日修月葺，然大備，有雅、散、鼓吹，以及女真和渤海樂曲。雅樂在朝用於大祀、中祀、天子受冊、肆赦及受外使臣朝賀，大抵依唐、宋之舊，但得樂器，凡鐘、磬有刻「晟」字者，因犯金太宗完顏晟之諱，皆以黃紙加封始得使用。這些得之於宋，被運往上京的帶「晟」字款的樂器，歷經金、

---

22 河南省博物館：《河南武陟小董村金代雕磚墓》，《文物》，1979 年第 2 期。

元、明、清四朝八百餘年，其中有一口鐘今被收藏在遼寧省博物館內[23]。該鐘青銅鑄成，全高二十七點九釐米，身高二十二釐米，口徑十八點四乘十四點九釐米，厚零點七釐米。雙龍紐，橢圓筒形身，鐘面鑄蟠虺紋，一面格內鑄「大晟」，一面鑄「南呂中聲」，皆篆文，鐘唇邊上一行「上京都僧錄官押」，顯係入金後所刻。據記載，當時鑄這種樂器，鑄銅時摻加玉屑，質極精純，因而音韻清亮。自金太宗得宋樂器，至熙宗皇統元年（1141年）加尊號時始用宋樂，但封「晟」字而已。到大定十四年（1174年），又一次削刮宋樂犯諱字款，名「太和」樂。明昌五年（1194年）補鑄辰磬等，至此樂器完備，音律始諧。雅樂器宮懸樂二十六簴：即編鐘、磬、鐃、鼓、笙、竽、簫、籥、篪、塤、琴、柷、敔等類。樂曲依場所而定，但曲詞失載。樂工人數，僅宮懸樂工即多達六百二十五人之多。由於當時詞曲已缺，至金末有個叫溫敦七十五的大臣，建議採用民間的優秀詞曲，但因王鶚以「世俗之樂，豈可施於帝王之前」而未得行。

散樂用於元旦、聖誕拜賀、宴外來使臣。許亢宗《奉使行程錄》記載，他至咸州受州守宴請席上，散樂「有腰鼓、蘆管、笛、琵琶、方響、箏、笙、箜篌、大鼓、拍板」，曲調和南（宋）朝一樣。實際上金人散樂亦與遼同，這是金初在一個州便能見到的情況。散樂在朝由教坊演奏，但「禁伶人不得以歷代帝王為戲及稱萬歲者」，還禁與臣僚同起居，說明伶人、樂工地位極低而受歧視。鼓吹樂即馬上樂，分前後部各二節，亦襲遼宋之制。

金人舞蹈石刻

23 李文信：《上京款大晟南呂編鐘》，《文物》，1963年第5期。

本朝樂即女真族之舊樂舞詞曲。女真初興，「其樂唯鼓笛，其歌唯鷓鴣曲，第高下長短如鷓鴣聲而已」[24]。實際上，女真族也是一個具有善歌舞傳統的民族，及稱金，得中原文化影響加速，加上一些上自皇帝的愛好及擅長，特別是中都文化的發達，為金代樂舞發展創造了良好條件。如金世宗曾以本族舊音而成雅曲，章宗命禮部整理掠宋禮樂，補鑄新器，以齊音律。世宗本人重視女真族樂舞興起，親譜曲作詞，如大定九年十一月庚申，在慶皇太子生日宴上，將其作「君臣樂」與諸臣共賞。大定十三年，一次因聽歌女真詞，即感慨地向太子說：這個時候讓你們聽本族歌詞，是讓你們知道祖先有過的淳樸風氣，連自己的文字、語言都不會了，就是忘本。大定二十三年，在上京皇武殿宴宗室、貴戚和群臣，席間說：「今日甚欲成醉，此樂不易得也。昔漢高祖過故鄉，與父老歡飲，擊築而歌，令諸兒和之。彼起布衣，尚且如是，況我祖宗世有此土，今天下一統，朕巡幸至此，何不樂飲。」[25]於是宗室婦女起舞，群臣故老起舞，一片歡騰。大家舞罷，世宗卻說：我來故鄉已數月了，沒聽到女真歌曲，今將啟程，我要為你們歌一曲。歌詞述祖宗創業艱難，守業艱苦，看到故土文化物業非舊，十分痛心。鼓勵大家振興故有淳樸風習。他悲歌泣淚，歌畢眾人捧杯上壽，高呼萬歲。今曲失傳，詞載於《金史》，歌詞僅從單純文學角度來看，不能不說是一篇高水準的作品。同時從這次宴會上看到，女真宗室故老、婦女、群臣皆能翩翩起舞，也從一個側面證明女真是一個善歌舞的民族。

關於金代散樂的演奏形式，現在只能從出土陶俑和畫像材料中，得到一些具體的了解。在河南焦作西封村，出土一組孩童形象的陶俑，實物高約四十釐米。一排簫俑，頭紮雙辮，穿開襟窄袖短衫，束腰帶，下穿寬筒褲，尖頭靴，雙手持排簫。同樣服飾的三弦俑，綰髮，坐姿，三弦放右腿上，雙手左扣右彈。笛俑頭戴尖頂瓦，雙辮搭在兩胸前，窄袖長袍，腰繫並排革帶，著（氈）靴，作吹笛姿勢。一吹哨俑，頭戴軟翅襆頭，穿圓領窄袖袍，腰束帶，足穿靴，左手握拍板於胸前，右手以拇指和食指伸入口角，正鼓氣欲吹。節板俑兩個，一戴軟腳襆頭，

24 《金史‧樂志》。
25 《金史‧世宗本紀》。

穿方領窄袖長袍，腰束帶，足穿靴，右手屈於胸前，樂器已丟失。另一個前頂剃光，頭兩側髮結辮下垂至兩肩，穿窄袖長袍，正在搬動節板。三個舞俑，一個辮髮盤頂，穿圓領窄袖短袍，束腰帶，穿布襪圓口鞋，正手舞足蹈，扭動身軀。一個梳總髻，穿窄圓領窄袖短袍，花邊短褲，著靴，手放胸前，作拍掌之狀。一個服飾與吹笛俑相同，屈左臂，右臂斜伸，屈右腿抬左腿，身作下蹲又起姿勢。還有一個說唱俑，頭戴圓頂帽（帽頂上插物已丟失），穿圓領長袍，腰束帶結紐在前，挽袖握手，兩腿前後分開，張口伸舌，眉目飛揚，似正說唱至精彩動人之處。這批俑個個面容豐圓，體格粗壯，童氣十足，但演奏表情十分認真，人人入戲，顯示出雕塑家把握住演員的特點，恰到好處，有很大的藝術感染力。同地點出土承安四年（1199 年）鄒墓內，有一方畫像石，內容是一幅散樂圖。畫寬一百一十一釐米，高五十六釐米，線刻十一人。畫中央二人，身體較矮，右邊一人頭戴花翅襆頭，穿圓領窄袖長衫，束革帶，足穿靴。身稍前曲，抬頭正視，右臂卷袖屈起向前伸去，左手背在身後，雙腳並立。左一人頭戴軟巾，上穿圓領短衫，下穿褲，繫寬腰帶前下垂過膝，雙手背後，提左腿立右腿。二人作對話表情。畫右側立四人，二人在前，頭戴襆頭，穿圓領窄袖袍，胸前各挎一杖鼓，正在敲打。後二人戴直翅襆頭，穿圓領寬袖袍，束腰帶，雙手捧篥。左側五人，左起第一人頭紮軟巾，穿圓領窄袖袍，束革帶，穿靴，身前置一大鼓，兩手握棒正在擊打。另四人皆戴襆頭，穿長袍，束帶，著靴，一人持節板，一人吹篥，二人擊手鼓。整個畫面二人在中場表演，其餘九人站左右伴奏，是一個完整的散樂演出活動，類似宣化所見遼代壁畫的散樂圖演奏形式。而這是以畫像石刻藝術手法表現的。此畫線條一刀到底，細而有力，是一件在遼金少見的藝術品，也是一幅了解金代散樂內容的珍貴資料[26]。

---

26 河南省博物館、焦作市博物館：《河南金墓發掘報告》，《文物》，1979 年第 8 期。

第三節 ·

西夏的繪畫、
雕塑及音樂

一、繪畫

　　西夏時期的繪畫，特別是卷軸畫，至今還未發現，對於西夏的畫家和作品也少有記載和品評。據《宋史·夏國傳》記載：西夏元昊帝「善繪畫」，但沒提到他有什麼作品。這是研究西夏繪畫藝術的最大困難。但仍能看到另一種形式的繪畫作品，即宗教繪畫。在寧夏甘肅等地石窟寺內有屬於西夏的繪畫。舉世聞名的甘肅敦煌莫高窟和安西榆林窟，已知有西夏的壁畫石窟就達五、六十處之多。另外，在安西東千佛洞、酒泉文殊山、內蒙古鄂爾多斯市百眼井等石窟也有西夏壁畫，加上墓室和其他品種的繪畫，總的看來，西夏繪畫資料還是比較豐富的。

　　繪於石窟的壁畫，主要是以宗教活動內容為主。早期的題材有西方淨土變、彌勒淨土變、藥師淨土變、說法圖、千佛、供養菩薩群、羅漢等，這些與佛本生有關的題材仍是唐宋時期共有的內容。新出現的有十六羅漢、儒童本生、金剛手、釋迦降魔塔、曼陀羅五方仙、水月觀音、熾盛光佛等。不過西夏所繪的題材比較簡單，沒有佛傳故事和大型經變畫，而且以供養、說法、菩薩和淨土變較多。這些畫的藝術水準和繪畫技術水準還是很高的。如在榆林第三窟西壁南側的《普賢圖》，以騎著白象的普賢為中心。上部重巒疊嶂、亭臺樓閣、山水相映，下部畫菩薩、金剛等十餘身。一側唐僧隔水向普賢合十禮拜，孫行者牽白馬在後

站立。菩薩及天宮諸像，面容安詳慈善，人神兼備，衣飾華麗，色彩柔和淡雅。畫筆線條細勻流暢，衣帶有隨風飄動之感，與唐、宋同類畫比較，無論從哪一方面皆不遜色，是山水、人物、建築合為一體的圖畫。莫高窟第二三七窟前室西壁上的《水月觀音圖》，畫觀音頭戴素紗冠，胸佩瓔珞、帔帛，伸左臂，右手扶膝，側身屈腿坐在蓮花上。身旁置淨水瓶，有山石青竹，碧波一片，瑞光環繞。觀音風姿俊逸，表情莊重，情景交映，使人肅然起敬。莫高窟第三二八窟繪成列隊式的供養菩薩，東壁下四尊體型高大。主尊皆佩瓔珞戴花，披彩帛，長裙束護腰，赤足踩蓮花而立。有的雙手合十，有的捧鮮花，有的執香爐等前來供佛。彩色以大量施石綠為特色。

榆林窟中共繪有三處《唐僧取經圖》的圖畫。一在第二窟西壁北側《水月觀音圖》下邊，畫唐僧隔水向觀音合十禮拜，後孫悟空牽馬在後。一在第二十九窟觀音像下，唐僧恭敬地向一位手執鮮花人詢問和回答，悟空牽馬在後。第三幅在第三窟內。唐僧取經故事，是中國數百年來家喻戶曉、婦孺皆知之事，係以唐貞觀年間，玄奘西去印度的真人事蹟演義而來。據王靜如先生考證[27]，見之於壁畫形式的《唐僧取經圖》，有文獻可考的要以五代時期繪於揚州壽寧寺的為最早，但壽寧寺所畫早已失存，今所見者，還是以西夏壁畫中的為早。與眾人所知的內容不同，畫中人物沒有沙僧在場。《唐僧取經圖》中的唐僧，身披袈裟、虔誠可掬，而悟空布衣麻鞋，似猴又人，頑態十足。跟隨他們寸步不離的就是一匹馬。畫家以現實主義與浪漫主義相結合的手法，成功地塑造出一幅師徒相伴、為宗教信仰而獻身的藝術形象。

作為壁畫的另一部分內容，是繪出各種身分的供養人即信徒大眾。西夏壁畫中的供養人，寫實手法明顯，特別是晚期的比較突出。晚期壁畫中的供養人，均身材修長高大。男子面形圓胖，上窄下寬，高鼻梁，女子面形豐圓，細眉修目，高鼻小口，皆以民族服飾出現，榜題多有西夏文題名。這些人中有國王、后妃、文武官員、國師、僧眾、婦女和小孩等。莫高窟第四〇九窟東壁《西夏王·妃禮

---

27 王靜如：《敦煌莫高窟和安西榆林窟中的西夏壁畫》，《文物》，1980 年第 9 期。

佛圖》，國王圓胖臉形，頭戴高筒尖圓頂白帽，有帽帶繫於頦下，穿圓領窄袖黑
紫色底大盤龍紋大開岔長袍，腰束蹀躞帶，佩刀，囊挎在左側，下穿白褲、白
靴，手捧長柄香爐冒著青煙。身後儀衛持傘、扇等器，頭戴寬簷氈帽，繫帽帶於
頦下。穿圓領窄袖袍，繫腰帶，穿白（氈）靴，袍色有淺紫、灰及綠底小花之
分。身高皆低國王一等，王妃圓臉形，頭戴桃形嵌綠寶石「金」冠，下緣有帽箍
佩飾，戴耳環。穿大翻領窄袖曳地長袍，雙手捧供養花枝。形象高大，表情端莊
大方。《宋史‧夏國傳》裡說，元昊圓面高准，少時好衣長袖緋衣、黑冠、佩弓
矢，從衛步卒張青蓋的情況，與此畫比較有一些類似之處，當然這幅畫中並非元
昊。

壁畫《供養菩薩》（西夏）

　　安西榆林窟第三窟，畫有鍛鐵、耕地、杵米和釀酒。《犁耕圖》是二牛抬杠
直轅木犁，耕農左手把轅，右手揚鞭，二牛奮蹄。《踏碓圖》為一人雙手扶碓
架，右足踩杵杠一端，前端抬起石杵，對著下面的石臼，一旁是穀堆和樹條簸
箕。畫中還有犁、耙、鍬、鋤、斗等農具及量器，斧、鏟、鋸、剪刀、規、尺、
墨斗等木工工具。這些農工生產勞動工具、生產活動，對於了解西夏的農業、手
工業和勞動生產活動，都是可貴的資料。

壁畫中還有豐富多彩的花邊裝飾圖案，也是繪畫藝術作品的一部分。石窟藻井圖案多用盤龍、盤鳳、團花和翻心蓮，其中以盤龍較多，有的盤龍甚至用金粉堆飾，成為西夏洞窟的一個特色。其他花邊紋飾繁多，有多瓣花、團花、纏枝花、忍冬、柿蒂、卷蓮、海石榴、雲頭、菱花、龜背紋等，其中一些紋樣，現在用於裝飾也是十分美麗的，在工藝美術方面，也有很好的參考價值。

　　西夏壁畫喜歡用土紅勾線和大面積的石綠打底，畫色以紅、黑、綠三種為主，還常用堆金粉。畫人物人體用鐵線描，衣紋用藍葉和折葫蘆描法，使之產生豐富多變的效果。在構圖方面飽滿、嚴謹、對稱、均衡。中期走向簡疏，畫面雖大，但人物空蕩，但到晚期又出現人物眾多、建築複雜、精確寫實的風格。人物造型開始模仿唐宋傳統風格，致使人物形態顯得呆板。後來逐漸變化，尤其在繪供養人方面，以自己所熟悉的西夏人的形象和服飾，以

褐釉剔刻花瓷扁壺（西夏）

生活寫實的手法描繪，出現了自然生動的畫面，在技術水準和藝術水準方面很快提高，與同期宋畫相比也不在其下。[28]

　　在甘肅武威西夏墓中，出土了一批彩繪木板畫，以人物畫的形式，反映墓主人生活活動，其中一部分是當時「葬經」規定殉葬的明器內容。畫技以鐵線描勾勒出剛勁有力的輪廓，再用青、綠、紅、黃、絳、粉平塗，間有渲染。與石窟畫以石綠打底色有所不同，具有絹畫的味道[29]。木板畫多數長十五至十七釐米，寬六至九釐米，小塊長九點五釐米，寬四點五釐米，大塊長二十八釐米，寬十點五釐米。分別繪男主人與女主人、男侍與女侍、男僕與女婢、馬夫與馬、守門武士。有八塊人馬板畫後面分別墨書「天關」、「蒿里老人」、「南陌人呼北陌人」、

28 參見劉玉權：《略論西夏壁畫藝術》，《西夏文物》，北京，文物出版社，1988；陳炳應：《西夏文物研究》，銀川，寧夏人民出版社，1985。
29 寧篤學、鐘長發：《甘肅武威西郊林場西夏墓清理簡報》，《考古與文物》，1980 年第 3 期。

「太陽」、「金雞」、「童子」及「犬」等。從所畫人物服飾區分有漢及西夏人裝束，人物面相也有西夏人，都是以寫實手法繪出的。畫中墓主人表情莊重，男女侍善良大方，武士雄健有力。其中馬夫左手牽馬，右手執鞭，在馬頭前攔住四蹄飛奔的鞍馬，很準確地抓住馬夫與馬二者行動的一剎那，把最有動感的關鍵時刻落筆於畫中。男女侍手中拿有衣服、奩盒、拂塵、水壺、盆、唾壺和浴巾，是一般中等人家生活中常用之物。通過這批木板畫，可以了解到西夏人社會生活的一面，同時也看到了西夏民間藝人的藝術水準還是不低的。

二、雕塑

　　至今發現的西夏雕塑品，雖然為數不多，但都很精美，有很高的藝術價值，是西夏藝術家創造的又一文化成果。雕塑中有玉、石、竹、木和泥塑，泥塑又以宗教塑像為主。在寧夏銀川市以西賀蘭山下，是西夏帝王及后妃、大臣墓地，從已清理的墓室裡，出土了一批精美的雕刻藝術品，其中包括人物、動物、建築裝飾等。人像石雕出自一〇一號墓中，用石砂岩雕成，圓雕，僅殘存頭部，高三十一釐米，面寬十七釐米。面形方圓，眉骨隆起，大眼微閉，高鼻，八字鬍鬚，雙唇似動，一臉微笑的表情，給人以自然、真切、誠篤的感覺。八號陵前碑亭遺址，出土一個白砂岩方圓形浮雕男像石座，座長寬六十五乘六十七點七釐米，高五十七釐米。在座正面浮雕裸體的男子，面部渾圓，顴骨突出，粗眉，眉梢上翹，眼珠鼓起、鼻梁短闊、齒露唇外、緊縮脖頸，下顎已貼胸上，頭頂低與肩平。他曲蹲身軀，雙手按著腳面，粗壯的身體，表現出難承千斤重壓的樣子。座上部一角刻三行十五個西夏字，首行「小蟲曠負」，二行「志文支座」，第三行「瞻行通雕寫流行」。背面刻漢字「（砌）壘匠高世昌」。這件雕刻品的作者以大膽誇張的手法，暴露一個奴隸被壓得力盡氣絕的悲慘形象，令人視之憤慨不已，實為藝術家嘔心瀝血之作。同這個石座雕刻手法相同的作品還有四個，出自八號陵區內，兩相比較，後者雙乳下垂、手腕足腕戴雙環，皆是女性。

　　動物雕刻。陵區已發現的動物形象有馬和犬，皆係白砂岩石料。石馬出自一

〇一號墓道，身長一點三米，寬零點三八米，高零點七米，通體圓雕，為跪臥姿勢。重三百五十五公斤，體形勻稱、肥壯，打磨光滑細膩。出土時唇部仍有粉紅色彩，從造型到刀工，都稱得上是一件上好的藝術品。石犬伏臥姿勢，身長五十二釐米，寬十五點三釐米，高二十四釐米。膘肥體壯，頭向前伸，雙耳尖卷起，長尾向一側卷在臀上，神情活潑機靈，可能是獵犬之屬。與常見的犬相比，更具有討人喜愛之處。西夏人喜歡養犬，且犬種名貴，在當時贈送給遼朝的禮物中，有時還以犬相送。建築雕刻有一件灰色砂岩殘柱，柱身斷面方形，三面高浮雕纏龍戲珠，以雲、水圖案相烘托，頂端有仰覆蓮束腰，背面鑿有榫槽。刻工細緻精美。八號陵區出土一件竹雕，長方形，上端有一穿孔。殘長七釐米，高二點七釐米，厚零點三釐米。竹面淺浮雕髻髮袍服人物，纏枝花朵和斜方格子紋。人物形象如宋人山水畫中的隱士、刀法簡練精細、富有立體

雕龍石欄柱（西夏）

感。從作品的材料和人物風格分析，這件實物，恐非當地成品。西夏雕塑藝術中，木雕也有精彩之作。在內蒙古額濟納旗達蘭庫鎮，一個古寺遺址中出土一批塑像，有一件木雕菩薩。菩薩頭戴花冠，方圓臉形，坐姿屈腿，足掌相對，左手撐於身後，右手搭在膝蓋上，帔帛長裙。雕花龕右上放淨水瓶，左上立一個童子。菩薩表情慈善、安詳。以圓刀雕衣紋，裙褶用三角刀，效果柔和流暢，是一件很美的木雕藝術品，有較高的藝術價值。

以宗教為內容的塑像，有佛、菩薩、力士、供養人。以木為骨，麻刀泥身，

細沙泥表皮，最後上彩甚至貼金、塗金。完成一件作品，僅工序就有五、六道之多。佛像作品，今甘肅武威縣城西南隅臥佛寺內有一尊佛圓寂像，木骨泥身，金裝彩繪，螺髻，披袈裟，頭向西，側身枕右肋臥於佛臺（床）上。身長三十四點五米，肩寬七點五米，僅耳長就在二米以上。該佛像造型自然，神態安詳，這麼大的塑像，不僅在當時，就是在今天中國所見也是最大的。元代來過中國的西方人馬可·波羅，在其《馬可·波羅遊記》一書中就有記載。《遊記》裡說：在甘州（武威）城一個長寬有五百米大殿中的釋迦牟尼像，身長五十米，足長三米，足上周圍有二點五米，一手置於頭下，一手扶腿，身上傅金。像後有其他偶像，高一米上下。居民常結群赴寺來禮拜。這是一個至今七百年前外國人留下的印象。現在臥佛所處的大殿自西夏崇宗永安元年（1098 年）創建，到清代幾經重修，已非原貌。臥佛之後是十大弟子悲痛悼念的塑像，兩側的優婆泥和優婆塞，以及北側的十八羅漢，亦非舊物。只有大佛是西夏的原塑，是西夏遺物中一件十分珍貴的作品。

保存西夏泥塑最多的地方在石窟寺，尤以敦煌石窟比較集中。在敦煌莫高窟第二六五窟內，彩塑一佛、二菩薩和二比丘。菩薩梳方頭高髻，圓臉細眉，高鼻小口，雙耳長大。赤上身，臂釧、帔帛，胸間斜束一條彩帶由左肩至右肋下。下身穿彩裙，前後裙帶飄垂，身向右側微彎曲，右臂下伸以手扶腿上，左前臂抬起掐指作思算形狀，赤足立在蓮座上。比丘剃髮，圓面重眉大眼、高鼻、上下嘴唇略厚、身穿右衽窄袖長袍，外披袈裟，右手握左腕，屈臂放在腹前，佇立蓮座之上。這兩尊塑像，菩薩面部豐圓，仍有唐塑風格的因素，但面形及身軀已較清瘦，具有承前啟後的特色。比丘的形象是現實生活中的人，藝術家塑造的是一個和善厚道、又虔誠十足的信徒形象。最具有現實主義手法的代表作品，要算莫高窟第四九一窟的一個女供養人。這女子頭梳雙環髻下垂耳後，圓胖臉，細長眉目，小高鼻梁，小口似笑微露銀齒，上身內穿荷葉領寬袖襖，外套交領右衽半袖前後半圓襟縫褶邊的短衫，胸繫彩帶結，雙環帶下垂，下身長裙海棠曲線邊。足穿圓頭靴。雙目正視微閉，左手握拳靠近左胸，右臂彎曲（手已殘失），身向前稍傾站立。觀其表情，是一種恭敬求福、誠心如願的心態，從身姿、衣裝、面相、動作看，都像一個普通善良的女子。造型簡樸，衣著頗具民族和地區特色，

實不愧是一件藝術性很高的成功之作。除石窟寺塑像外，在內蒙古額濟納旗的黑城子遺址，達蘭布鎮之東的寺廟遺址，都發現成批的西夏彩塑佛、菩薩和供養人像，造像也很精美。

三、音樂和舞蹈

　　中國古代西北是一個多民族活動的地區，他們有能歌善舞的長處和優雅的音樂傳統。西夏党項族也是這些民族之一，同樣有自己的樂舞傳統。據《金史·西夏傳》記載，遠在西夏建國以前，唐僖宗中和年間，因拓跋思恭助唐鎮壓黃巢有功，賜姓李，官節度使，居夏州。唐時節度使有雅樂，所以後來「西夏國聲樂清厲頓挫，猶有鼓吹之遺音」。所以說有遺音，是因為五代之亂，禮樂也受到了破壞，乃至失傳。流傳下來的音樂樂器主要是琵琶、簫、笛，以擊缶為節。西夏立國之初，元昊提倡興本族文化風習，他本人善畫、喜歌、曉音律，同時主張吸收漢唐文化。至諒祚更慕「中國衣冠」，下令：「賀朝之儀，雜用漢、唐，而樂之器與曲則唐也。」[30]他遣使向宋朝要伶官，到東京開封購買戲裝，西夏還曾在宋、夏交界地誘招宋樂伎前往西夏。西夏末年，仁孝人慶五年（1148 年），詔令樂官李元儒，採漢樂書，參夏制，修《新律》，改禮樂。在中央設蕃漢樂人院，負責宮廷樂舞之事。

　　關於西夏樂舞的具體形式和內容，從文獻記載到繪畫內容都十分欠缺。通曉音律的元昊帝，有「常攜《野戰歌》」之事，崇宗乾順也曾自作《靈芝歌》。元昊時，在民間廣泛流傳《十不如》歌謠。宋神宗元豐四年（1081 年），時延路經略使沈括率軍禦夏，曾為軍作歌，詞中有「天威卷地過黃河，萬里羌人盡漢歌」[31]句。當時西夏人愛唱的漢歌，其中柳永詞就是其中之一。在西夏人所編西夏文字典《文海》中，把「樂人」釋作「戲」，「娛樂」釋為「舞蹈」、「歌唱」。還有笛、鼓、琴、鐃等樂器名字。骨勒茂才於乾二十一年（1191 年）編成的西夏、漢文

---

30 《宋史·夏國傳上》。
31 沈括：《夢溪筆談》卷五。

字典《蕃漢合時掌中珠》中，有關樂舞方面的詞、字，有教坊樂、三弦、六弦、琵琶、琴、箏、箜篌、管、笛、簫、笙、篥、擊鼓、大鼓、丈鼓、拍板和樂人打諢等。在安西榆林窟第十窟窟頂繪畫伎樂天，一個吹橫笛，笛身較長，一個持拍板。一九〇九年從內蒙古額濟納旗黑城子遺址中，還出土有西夏人跳舞和樂舞伴奏的畫面。以上材料，雖然零散又不系統，通過這些點滴內容，也能看到西夏曾有過比較豐富多彩的樂舞活動。唐王之渙「羌笛何須怨楊柳，春風不度玉門關」，是人們常誦之句，這羌笛之羌就與西夏先人關係密切，就有他們的祖先在內。而宋人范仲淹《漁家傲》中的「羌管悠悠霜滿地」的時代背景，則正是西夏。至今人們仍然喜聞宛轉悠揚的羌笛聲。

第四節·

元代的
繪畫與書法

一、絹軸繪畫

元代取消了五代、兩宋時期在中央設置畫院制度。在工部「諸色人匠總管府」下，設梵像提舉司，負責繪畫圖像及土木雕刻。在將作院「諸路金玉人匠總管府」下設畫局，負責掌描諸色紋樣。在奎章閣設監書博士，選博識朝臣品定書畫。在大都留守司祗應司下設畫局，負責殿宇藻繪之事。上述諸機構，服務於宮廷各種繪畫之事，有一批畫師從事繪畫工作。元內府也藏有不少書畫珍玩，其中一大部分得自金和南宋，這是一批歷代所集的名人畫跡，還有一部分從「四方購

納」而來。文宗天曆二年（1329 年）設立奎章閣、內群玉司負責圖書寶玩，命柯九思為監書博士，負責品定書畫。順帝至正元年（1341 年）更名文宣閣，命周伯琦為監書博士，至正九年成立瑞本堂代替文宣閣。據王士點《秘書監志》記載，至元十四年（1277 年）和大德九年（1305 年），兩次裱褙畫軸就達一千六百五十五件，至今傳世品中，就有不少曾經元內府收藏。元代私人收藏繪畫作品的也有不少。仁宗的姐姐大長公主就曾收藏不少書畫。還有喬簣成、焦敏中、趙孟頫、鮮于樞、張謙、郭天錫等人，也是當時有名的私人收藏家。無論內府或私人，凡一經手，都有監藏印記或題跋。

當時的畫家，除專門從事宮殿、寺廟、車服紋樣的畫工和一些官員絹軸畫家外，還有不少不在宮廷的文人、隱士畫家。前一種人也畫人物肖像畫，主要是為帝、後畫像，畫帝王先祖遺像、功德像等，如今天北京故宮博物院藏元代帝王畫像。後兩種畫家，是以山水、花鳥、墨竹等內容見長。他們都有很高的文化素養，提倡法古而不墨守，主張不拘於形而兼有神，主張立筆寫意、畫、詩及書法互相滲透，因而產生了元代文人畫，一改兩宋院畫風格，對明清產生了巨大影響，成了中國繪畫史的一大轉折時期，並出現了大批畫家和著名作品。著名的山水畫家，早期以錢選、高克恭、趙孟頫為代表，他們繼承了唐、宋繪畫傳統，在認真學習前人的基礎上，開闢了新的途徑。中後期出現了黃公望、王蒙、吳鎮、倪瓚，號稱「元季四大家」。他們受趙孟頫的影響，又各有創新，趨重神逸、寄興情趣，以筆墨抒發胸懷，以多種筆法，使山水畫達到了藝術的新高峰。善畫山水的畫家還有何澄、曹知白、朱德潤、唐棣、孫君澤、盛懋、陸廣、馬琬、陳汝言、方從義等人。

善畫山水的畫家，也多善畫花鳥、墨竹。文人畫的興盛使花鳥畫也發生了變化。突出的特點是，以清淡的墨筆畫竹、墨禽，以素淨為貴，借景抒情。這方面的畫家有陳林、王淵、長中、李衎、柯九思、顧安、倪瓚、張遜、王冕等人。人物畫與山水、花鳥畫相比，顯然有些不足，但也有一些擅長人物畫的畫家，趙孟頫的人物畫可與宋代李公麟媲美，錢選、劉貫道、顏輝、張渥、王振明、朱玉、王繹、衛九鼎、王景升、葉可觀、阿哥尼等人在人物畫方面也多見長。不過人物畫較多的內容是道釋、隱逸、歷史故事之類。

1. **趙孟頫** 趙孟頫（1254-1322 年），字子昂，號松雪、鷗波、水晶道人，湖州（今浙江吳興）人。宋趙氏宗室，年十四蔭補調真州（今江蘇儀征）司戶參軍，宋亡居家。至元二十三年（1286 年），行臺御史程鉅夫奉詔搜訪遺逸於江南，被推薦入朝。至元二十四年官奉訓大夫兵部郎中，同知濟南路總管府事。成宗朝官集賢直學士，江浙等處儒學提舉。武宗朝官翰林侍讀學士。仁宗朝官集賢侍講學士、中奉大夫、翰林學士承旨、榮祿大夫。延六年（1319 年），因朝中矛盾，身受排擠，辭官歸

趙孟頫像

家。故其妻名畫家管道升贈詞云：「浮利浮名不自由，爭得似，一扁舟，弄風吟月歸去休。」其子仲穆、仲光，仲穆子元文、彥征，還有他的弟弟孟籲、外甥崔彥輔、孫女婿崔復、外孫王蒙，皆名留畫史，可謂畫藝家族。他是一個全才畫家，山水、木石、花竹、人馬，無所不能，畫風工整、豪放。

趙孟頫一生留下很多作品，山水畫有《幼輿丘壑圖》、《鵲華秋色圖》、《水村圖》、《重江疊嶂圖》、《雙松平遠圖》、《吳興清遠圖》。人物畫有《三世人馬圖》、《人騎圖》、《紅衣羅漢圖》、《浴馬圖》、《秋郊飲馬圖》。花鳥竹石畫有《秀石疏林圖》、《古木竹石圖》、《幽篁戴勝圖》等。

《鵲華秋色圖》。紙本設色，以濟南郊區鵲山、華不注山自然景物為背景，採取平遠法構圖。山石、坡岸沙渚用披麻皴式，荷葉用皴筆法，山頭用綠皴，樹木、蘆荻、房屋、人畜皆精描細點，再以青、赭、紅、綠等色渲染。構圖自然而富於節奏，景物清秀古雅。此畫是趙孟頫四十二歲時所作，是年為元貞元年（1302 年）。另一幅傑作《水村圖》是他五十九歲作成。《水村圖》是以江南景色為素材的寫意畫，構圖近、中、遠協調，意境清曠深遠。筆法以披麻皴畫山石，其他以枯筆皴點。畫湖泊河流縱橫，小舟輕劃，小橋橫跨，岸灘水草叢生，民居隱於茂林密竹之中。這幅畫充分表現出文人畫閒靜清悠的筆墨情趣，遠非唐人刻意求工的畫法。此後不久又作《重江疊嶂圖》，同樣表現江南水鄉幽雅寧靜

的氣氛，相距作《水村圖》時間雖短，但用筆多皴點、暈染，而有所不同。《吳興清遠圖》，背景是畫家熟悉之地，畫寬闊的太湖水面，遠山數座只用墨筆勾托，施以青綠，筆法樸拙，設色古雅。不難看出，趙孟頫的山水畫，雖有唐宋人的傳統影響，又自有創新。他善察自然，以多變的筆法進行繪畫，正如他自己所說：「久知圖畫非兒戲，到處云山是吾師。」這就是他的成功之道。他的人物畫法也很有特點，他認為「宋人畫人物，不及唐人甚遠，予刻意學唐，殆欲盡去筆墨」。所以他的《人騎圖》、《人馬圖》，均採用唐人鐵線描或遊絲描，仍然保留著唐代人物畫法的傳統。他的人物畫《紅衣羅漢圖》，設色濃麗，神態自然生動。對於這幅畫，他在題跋中說，之所以能有這樣的作品，是因為他在大都常與天竺僧往來，對他們有著細心的觀察，把握住了他們的精神面貌才得以有此作。

花鳥畫《秀石疏林圖》，畫石用飛白筆，畫樹木筆法圓勁，畫竹筆法峭利。在堅硬的巨石壘旁，雜樹叢篁，給人以蒼勁而有生命之感。《幽篁戴勝圖》是一棵斜竹竿上站著一隻戴勝鳥，正回頭巡視，站立未穩，竹竿搖搖晃晃的動態。畫筆工整細膩，尤其是鳥的羽毛和各個部位都準確逼真，頗具院畫風格。人馬畫《秋郊飲馬圖》，畫出廣闊的湖泊，彎曲的堤岸，稀疏的樹木，有一棵滿枝紅葉的樹象徵著秋天的到來，一騎手牧馬湖邊，十二匹白、灰青和棗紅色馬，膘肥體壯，有的正在水中飲水，有的水中悠閒端立，有的在岸上戲鬥，有的正相互追逐，用筆蒼勁而含秀逸、顏色濃重而顯清麗。畫面淳厚而富韻致，構圖處理含蓄。畫風雖有唐人遺意，又有明顯的區別，是趙孟頫晚年的一幅成功作品。

2. **錢選**　錢選，字舜舉，號玉潭，別號巽峰、清腴老人、習懶翁、霅川翁，浙江吳興人。南宋景定間鄉貢進士，入元後隱居不仕。善畫山水、人物、花鳥，以詩、畫、酒伴其終生。他畫技全面，與趙孟頫同鄉里，並稱「吳興八俊」。他的山水師趙令穰，人物學李伯時，花鳥學趙昌，在繼承前代的基礎上，力圖擺脫對於形式的刻意追求，獨創新意，體現文人畫風，在元初具有一定的影響。傳世作品有《山居圖》、《浮玉山居圖》、《秋江待渡圖》、《紫茄圖》、《劉伶荷錨圖》和《白蓮圖》等。

《山居圖》以他自己隱居生活所見為題材進行創作，採用唐人「金碧山水」

的畫法，山石林木用墨筆勾勒，施以石青、石綠或重赭，山角、坡岸敷金粉，以淡青暈染層層遠山。山水相連，有輕舟蕩漾水上，小橋跨越溪流，景物清幽，文人畫風格含露其上。錢選的畫，在他生前已廣為人喜愛，在當時就出現了偽作。趙孟頫於至元二十六年（1289年）九月，為他的《八花圖》題跋中，曾提到「鄉里後生多仿效之」的情況，錢選也因此而自改號。在山東明魯王墓出土一幅錢選畫的《白蓮圖》上（《文物》，1972年第5期），他自題詩其上並說明改號因由，詩題云：「嬝嬝瑤池白玉華，往來青鳥靜無嘩。幽人不飲閑攜杖，但憶清香伴月華。余改號霅溪翁者，蓋贗品甚多，因出新意，庶使作偽之人知所愧焉。錢選舜舉。」後來在他的《紅白蓮圖》題識中，又提到因偽作甚多，故而改號霅溪翁。其實在畫家還在世的時候，其作品就有贗品出現的現象，至今仍未絕跡。

3. 高克恭　高克恭（1248-1310年），字敬彥、號房山，大都房山人。其先世回鶻人，寄籍大同，祖父道樂與漢人婚，後居燕。至元十二年（1275年），由京師貢補工部令史，後升至刑部主事和大名路總管，累官至大中大夫。他廣交畫界，遊歷江南。工詩，善畫山水墨竹。山水學二米、李成、董源，墨竹學王庭筠，取眾家之長，自成一體。其山水景色迷濛，墨竹亭亭玉立。傳世作品甚少，今所見有《雲橫秀嶺圖》、《春山晴雨圖》、《墨竹坡石圖》等。《雲橫秀嶺圖》，畫山水於雲霧之中，遠山嵯峨，中景小橋、亭屋，溪水潺潺，林木蔥蔥。山頂用青綠橫點，石坡多用披麻皴，然後施赭色。李贊此畫「樹老石蒼，明麗灑落」，已不是此前「秀潤有餘，頗泛筆力」的水準了。他為弟弟子敬作《竹石圖》，兩竹並立，一濃一淡，凝重穩固，耐人尋味。

4. 黃公望　黃公望（1269-1354年），字子久，本姓陸，名堅，江蘇常熟人。因自幼養於浙江永嘉黃家而改姓黃。他自幼好學，精詩文，通音律，長詞短曲落筆即成。他四十多歲開始做過浙西縣令，後到京師尚書省、監察御史院任職。不久在京被誣入獄。出獄後改號一峰，又號大癡，信奉全真道。常遊杭州、松江等地，寄情於畫，一度貧以賣蔔自給。晚年歸浙江，富春山是他的常居地。他畫學董、巨、荊、關，亦受趙孟頫的影響，大器晚成，獨具風格，被譽為「四大家」之首。傳世著名作品有《富春山居圖》、《溪山雨意圖》、《快雪時晴圖》、《九峰雪霽圖》、《丹崖玉樹圖》、《天池石壁圖》、《剡溪訪戴圖》、《水閣清幽圖》、《暮

靄橫雲圖》等。其中《富春山居圖》頗負盛名，是一件代表傑作。

　　《富春山居圖》，畫卷高不過尺，長二丈餘。畫家以自己熟悉並喜愛的地方，以此長幅描繪大江兩岸連綿不斷的秀麗風光。畫面重巒岡阜、怪石蒼松、溪繞山村、小橋漁舟，有近有遠，不斷變化，使人目不暇接。在技術上用披麻皴和乾筆皴畫山石，橫點林樹。筆墨洗練蒼勁、構圖嚴謹。關於這幅畫，作者在其題跋中云：「至正七年（1347年），僕歸富春山居，無用師偕往，暇日於南樓援筆寫成此卷。興之所至，疊疊然布置如許，逐漸填箚，三四載未得完備。蓋因留在山中而雲遊在外故耳。今特取回行李中，早晚得暇，當為著色。無用過慮有巧取豪奪者，俾先識卷末，庶使知成就之難也。十年青龍在庚寅歜節前一日，大癡學人書於雲間夏氏（世澤）知止堂。」從跋語中可知畫起稿於至正七年（1347年），是年畫家七十九歲，到至正十年（1350年）已八十二歲，畫未完而先跋於卷末，是自知年事已高矣。一幅畫三四年未就，恐非僅因其「雲遊在外」，當是作者實地觀察、用心構思所致。作者言「成就之難」，可知畫中傾注了多少心血。這幅畫畫成至今六百餘年，歷經劫難，現分藏於浙江省博物館和臺灣省臺北「故宮博物院」。觀黃公望之畫，無不形神兼備、情景交融，是文人畫風成熟的表現。

王蒙《太白山圖》（局部）

　　5. 王蒙　王蒙（1301-1385年），字叔明，號黃鶴山樵，又稱香光居士。浙江湖州（吳興）人。元末曾官「理問」，惠宗至元間隱居餘杭東北黃鶴山「白蓮

精舍」中。明洪武初，出任泰安知州，不久因胡惟庸案受累，瘐死於獄。王蒙作畫，自幼受外祖父趙孟頫及常與黃公望、倪瓚交往的影響。他畫繼董、巨傳統，喜用枯筆和多種皴法。他的山水畫，結構複雜，層次繁密，筆法蒼秀，體現出山色蒼茫、林木蓊鬱，和江南山水樹木的濕潤感。他的畫有不少傳世，有《青卞隱居圖》、《葛稚川移居圖》、《夏日山居圖》、《夏日高隱圖》、《太白山圖》、《舟山雲海圖》、《谷口春耕圖》、《秋山草堂圖》、《雅宜山齋圖》、《林泉清集圖》等。繪畫內容多以表現隱士生活為主，有水墨也有著色，並以不同的主體而變化風格，縱橫離奇，莫辨端倪。《青卞隱居圖》作於至正二十六年（1366年）四月，以浙江吳興西北卞山為背景，畫卞山千崖萬壑、林木蒼鬱。自山麓至山頂突出雲岩，因卞山雲岩、碧岩、秀岩三岩，堆雲岩常在雲霧繚繞中。畫筆多用牛毛皴，用墨乾濕互用，山頭以筆打點，樹葉用破筆點捽。山坳有草廬數間，內有隱士抱膝倚床，消閒自得。畫面氣勢充沛，格調蒼秀。畫中倪瓚跋云：「叔明筆力能扛鼎，

《漁父圖》軸

五百年來無此君。」明董其昌曾泊舟卞山下，看此山奇秀幽深，他認為惟王蒙「能為此山傳神寫照」，譽此畫「天下第一」。的確，論筆墨功力，畫山水少有可與比者。

　　6. **吳鎮**　吳鎮（1280-1354 年），字仲圭，自號梅花道人，浙江嘉興人。善畫山水、梅花、竹石，多以漁父、古木竹石為題材。為人孤峭，雖貧窮而不以畫媚世，常以賣畫維繫隱居生活。他的山水畫風師董源、巨然，墨竹效文同。傳世畫有《漁父圖》、《水村圖》、《蘆花寒雁圖》、《秋江漁隱圖》、《雙松平遠圖》、《嘉禾八景圖》和《竹譜圖》等。其中《漁父圖》有多卷，皆畫水闊天空、漁舟穿梭，鼓棹垂釣，意境或開闊或深幽，隨意變化，不拘一格，畫筆洗練堅實，水墨

圓渾蒼潤。

7. 倪瓚 倪瓚（1301-1374 年），原名珽，字元鎮，號雲林子、荊蠻氏、曲全叟、淨名居士、朱陽館主，還有懶瓚、東海瓚、奚元朗等，常州無錫人。瓚家資殷厚，生活安逸。他喜讀書作畫，結交名士，亦曾求佛參禪，入館學道，被人稱為「高士」。他自建園林，藏文物書畫於「清密閣」中。晚年社會紛亂，家景日衰、變賣田產，散去家資，浪遊各地。常寄居山村、寺觀，變成「倪迂」。他善畫山水、竹石，多以水墨為畫。山水畫初學董源，後習荊、關，創「折帶皴」法。畫筆簡練，筆勢柔而見剛。畫竹秀嫩瀟灑。他的畫不刻意求形，而是以自然山水寄興寫意，抒發胸懷而寄神於形。

生活在太湖和松江三泖附近水鄉，是倪瓚作畫題材的主要內容。傳世畫主要有《紫芝山房圖》、《虞山林壑圖》、《漁莊秋霽圖》、《松亭子圖》、《江岸望山圖》、《春山圖》、《怪石叢篁圖》、《梧竹秀石圖》、《西林禪室圖》、《水竹居圖》等。《水竹居圖》，縱四十八釐米，橫二十八釐米，紙本設色軸畫，作於至正三年（1343 年），作者時年三十四歲，是他有年款作品中最早的一幅畫，為友人高進道遷居而作。所畫乃江南初秋景色，多用重綠，以遠山為背景，近處溪岸雜樹五株，其中一株淺絳，中有竹林一片，茅屋兩椽。《漁莊秋霽圖》，近畫高樹數棵，中是遼闊的湖面，遠山為背景，即所謂平遠式構圖法。也是他晚年常用的一種形式。他晚年山水畫極少設色，且多披麻、折帶皴，或枯筆淡皴，畫面簡潔明朗。

倪瓚畫竹石也極負盛名。如《竹枝圖》、《梧竹秀石圖》等。《竹枝圖》畫修竹一株，以禿筆濃墨，顯得新竹秀嫩瀟灑。《梧竹秀石圖》，畫梧桐一棵，疏竹幾竿，有大湖在其間，濃淡相宜。這類畫體現出清淨文雅的情趣。

二、壁畫

元代的壁畫也達到了藝術高峰。在敦煌石窟、西藏寺院、山西一些寺觀以及一些元代墓葬中，壁畫面積很大，內容豐富。其中除宗教畫而外，一些社會生活

畫具有珍貴的研究價值。

1. 永樂宮壁畫 永樂宮原建在山西芮城縣永樂鎮，是傳說八仙之一呂洞賓的出生地，因黃河三門峽水庫工程受到影響，於一九五七年開始，將宮觀建築連同壁畫，遷移距原址二十公里外芮城西北風景區。這是一組規模很大的元代道觀建築。呂洞賓死後，唐代即將其宅改為「呂公祠」，金末改名為觀，元太宗乃馬真後三年（1244 年）毀於火。元代新道得勢，於一二四五年「有勅升觀為宮，進真人號曰天尊」，由道首尹志平、李志常等，推薦潘德沖為河南北兩路提點，前來修建大純陽宮。工程大約從中統三年（1247 年）開始，到至元三十一年（1294年），將近五十年的時間才算完工，其中三清、純陽、重陽三殿費時十五年。建築完工之後，繪畫工程直到至正十八年（1358 年）元朝亡前十年才結束。現在的永樂宮建築，除宮門為清代建築外，無極門、三清殿、純陽殿、重陽殿都是元代所建，以主殿三清殿最大。

壁畫以道教內容為題材，繪有天神、地、真人、哲士。從繪畫藝術風格上可以分兩大類。一類是三清殿和龍虎殿，用富於裝飾性的重彩勾填法，繪身高二米以上的《朝元圖》。另一類是純陽殿和重陽殿內，是以「連環畫」形式，繪呂洞賓、王重陽成仙得道故事，皆有榜題。三清殿內壁畫面積共四百零二平方米，主要內容以《朝元（元始天尊）圖》的群仙像為主。在道教中，《朝元圖》如同佛教的《說法圖》，是一種流行的表現形式。整個布局為：南壁兩側繪青龍、白虎為班末，以龕後南極、東極、三十二天帝，及三壁六尊天帝王後主像（玉皇大帝、紫微北極大帝、勾陳天皇大帝、后土、東華木公、金母），環繞於三清周圍，繪出身高二米以上的群仙共二百八十六人，以身分、年齡、性別不同而有不同的表情和動作。主像皆莊嚴肅穆，玉女俊麗文雅，武將鬚眉飛動，真人翩翩欲仙。人物間作對話、傾聽、注視、沉思，突出不同動態又有整體呼應。畫筆圓渾有力，從實際生活中捕捉衣紋與形體在運動狀態下的變化，用簡練流暢一筆到底的線條，達到真實和飄逸的效果。至於器物，則盡力表現出質感。彩色用富於裝飾性的重彩勾填法以增強內容的氣氛，採取分散使用青綠、石黃、朱砂等石色，用白或其他單色間隔，重點加工細部紋樣。用堆金瀝粉突出衣袖、瓔珞、服飾、花鈿，使遠望感到氣勢不凡，近則看到裝飾華麗，令觀者卻步忘返。看三清殿壁

畫，自然會回想到唐閻立本的《歷代帝王圖》，宋武宗元的《朝元仙仗圖》或《八十七神仙圖》，他們的風格有明顯的繼承關係，是一脈相承的產物。

　　純陽殿俗稱呂祖殿，殿內壁畫面積二百零二平方米，繪《純陽帝君仙遊顯化之圖》，從呂洞賓降生，以他的傳說故事，繪出五十二幅傳體畫。重陽殿內畫面一百五十平方米，繪王重陽及六弟子畫傳四十九幅，畫技略低於純陽殿壁畫，且保存較差。純陽殿和重陽殿壁畫的內容，雖屬成仙得道怪誕之說，但又是寫實的筆法，以當時現實生活為背景，描繪了當時人們的服飾、用器、日常活動、市井內容以及園林建築等，其意義和價值遠遠超過宗教範圍。據壁畫題記知道，三清殿壁畫繪於元泰定二年（1325 年），畫家是河南府人氏馬君祥率長男馬七及門人王秀先、王仁、馬十一、馬十二及范、魏、方、趙四人。純陽殿至正十八年題記畫家有禽昌（襄陵）朱好古及門人古新遠，絳陽張尊禮及門人田德新，洞縣曹德敏，古內李弘宜及門人王士彥，孤峰王春及門人張秀石。馬群祥於大德三年（1299 年）曾在洛陽白馬寺作畫，而山西稷山興化寺《七佛圖》則是朱好古的手筆。這些人雖身居人間，已是河南和山西一帶的知名畫工，就工力而論，足可稱為畫家。[32]

2. 廣勝寺水神廟壁畫

洪洞縣霍山廣勝寺，因供奉水神明應王而有名，廟內明應王殿壁畫滿布，畫幅高達五米，面積近二百平方米，保存完好。壁畫共十三幅，其中除《祈雨圖》、《行雨圖》屬道教水府諸神外，其餘是歷史故事和當時社會生活風俗內容。繪畫布局是：

水神廟壁畫《施雨圖》

---

32 永樂宮壁畫有關資料參考《文物》1963 年第 8 期；杜仙洲、王遜、王暢安、陳鴻年、朱希、宿白諸先生文章及人民美術出版社 1964 年版《永樂宮》畫冊。

西壁四幅，南起依次為《敕建興唐寺圖》、《祈雨圖》、《下棋圖》和《打球圖》。北壁中間為神壇，壇西畫《後宮司寶圖》，東邊四幅畫是《後宮尚食圖》。東壁北起依次有《漁民售魚圖》、《庭院梳妝圖》、《龍王行雨圖》、《古廣勝上寺圖》。南壁門東側是《大行散樂忠都秀在此作場圖》，西側東起是《霍山玉淵亭圖》、《唐太宗千里行徑圖》。其中《龍王行雨圖》和《祈雨圖》東西相對，位置突出，面積亦廣。諸畫面構圖，疏密兼備，爽朗開闊。墨筆勾勒蒼勁洗練。用彩以重彩平塗，除石青、石綠外，朱砂、銀珠、土黃也參照採用。人物表情自然，神態逼真，服飾用器，皆以現實所見為準。最具生活寫實的《漁民售魚圖》，畫一方桌上擺著酒瓶，酒注、湯鉢，桌下箱內裝石榴、桃等瓜果。桌後站一年長者右手提酒注，一青年捧一托盤酒具之類正走向桌邊，還有一老人手捧果食盤靠桌右一邊放盤，一邊回頭看賣魚情況。買魚人右手提秤，左手托砣，秤鉤掛著三條魚，正在看重量，另一個與複秤者身分相同者站在一旁等候。漁翁右手提兩條魚正與買魚人問話或議價。漁翁頭裏軟巾，鬢髮蓬亂，身穿長袍，繫腰帶，後斜插一短把環柄魚鉤，其他五人皆頭戴襆頭，身穿圓領長袍，束腰帶，穿靴。他們體態豐盈、面容肥潤，與衣衫簡陋，面容消瘦蒼老者的形象對比鮮明。《打球圖》，畫二人各執一曲棍爭奪空中之球，旁有裁判和撿球人。《下棋圖》，畫兩個年長者，就自然山岩平處屈腿而坐，中間方棋盤每側棋路為橫九縱六，另有四位年輕人在一旁觀看。五人皆頭戴襆頭，穿方圓領長袍，束腰帶，穿靴。《大行散樂忠都秀在此作場圖》，畫中十一人，前後兩排，男七女四，忠都秀女扮男裝，生末淨旦丑同臺，樂器有鼓笛和拍板。這些以描寫現實生活的畫面，如打球、售魚、散樂圖，都具有很高的研究價值。就畫技而論，比永樂宮水準略低。明應王殿重建於元大德九年（1305 年），畫畢於泰定元年（1324 年），畫師王彥達及子王小和胡天祥、馬文遠、王彥才等畫東半部。西半部畫師是東安趙國祥、周村商君錫、南祥景彥政。東安、周村、南祥村名至今未改，現在分屬洪洞、趙城縣，而這些畫師也就是當地的名家。他們在明應王殿畫的畫，突破了宗教畫的傳統束縛，頗具獨創精神，取素材於當今社會，貼近生活，為大眾所樂見。[33]

---

33 柴澤俊、朱希元：《廣勝寺的壁畫藝術》，《文物》，1981 年第 5 期。

在中國歷史上，宮廷藝術往往代表著一代最高水準。關於元代宮廷的繪畫與雕塑藝術，雖當時無畫院之設，在元代《畫塑記》一書中，仍留下一些有關記載。記載的畫、塑家有阿尼哥及其子阿僧哥、劉元及弟子張提舉、稟搠思哥、斡節兒八哈失、尚提舉、吳同僉等。阿尼哥，《元史·方技傳》說他是「尼波羅國人」，中統元年（1273 年）十七歲入元，「善繪塑及鑄金為像」。劉元從阿尼哥學塑藝，《元史·方技傳》記載，「凡兩都名刹，塑土範金，摶換為佛像，出元手者，神思妙合，天下稱之」。肖像畫家有「傳神李肖嚴」等人，《畫塑記》多處記載詔令他畫帝、後御容及其他畫像事。當時御容畫出，有的以絲織繡，今故宮博物院藏元帝后像，就可能有這些宮廷畫師的作品。關於元代畫塑所用五彩繽紛的顏料，《畫塑記》留下有詳細的記錄，種類繁多，如有朱砂、心紅、上色心紅、黃子紅、回回胭脂、葉子黃、代赭石、西綠、生西綠、回回青、生石青、漢兒青、熟石大青、平陽土粉、官粉、瓦粉、紫粉、官箔、泥金、川色金等，這一記載，對於研究中國古代畫塑色彩，提供了極有價值的史料。

三、書法

元代講求書、畫一體，對書法與繪畫作為藝術同等看待，因此許多人是畫家又擅長書法，如趙孟頫、吳鎮、倪瓚就是書、畫全才。[34]

趙孟頫是元代傑出的書法家，《元史·趙孟頫傳》記載：他「篆、籀、隸、真、行、草書，無不冠絕古今，遂以書名天下」。還說當時「天竺有僧，數萬里來求其書歸，國中寶之」。他寫字和繪畫一樣，主張師古，即晉、唐人書藝。他曾常臨顏真卿、柳公權、徐浩、李邕諸帖，僅臨王羲之的《蘭亭序》就不下數百本，且「無一不咄咄逼真」。臨寫智永《千字文》已「近五百紙」。由此可見刻苦求藝精神。他不是一意模仿，而是取諸家之長，創造出自己的風格。他的傳世墨蹟多楷、行、草，而少篆、隸。代表作品小楷有《大洞玉經》、《老子道德

34　參見楊仁愷主編：《中國書畫》，上海，上海古籍出版社，1990。

經》，大楷《大都龍興寺帝師膽巴碑》、《杭州福神觀記》，小行書《洛神賦》、《前後赤壁賦》，大行書《煙江疊嶂詩》，草書《千字文》等。他的楷書，運筆穩重，結構謹嚴，端莊古雅。行書筆力遒勁，字體秀媚。草書筆法多變，自然瀟灑。小字《道德經》和《千字文》為世人喜愛的妙品。以其書法風格和成就，確有承前啟後的作用，不愧是中國歷史上的書法大家。

鮮于樞（1257-1302 年），字伯機，號困學山民，又號虎林隱吏、寄直老人等，漁陽（今屬北京市）人。官至太常典簿。他能詩、善書、通音律。書法與趙孟頫同負盛名，也是趙孟頫的摯友，二人對書法有共同的觀點，是元初書法創新的宣導者

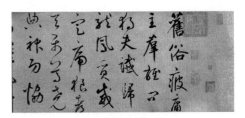

鮮于樞行草真跡

之一。他精於楷書和行書、草書，楷學虞世南、褚遂良，行書學王羲之，草習懷素。其書法筆勢婉轉自如，剛勁有力。傳世作品主要有小楷《老子道德經》，大楷《御史箴》、《麻徵君透光古鏡歌》，行草《王荊公雜詩》、《杜工部行次昭陵詩》等。小楷《老子道德經》，字體結構謹嚴，筆跡端麗，是其小楷精品。行草《杜工部行次昭陵詩》，筆跡流暢，是他乘興揮灑而就，最能代表他的風格。

元初與趙孟頫、鮮于樞同時的著名書法家還有鄧文原和康里巎巎。鄧文原（1258-1328 年），字善之，一字匡石，四川綿州（今綿陽）人。官至集賢直學士，兼國子祭酒。他的書法先學二王，後法李邕，善正行草，尤以章草著稱。其章草《急就章》，作於大德三年（1299 年），明人袁華有題跋云：「若神蛟出海，飛翔自如。」觀此書秀麗古雅，頗具隸味，確係一篇代表性作品。

康里巎巎（1295-1345 年），字子山，號正齋。一號恕叟。康里人，因以為姓。官至翰林學士承旨，是歷史上少數民族漢字書法家，善懸腕飛筆行草，自稱日書三萬而無倦意。楷學虞世南，草學二王，傳世作品《顏魯公述張旭筆法記》、《謫龍說》、《漁父辭》等。草書《顏魯公述張旭筆法記》，用筆圓勁流暢，嚴守法度，一氣呵成，而無一字之失，是他書法典型代表作。

畫家吳鎮善草書，除落筆於畫題外，有書《心經》傳世，是一篇有懷素筆法

的草書，蒼秀瀟灑，如龍蛇爭鬥，筆飛墨舞，氣勢不凡。吳鎮為人「抗簡孤法」，畫如其人，字如其人。

　　元代還有不少著名書法家和作品傳世，如揭傒斯（1274-1344 年）的《臨智永真草千字文》、《自書草詩》。張雨（1277-1328 年）的《題畫二詩》、《七律詩》及《唐人絕句》。郭畀（1280-1335 年）的《詠青玉荷盤詩》、《客杭日記》等等。元朝末年有著名書法家楊維楨（1296-1370 年），他的書法清勁矯健，獨具風格，傳世作品有行書《鬻字窩銘》、《夢游海棠城詩》、《張栻城南詩》、《竹西草堂記》和楷書《周文卿傳》等。其中《夢游海棠城詩》，作於洪武二年（1369 年），時他已年七十有四，以雄勁之筆，借夢遊仙境之事，抒發避世清閒志趣。周伯琦（1299-1369 年），《元史·周伯琦傳》記載，他「博學工文章，而尤以篆隸真草擅名當時」。他草書學王羲之、智永，古篆受趙孟頫頫影響，字體肥潤雄厚。張雨題云：「伯溫篆書為本朝冠，而偏旁畫點皆有來歷無間然者。」說明他的書法功力是很深厚的。

第十三章

成就斐然
的科學技術

第一節·
遼代的天文曆法、醫學及建築技術

遼朝在建國前，長期過著隨水草遷徙的遊牧生活。耶律阿保機父輩當權的時代，契丹勢力不斷擴大，社會經濟發生了重大變革，不斷向周邊其他民族發動戰爭，特別是向南擴張，俘獲了大批漢人，他們不僅給契丹人帶來了先進的農業和手工業生產技術，而且也帶來了先進的科學技術。

遼朝採用中原的曆法。「大同元年，太宗皇帝自晉汴京收百司僚屬技術曆象，遷於中京，遼始有曆」[1]。那次傳去的是乙未元曆。後來，在聖宗時，又引進了大明曆。

織錦彌勒佛像唐卡

1　《遼史·曆象志上》。

在天文學方面，目前所見的資料僅有河北宣化遼墓[2]中所繪製的星象圖。星圖位於後室穹隆頂部的正中央，繪製在直徑二點一七米的範圍以內。在穹隆頂部的中心，懸銅鏡一面，鏡周畫蓮花，蓮外以白灰為底，上塗一層淡藍色表示晴空。星宿圍繞蓮花作圓形分布，每顆星以朱、藍色塗成圓點表示，星點間連以直線。在中心蓮花的周圍，東北畫北斗七星。在蓮花的周圍，繪九大圓圈，五紅四藍，合為九星。正東偏南為太陽，是星圖上最大的星。紅色大星四顆，基本分布在東、西、南、北四個正方向，藍色大星四顆，大小相同，都分布在東北、東南、西北、西南的偏斜方位，但不直對。此八顆星所代表的星宿尚不能確定。中間一層繪二十八宿，東方七宿為蒼龍（角、亢、氐、房、心、尾、箕），房宿取正東。北方七宿為玄武（斗、牛、女、虛、危、室、壁），虛宿取正北。西方七宿為白虎（奎、婁、胃、昴、畢、觜、參），昴宿取正西。南方七宿為朱雀（井、鬼、柳、星、張、翼、軫），張宿取正南。最外層，分布黃道十二宮圖。黃道十二宮圖源於古巴比倫，已有四千多年的歷史。宣化星圖十二宮的分布，基本是三十度一宮，十二宮為一年，合三百六十度。從當時春分點所在白羊宮向東算起，依次為金牛宮（已毀），雙子宮，巨蟹宮、獅子宮、室女宮、天秤宮、天蠍宮、人馬宮、摩羯宮、寶瓶宮、雙魚宮。每宮以符號和圖形來表示。宣化星圖構圖相當完善、優美，它以中國二十八宿為主，吸收了巴比倫黃道十二宮，像這樣綜合中外天文學成果的星象圖，在中國天文學史上還是首次發現，從一個側面也反映了遼朝天文學的成就。

隨著與漢族人民的廣泛接觸，漢族的醫學也流傳到了契丹地區，為契丹人民所廣泛應用。契丹人耶律庶成和吐谷渾人直魯古對推廣漢族先進的醫學曾作出了一定的貢獻。「初契丹醫生鮮知切脈審藥，上（興宗）命庶成譯方脈書行之，自是人皆通習，雖諸部族亦知醫事。」[3]《金史》說耶律達魯頗精醫學，察形色就能知道病原，雖不診病，但卻有十全功。可見其醫術是相當高超的。直魯古也精通醫學，曾撰脈訣針灸書行於世。

2　河北省文物管理處、河北省博物館：《河北宣化遼壁畫墓發掘簡報》，《文物》，1975 年第 8 期。

3　《遼史・耶律庶成傳》。

漢族的建築技術也傳到了契丹地區。契丹「得燕人所教，乃為城郭宮室之制」[4]。阿保機未即帝位時，已先後建立了龍州城、羊城和漢城。既即帝位，於神冊三年（918 年）建皇都龍眉宮，後來發展成為上京。上京和中京是遼代創建的兩個最大的城市，遺址尚存。近幾年來，考古工作者組織專門力量，對上京和中京的遺址作了全面的調查和重點發掘。根據已經發表的調查報告，可以知道遼代的城市規劃和市政建設都達到了相當高的水準。如：中京幹道寬闊，街市整齊，街道兩旁有用石片和木板砌成並加蓋的排水溝，經設在城牆下的涵洞排出污水。中京外城幅員約一萬五千米，中有內城，內城北部為皇城，外城套內城略如「回」字，與遼初興建的上京形式不同。上京北為皇城，南為漢城，相連如「日」字，具有明顯的個性。中京城比較晚出，無疑曾受到中原地區的影響。

留存至今的遼代建築，有山西大同華嚴寺薄伽教藏殿，善化寺大雄寶殿，義縣奉國寺及山西應縣佛宮寺釋迦塔等，都以構造精巧、氣象雄偉見稱。佛宮寺釋迦塔建於遼清寧二年（1056 年），是世界上現存的最高的古代木構高層建築。木塔塔身八角九層，外觀是五層（有四個暗層）、六簷（底層是重簷）。自地

遼代獨樂寺觀音閣

面到塔頂高達六十七點三一米。塔下有兩層磚築基石，上層八角形，下層方形。在上層八角形臺基上布置於內外槽柱及副階（外廊）前簷柱。內外槽轉角柱都是雙柱，所有的柱子用梁枋連接成筒形框架。底層以上是平座暗層，暗層以上是二層，再上又是干座暗層，如此更相重疊直到五層為止。多層柱子疊接而上，每層

4　《舊五代史‧契丹傳》。

外簷柱都與下層平座層柱同一軸線，但比下層外簷柱向塔心退入約半柱徑，形成了各層向內遞收的外形輪廓。平柱層外簷柱立在下層斗拱所挑承的梁上。

在暗層內可以看到內外槽柱子之間用斜撐、梁和短柱組成的複梁式木架，這實際上形成了一道平行桁架式圈梁。內環又疊置四層枋子組成的井幹式圈梁。在一圈內槽柱當中安裝佛像，不能拉聯，所以各暗層用斜柱，使整個暗層形成一個牢固的構架。這樣，整個塔身就含有四道剛性構架。這種結構方式使整個塔身的穩定性大為增加，從而增加了抗風抗震能力。這些都反映了遼代高層建築的卓越成就。應縣木塔經受住了多次地震的考驗，仍巍然屹立，與這種新型結構方式所具有的穩定作用密切相關。

遼代佛宮寺釋迦塔

應縣木塔結構上還有一些技巧，如四個斜方向，兩次間的柱間原有剪刀撐，以荊笆拌泥封護，它既能增強結構強度，又形成了虛實對比（門窗為虛，荊笆抹泥為實）。又如，由於樓梯處不能安置斜撐而形成弱點，為了使弱點分散，採用了沿塔身螺旋上行的辦法，每隔一層安置一道扶梯，從而避免了弱點集中，不至於形成更大的虛弱環節。再如由於上下各層內槽柱都放在同一個軸線上，八根軸線略向塔心傾斜，從整體上看，下大上小，各層向內遞收，既符合結構穩定的要求，又使塔身總體造型顯得穩重大方。可以說，應縣木塔是將結構構造和建築造型有機統一起來的典範。塔的細部結構也表現了優秀的手法，斗拱式樣富於變化，共採取了六十多種遼式斗拱，極其豐富多彩，這也顯示出當時建築技術的高超。

金代的
科學技術

一、天文曆法

　　女真建國之初，「用兵行師，未知有時日支干。弧虛旺相之法，天文之官亦未備。」[5]在滅遼戰爭中，因獲得遼的太史如忒、孛萌、未極母三人，始置挈壺供奉等官。後在秘書監下設司天臺，有提點、監，掌天文曆數、風雲氣色；設少監、判官各一員、教授二員、司天管勾（不限員數）、長行人五十、天文科女直及漢各六人、算曆科八人、三式科四人、測驗科八人、漏刻科二十五人。提、監是五品和從五品官員。金初的天文事業，有得遼掌握天文知識的太史，滅遼之後，遼的天文漏刻儀器自然也從此歸金，亡宋時又將宋設在開封的渾天儀及刻漏運送上京，後又遷中都。所得這些，都為金代天文事業發展創造了良好基礎。

　　天文。金代司天臺觀測天象，自太祖天輔三年（1119 年），至哀宗天興元年（1232 年），僅日食記錄就有四十二次之多，除有兩次因雲雨未見外，「候之不見」僅有一次。從金代天象觀察記錄中，我們還看到了科學與迷信的糾葛。皇帝大臣們，總是把日月星辰和天象變化，視為福禍之兆。所以規定司天臺提點、

5　《大金國志校證》卷三十三，北京，中華書局，1986。

監，對天文風雲氣色之變，要求「密以奏聞」，不得妄自對外發布消息，以免引起他議。如正隆三年（1158 年）三月辛酉朔，司天奏日食，但候之不見，於是海陵王即有勑：「自今日食皆面奏，不需頒告中外。」世宗時規定，凡遇日月食，要禁酒、樂、宰牲一日。遇日食則不視朝，由命官代拜，或減膳，同時命百官各於本司站立，至食罷乃止。把天色日月之光強弱異變，都視為天意。天人感應之說，維繫著他們的命運。

曆法。女真人初無歲時曆法，「以草一青為一歲」。天會五年（1127 年），司天楊級參照宋紀元曆編出「大明曆」，於天會十五年春正月朔正式頒行。其法，「以三億八千三百七十六萬八千六百五十七為曆元，五千二百三十為日法」[6]。施行二十年後，於正隆三年（1158 年），開始發現以這個曆法推算出的日食未食，自大定十三年（1173 年），又接連發生所推算日食不準之事。於是又命司天趙知微重修大明曆，同時翰林應奉耶律履編成乙未曆。大定二十一年，命尚書省委禮部員外郎任忠傑與司天曆官，對知微與履二人之曆進行比較，最後採用了知微所修正的大明曆。章宗明昌年間，司天曆官劉道用又改進新曆，對此禮部郎中張行簡主張等驗正無誤差後再頒行，就這樣新曆被擱置起來。所以，終金一代，百有餘年，只改過一次曆，乃以大明曆為準。直到元代授時曆頒行始廢。

金代所用的渾象儀，是滅北宋掠取的。在輾轉搬運途中，最後運到中都時，「天輪赤道牙距撥輪懸像鐘鼓司辰刻報天池水壺等器」早已損毀，唯銅渾儀保全。因燕、汴兩地相距較遠，地理高度和所在方位不同，經校正四度方可運作。在明昌六年（1195 年）八月，還因一場雷雨大風，從臺上跌落下來。宣宗貞二年（1214 年），遷都南京（開封），由於不易拆卸，整裝又不易車載，便被棄置放原地。到興定年間，司天臺因無渾儀提出新鑄，又因國家財用不足，缺乏銅料而作罷。直至金亡於元，連運往南京禁中的蓮花滴漏和隨皇帝巡幸的星丸滴漏，也隨著金亡而廢毀。

---

6 《金史・曆志》。

二、醫學

金代的醫學，在醫學史上是一個重要階段，是繼宋之後又有所發展的時期。無論是醫學論著、醫病理論、醫療技術，都有比較豐富的成果。金滅遼、宋，繼承了他們的醫學遺產。如宋宮圖籍，以及王惟一根據自己所著《銅人腧穴針灸圖經》，按人體鑄造並標示經絡穴位的針灸銅人模型等。

金代也和宋遼一樣，設有相應的醫療機構。在中央宣徽院下設：尚藥局，有提點使及副使，負責掌管進湯藥茶果，下有直長、都監等職。太醫院，有提點、使、判官，負責掌諸醫藥及總判院事。下有管勾，隨科至十人設一員，以精醫術者充任。還有正副奉上太醫、長行太醫等。御醫院有提點、直長，負責進御湯藥，限以親信內侍充任，還有都監等職。當時的太醫官從四品到九品，設有大夫和郎，諸如保宜、保康、保平、保安大夫，保愈、成愈、醫全、醫效、醫癒郎等。醫學設十科，對醫學生免一身之役，有學識者授醫學博士。在諸府、路設醫院，有醫正、醫工從業。另外還有惠民司，負責掌管發賣湯藥之事。

金代在刊行醫著方面，對於推行醫學的進步和發展也起了積極的作用。皇統年間曾刊印《附廣肘後方》，貞二年（1214 年）重修《大觀本草》為《經歷證類本草》等。當時一些著名的醫學家多有論著又有實踐，其中成無己是金代第一個注釋《傷寒論》的名醫。馬丹陽（1123-1183 年），精針灸之術，著有《十二穴歌》，人稱「馬丹陽十二穴」，是古代針灸臨床經驗的總結。具有豐富實踐經驗的竇漢卿，是一位針灸名醫，其《林幽賦》，把穴位、脈絡、神經三者相互反映關係，以歌賦體裁表述出來，鮮明易懂，便於掌握和推廣，在民間也易於流傳。《流注能要賦》，則為肘膝以下井、榮、癒、合六十六有效穴位行針要義，提供了實踐心得。還有一位棄進士而學醫的紀天錫，醫技高明，於大定十五年獻所著《集注難經》十五卷，因此被授予醫學博士。

在金代最負盛名、在醫學上有重大貢獻的名家是劉完素、張從正和張元素及前面提到紀天錫。他們有治病實踐，並著書立論，因此，《金史》皆為他們立傳。劉完素（1110-1200 年），字守真，自號通玄處士。著有《運氣要旨論》、《精

要宣明論》、《傷寒直格方》。《傷寒標本心法本草》、《三消論》、《素問玄機原病式》等。其中代表作《素問玄機原病式》，特舉二十八例，注二萬餘言。他認為人的壽命長短與自身的運動有一定的關係，但死也是自然規律。所以他說：「人既有形，不能無病，有生不能無死。病者但當按法治之。其有病已危極而不能取效者，或已衰老而真氣傾竭不能扶救而死者，則非醫者之過也。」其醫術「好用涼劑，以降心火，益腎水」，創「火熱論」，反對用一方治「百病」的呆板療法。

張從正（1156-1228 年），字子和，號戴仁，考城（蘭考）人。興定中召補太醫，後辭去。著有《六門二法》失傳。他醫學劉完素，用藥多寒涼劑，但其方多取醫書。論病救治，最精要者為「汗、下、吐法」，但論其法則多變，「不當汗者，汗之則死。不當下者，下之則死，不當吐者，吐之則死，各有經絡脈理」。

張元素（1151-1234 年），字潔古，易州（河北易縣）人。八歲試童子舉，三十七歲應試經義進士，因犯廟諱而下第習醫。著有《醫學戶源》、《珍珠囊》、《病機氣宜保命集》。《珍珠囊》是一部有關藥性研究的著作，書中討論了一百多種藥物。明李時珍稱其為「靈素而後一人」。他行醫不依古方，認為古今「運氣不齊」，「古方新病」不會有效，主張用藥要依據四時氣候不同而增減。據傳記說：當時有河間劉完素，得傷寒八日，頭痛脈緊、嘔吐不食，醫者已無良法。元素前往醫治，但完素不相信他的醫術，轉臉面壁而不理他，後來還是同意讓他診治。診過脈後，元素向病人說：你已服過某味藥嗎？病人答：是。元素說：誤事了。你已服用的藥味性寒，致使汗不能出，應該服某藥才能治你的病。於是依元素言，病很快治好了，從此元素名聲遠揚。元素有一個徒弟叫李杲，很得元素之道。擅長治傷寒、癰疽和眼疾。著有《內外傷寒辨惑論》、《脾胃論》、《蘭室秘藏》、《珍珠囊補遺》、《藥性賦》等。另外，金前期還有一個名醫，洛陽人李慶嗣，少讀《素問》諸書，頗精於醫。著有《傷寒纂類》、《傷寒論》、《改證活人書》和《針經》等書。

從金代的醫學名家和他們的著述中，可以看出這些名醫中，多數是行醫於民間，他們接觸到大量的病人，取得了豐富的實踐經驗。正是因為有了這些條件，才使他們能夠得出對症下藥的辨證理論。這些實踐和理論，表現在他們的論著

中，一方面是注疏前人的醫著，實際上是補充和訂正；另一方面是應用性很強的著作，也是實踐的總結，反過來又為實踐服務。因此金代醫學有著承前啟後的重大作用，許多論著流傳下來，成為中國醫學的珍貴財富。

金代醫學發展的條件，還與金滅遼亡宋得中原之後注意城鄉經濟以及造紙和印刷業的發展有一定關係。這只要看看金刻醫書，如《金修正義和證類本草》版本的精良，就會明白當時醫學發展的情形。和女真初興東北之時，「其疾病無醫藥，尚巫祝，病則巫者殺豬狗以禳之，或車載病人至深山大谷以避之」的情形相比，不能不說是驚人的進步。

三、建築技術

金代的建築，從城市、宮殿、廟宇到民居，在建築結構、用料、裝飾等方面，都與漢式建築無大區別。在稱金前後，女真人乃是一種半地穴居住方式，即沿山而居、依山坡鑿室，上棚一木板草泥，習東南門向，至天寒時以草擁門。在平地則挖方形地穴，地面以上沿穴壁築一段牆，上架木梁，木板，樺皮，再覆以草泥。出入在門口內留臺階，或自室內地面向外開斜坡門道。也有地上壘土牆，架木棚頂覆草泥的地上建築，或全用檁木板材建築的木構房屋。富豪及首領人物，有木柵圍欄。村落也有連木為柵，聚集而居的。室內布局簡單，所謂環屋為炕，飲食起居其上。即室內進門後三面環炕的方式，一直是金代「內地」（女真人稱東北故地為內地）女真人的建築類型。

金初開始建立城市，首建上京（黑龍江省阿城縣白城子）。金太宗時稱會寧府，熙宗天眷元年（1138 年）加號上京。至海陵王遷都於燕，遂削上京之號，並於正隆二年（1157 年）十月，「命會寧府毀舊宮殿、諸大族宅等及儲慶寺，仍夷其址而耕種之」。世宗大定十三年（1173 年）七月，復以會寧府為上京，二十一年復修宮殿建城隍廟。至二十三年，城郭始完備。上京是金初的都城，是女真完顏家族的發跡之地，也是逐步建築起來的。據宋宣和六年（1127 年，金天會五年），宋朝許亢宗使金到上京所見，當時的皇城即宮城不大，高僅丈餘。

城內乾元殿面闊七間，磚木結構，下有高四尺的臺基，前有月臺方闊數丈即「龍墀」。該殿建於天會三年（1125 年），天眷元年改名皇極殿。

上京城故址，平面呈曲尺形。夯土板築，北城南北長一千八百二十八米，東西寬一千五百五十三米。南城東西長二千一百四十八米，南北寬一千五百二十八米，南北城中僅隔一牆，有門相通，兩城除隔牆外皆有馬面、角臺、四面城門皆有甕城。宮城在南城西北角內，南北長六百四十五米，東西寬五百米，南門外有闕臺。城內中軸線上有五個宮殿臺基，兩側又有殿廊遺址。遺址除磚瓦外，還發現銅幣、銀器窖藏、金代官印，腰牌，銀錠、「上京翟家記」金鐲，「上京警巡院」銅鏡等遺物。

金建的第二個大城就是中都。海陵當政，因首都上京地處東北一角，交通不便，經濟落後，已不適宜於把疆土擴到中原的形勢。於是天德三年（1151 年）三月，下詔改修遼南京城，由梁漢臣為修燕京大內正使，孔彥舟為副使，用民工八十萬，兵工四十萬，花了三年（1151-1153 年）時間才完工。貞元元年（1153年）三月，海陵以遷都詔中外，改燕京為中都，府曰大興，汴京為南京，中京為北京（今內蒙古寧城縣大明城）。從此中都為金的首都，也是今北京首次作為首都的開始。中都的修建，參照了北宋首都東京城的建築布局，以版築內、中、外三重。其範圍東至今宣武門大街以東琉璃廠西口外，西至廣安門外二公里餘，南至右安門外約一公里，北至宣武門城牆略北，周長十八點四公里，四面各三門，按順時針方向，東有施仁、陽春、宣曜，南有景風、豐宜、端禮，西有麗澤、顥華、彰義，北為會城、通玄、崇智。內城在中部偏西南，周長五點八公里，南一門宣陽，北一門拱辰，東一門宣華，西一門玉華。宮城在內城中部偏北，正南為端門，又有左、右掖門。入豐宜門，過天津橋，橋為石造，上分三道，有欄柱相隔，雕刻極精。正北入皇城宣陽門，正中御道寬闊，中以木漆杈子限行人竄行。御道直抵端門。宮中以大安、宣明、仁政三殿為中軸，兩路別殿林立。當時的宮殿，雕梁畫棟，以各色琉璃瓦蓋頂，一片金碧輝煌景色。城東北有御苑，今日之北海即金瓊華島故地。金亡，中都遭元兵破壞，火燒月餘不熄，只城北御苑離宮得以保存，故元以此為中心另建大都城為首都。

金代還有一項規模宏大的工程，就是耗費無數財力和勞力的界壕。由於界壕

是開土掘壕，並以掘壕之土沿壕築高大的土牆，因此又可以說是一道「長城」。其主要的一線，東端起於黑龍江省莫力達瓦旗尼鎮北八公里嫩江西岸前後七家子村，當時有一座「達里帶堡子」，至今遺址尚保留在前七家子村南邊。自七家子起，向西南經今內蒙古自治區呼倫貝爾盟南部，昭烏達盟北部，錫林郭勒盟南部，向西伸延到烏蘭察布盟武川縣上廟溝村南大青山頂而止。山南是黃河北岸的土默特川。建築方法是外壕內牆，重要地段雙壕雙牆，即外壕、外牆、內壕、內牆。一般壕寬五六米、深四米上下，寬者達二十至五十米。牆用土壘稍經夯打，也有以土或土石混雜的分層夯打，寬由三米到十餘米不等。在重要關隘地段，牆外設馬面，馬面密度六十至一百米不等。一般地段亦設馬面，但多在轉彎或制高點處，具有觀察和傳遞資訊作用。在沿線重要地點邊牆南建邊堡以供駐軍。從建築設施來看，如果和金代以前幾個朝代所修的長城相比，他的防禦體系更為嚴密和完善。連續的防線、壕牆結合，便於還擊對方和自身的隱蔽。其長度不計內外線和支線，一線之長已接近五千公里。作為一項軍事防禦工程，確可與秦漢長城相比。

金代還有一個馳名中外的建築工程——盧溝橋。盧溝橋位於北京西南，因橫跨盧溝而得名，建成於金章宗明昌三年（1192 年）三月，初名「廣利」。盧溝係桑乾河下游，流自北京西盧師山下而名盧溝，又名小黃河、黑水河。清康熙三十七年（1698 年）疏浚河道後，改盧溝為永定，其上游仍名桑乾。

盧溝橋一段，自古是太行山東麓南北交通的要津，石橋建築之前，水淺時行人涉水或以車渡，並架季節性浮橋以供通行。至金海陵定都中都之後，在京城南門外的盧溝渡口，成了南北通行的一大障礙，車馬堵塞日甚。世宗大定二十八年（1188 年）五月，令建石橋，至次年事未果而世宗先逝。後從章宗繼位開始，至明昌三年（1192 年）才建成，從此此橋便擔負起南北交通的大任，並造福於後人。

盧溝橋為聯拱石橋。全長二百六十六點五米，共十一孔，為華北最長的古代拱橋，在工程技術上，有許多突出的成就。橋以十個平面呈船形的橋墩為基礎，前尖後方利於水流進出，同時在前尖安置一根邊長約二十六釐米的三角鐵，以破

擊隨流而下的冰塊和堅硬物體，保護橋墩不受損害。三角鐵人稱「斬龍劍」，民間流傳不少伏龍降妖一類的神話。橋墩分水尖之上，壓了六層石面，上五層逐層收疊，最上呈琴面狀，總厚一點八三米，長四點五至五點六米，起著橋墩壓力的平衡作用。每個橋墩之間的距離不等，中心孔為二十一點三五米，兩頭末孔為十六點四九米。券拱的跨徑與橋墩距離一致，亦是由中心孔十三點四二米，至兩頭為十一點五米。券拱用縱聯式砌法，內券用長短不一的券石，外側另券一道券臉，在拱底與券臉石之間以橫石牽固，使整個券拱混成一體。券臉石上壓伏石出券。所有橋墩、券拱部分，石與石間均鑲腰鐵，以加固其間的聯繫。

橋面自下而上可分作伏石、仰天石和橋石三重。橋面寬七點五米，至仰天石外緣總寬九點三米，河身橋面長二百一十三點一五米，雁翅橋面斜長二十八點二米，入口寬三十二米。橋中心較兩端高九十三點五釐米，坡度約千分之八，坡勢平緩。由雁翅外入口處至橋上高差二點一三米，坡度約千分之三十五。橋面兩側立石欄杆二百七十九間（南側 139 間）、欄板二百七十九塊、望柱二百八十一根。欄板平均高八十五釐米，內側刻作立枋、尋杖、癭項、裙板。欄杆每間立望柱，柱高一點四米，柱頭刻仰複蓮座，座下刻荷葉墩，柱頂刻獅子。

除橋體之外，附著於橋上的雕刻藝術也很精美。在拱頂兩側，還保存三個龍頭，看似兇猛而又顯溫順，形象類似隋趙州橋上的龍頭風格。而橋上最多，也最引人注目的是獅子。人們常說「盧溝橋的獅子數不清」，這種傳說至少在明代已經流行。經反覆清查，按位置所在，欄杆望柱頭上大獅子二百八十一個，柱頭大獅子身上的小獅子一百九十八個，橋東端抱鼓石前大獅子二個，橋兩頭華表頂上的獅子四個，共計四百八十五個。這些獅子，雕得姿態各異，生動活潑，有雌有雄、有大有小。柱頭大獅子身上、刻了許多頭小獅，小到十幾釐米以至幾釐米。它們三三兩兩，有的在大獅頭上，有的在背上，有的在懷中，有的奔跑，有的戲弄大獅胸鈴，還有的只露一張嘴或半個頭部。這些石刻已非同一時代，自金至清的作品皆有。

橋兩頭屹立的四根華表，高四點六五米左右。下有須彌座，柱身八角形，上端橫貫方板，頂上刻仰覆蓮，上立一獅。整體形狀與北京故宮天安門前華表相類

似。[7]

盧溝橋自建成之後，從明永樂至嘉靖凡六修，清康熙至乾隆凡六修，但僅修、配而已，對於橋體本身、拱及基礎部分並未觸及。

對這座歷經近八百年的古橋，北京市文物、交通運輸、市政設計、基建等部門，曾周密慎重地進行過一次載重檢驗。

檢驗用四百多噸的大平板車（包括板車自重）運行。試驗共分七級，每級載入往返運行，最後載入至四百二十九噸，共取得三百多個資料。橋孔暫態最大撓度，東起第二孔（康熙時加修過）為零點四九毫米。第五孔、第六孔（金代原結構）分別為零點五二毫米和零點四九毫米。全橋十一孔，受力處在彈性狀態下都很正常。[8]

試驗證明了盧溝橋的設計和建造是科學的、堅固的。他是中國橋梁史上的一塊豐碑。他的存在不是「百年大計」，而是至今快八百年了，並且還會存在下去。這座馳名中外的橋，在元代就已經由馬可・波羅介紹給西方人了。

盧溝橋在現代也是一個紀念地，在這裡，中國軍隊和人民曾與日本侵略軍進行了一場血戰。戰事發生在西元一九三七年七月七日，這是中國人民永遠不會忘記的日子。

盧溝橋的建築技術，只是金代橋梁中的一個典型例證。在山西、河南、河北、遼寧等省，至今已發現多處有紀年的金代單孔或多孔券拱石橋，有的還是私人修建的，這對於研究和了解金代的交通事業都是珍貴的實物。

四、陶瓷工藝

瓷器是人們生活的必需品，不論貴賤高低，都要有飲食器具，瓷器就是最重

7　羅哲文、于杰、吳夢麟、馬希桂：《略談盧溝橋的歷史與建築》，《文物》，1975 年第 10 期。
8　《金代盧溝橋進行超限大件通過的試驗取得成功》，《文物》，1975 年第 10 期。

要的用器。女真人建立金朝之前，飲食器皿多以木製，及滅遼占有東北地區，在遼代瓷窯的基礎上繼續生產，瓷器的應用也隨之普遍起來。東北地區金代瓷窯有遼寧撫順大官屯窯和遼陽江官屯窯，以燒民用粗瓷為主。產品有白釉、黑釉、醬黃色釉和茶綠色釉，多為單色釉，也有少量繪花瓷器，用蘸釉和支釘法入窯燒制。器物多為碗、盤、碟、壺、瓶、罐器，常附以雙耳或四耳。

瓷器的主要產地有河北、河南、山西、陝西和山東地區。著名瓷器有定瓷、耀瓷、鈞瓷及磁州窯系諸瓷。以胎潔釉潤花紋纖細而著稱唐宋的定瓷，產地在河北省的曲陽縣澗磁一帶，曾為宮廷御用專供器皿。過去認為該窯隨著宋亡而衰敗，並歸罪於金人的破壞，事實是在金代仍相當發達，在許多金代遺址和墓葬中出土較多的定瓷就是證明。金定瓷與宋定瓷比較，在燒制術上出現了產量高、成本低的砂圈疊燒法，這也是金代陶瓷技術的一項改進。紋飾以刻畫法為主，常見紋樣多荷花、水鳥類。釉色仍為白色，但較宋定瓷色暗。器型有碗、盤、缽、杯、盞和壺、罐，製作規整，胎薄而堅硬，依舊保持著以前的工藝水準。耀瓷產地在陝西耀縣（金代的耀州），釉色以薑黃色釉為主，另外還有黑釉、醬色釉和白底黑花瓷。產品主要是生活用品，如碗、盤、盆、罐。紋飾以折枝、水波、嬰戲牡丹花紋裝飾器上，常見花紋圖案以分組（格）處理。窯址已發掘窯爐、製瓷和涼坯場，還發現有「大安二年」款瓷片。耀州瓷窯窯場規模很大，在北宋已很發達。金代產品在品質上有遜於宋代。如宋瓷青色翠而潤，金瓷泛黃而混暗。花紋種類也不及宋工整而豐富。

鈞瓷產地以河南禹州市及臨汝市境內比較集中，禹州乃金之鈞州，州城東北角內即是燒製精品的窯場。以天藍色釉帶紫紅色斑片為特徵的鈞瓷技術，到金代達到了高峰。鈞瓷以單彩色釉著稱，以天藍、紫紅為貴。藍如晴天無

金代瓷枕

雲、紅有胭脂、瑪瑙、朱砂。釉色瑩潤、渾厚，少紋飾，以窯變為人所愛。所謂窯變，即在燒造過程中，由於含銅成分聚合在藍色底上，形成一片如浮雲的斑片，自然點綴之美，非人工所能為。另外，在燒造中自然形成的冰裂紋、蚯蚓走泥紋，也是人們作為藝術而欣賞的特色。鈞瓷胎厚重，造型典雅。器以碗、盤、

鉢居多，也有罐和花盆等器。盆、盤以海棠曲線成口沿，更顯得造型美麗而大方。

金代瓷器生產，產地最多、產量最大的是以民用生活為主的磁州窯系。人們常以河北磁縣（金之磁州）所造粗白瓷、白底黑花瓷為代表稱磁州窯系瓷器，實際上造此類的瓷窯，在山西、河南、山東已為數不少。在磁縣觀臺鎮，金代所產瓷器有白釉，黑釉、白釉黑花、醬色釉和黃綠釉等。器型有碗、盤、杯、盞、碟、瓶、罐、枕及動物玩具等。紋飾有白底黑花，刻畫花。繪花多在器外、刻畫多在碗、盤之內。花紋簡明，刀筆自如。胎質較薄細，造型多端秀。金代磁州窯系瓷器的釉色和花紋十分豐富。如釉彩有紅、黃、綠，彩繪有紅花綠葉，或多層彩釉分別剔出紅花綠葉。剔花中剔除花紋的空處，使其露出素胎，花枝如浮在體外，形成一種立體效果，創造出觀賞性極佳的作品。其黑釉漆黑明晶，亦為人所愛。另外該窯所產的瓷枕，有刻花、繪花、或刻繪結合，不僅實用，而且美觀，又有清腦明目的效果。工藝品中的馬、牛、羊、雞、犬、豕、嬰童和佛、菩薩像，更為人們所喜愛。所有產品從品種到裝飾，都具有濃厚的民間色彩，因此具有強大的生命力。該窯系眾多的成就，是金代陶瓷業賴以發展的基礎。

第三節 ·
西夏的
科學技術

西夏自元昊稱帝至亡於蒙古，歷時一百九十五年，在漫長的歲月中，他們在

科學事業如天文曆法、醫藥衛生、冶金鑄造、印刷和陶瓷等技術發展上，也作出了貢獻。

一、天文曆法

西夏在建國以前，因受唐、宋統治，故無曆象之設。党項人只知「候草木以記歲時」，「不知正朔幾十年」。至李德明始用宋真宗咸平四年（1001年）所制「儀天曆」曆法。元昊稱帝改制，「自為曆日行於國中」，其曆法具體情況失載。此後不久，宋朝又以每年孟冬將下一年曆法頒施西夏。於是元昊天授禮法延祚八年（1045年）十月，又推行宋仁宗天聖元年（1032年）制的「崇天萬年曆」。惠宗大安十一年（1085年），宋哲宗又送「奉天曆」於秉常。哲宗元四年（1089年）頒曆詔書，又賜夏國主「元五年曆日一卷」。可見，在北宋時期，西夏所行曆法即採用了宋制曆法。[9]

據仁宗天盛年間（1149-1170年）重修的《天盛年改定新法》、《蕃漢合時掌中珠》和《涼州重修護國寺感應塔銘》中記載，西夏設有專管天文曆法的機構「大恆曆司」、「史卜院」，設司天、司正官職掌管天文曆象。「掌中珠」天部中還列舉了許多星象名稱。在西夏文中，所謂「十一曜」、「黃道十二宮」、「二十八宿」都有專名。在一九〇九年出土於內蒙古額濟納旗黑水城遺址中，出土了一批繪畫，其中就有以人物為標誌的太陽系九大行星中的木星和土星[10]。可見西夏關於「天」的概念基本上是中國自古以來的傳統觀念。

關於西夏曆書情況，至今已發現有漢文、西夏文和漢文合璧的不同版本。對於這些實物，學者進行了一些比較研究，對西夏曆法的認識有很大的說明[11]。在甘肅武威張義鄉小西溝發現的西夏遺物中，有一殘頁漢文日曆，僅存七月至十二

9　陳炳應：《西夏文物研究》，頁314，銀川，寧夏人民出版社，1985；白濱編：《西夏史論文集》，銀川，寧夏人民出版社，1984；鐘侃等：《西夏簡史》，頁145，銀川，寧夏人民出版社，1979。

10　史金波等編：《西夏文物》，北京，文物出版社，1988。

11　陳炳應：《西夏文物研究》。

月部分的上段[12]。月份欄中還可以看出有以下主要內容：

七（月），小，乙巳，十（日）立（秋），房（宿），廿五處（暑）。（括弧中為原曆，乙巳乃朔日，房乃二十八宿中的房宿，下同不另注）

八（月），大，甲戌，十一（日）白（露），心，廿七（日秋）分。

九（月），小，甲辰，十二（日）寒（露），箕，廿七（日霜）降。

十（月），小，癸酉，十三（日）立（冬），斗，廿八（日）小（雪）。

十一（月），大，壬寅，十五（日）大雪，牛，卅日（冬至）。

閏（十一月），小，壬申，十五（日）小寒，虛。

十二（月），大，辛丑，一（日）大（寒），危，十七（日）立（春）。

根據這份日曆考證，當是西夏仁宗人慶二年（1145 年）、南宋高宗紹興十五年、金熙宗皇統五年年曆。同時從日曆中的二十四節氣的配置，可認定是沿用了宋朝所賜日曆[13]。在發現的日曆中，有的在某日下注做什麼事，如「若於五月初五日日落黃昏時九拜佛尊，可消釋一千八百罪孽」。在一份西夏文日曆中，七月氣節中該為白露卻名「黑露」。這些情況，應與西夏人的信仰和民族風俗有一定關係。不過，從所有日曆的月份大小、氣節、干支使用諸內容看，與宋曆的統一性是可以肯定的。

二、醫藥

《遼史·西夏傳》記載說，西夏人有病不用藥，而是由巫師用「送鬼」的巫術驅除疾病，或者把病者由此室遷往彼室躲避起來名曰「閃病」。由於當時的醫

---

12 甘肅省博物館：《甘肅武威發現一批西夏遺物》，《考古》，1974 年第 3 期。
13 陳炳應：《西夏文物研究》。

療和衛生條件很差，皮膚病甚多，有一種禿癩病最為可怕。如當時流行在民間的風俗，如有雙方人家有結仇和解之後，要發誓永不反悔。如有反悔者就會帶來穀麥不收，男女禿癩，六畜死亡，毒蛇入帳的災難，可見禿癩對人們的危害是何等的嚴重。

自西夏國建立之後，在國中立「醫人院」，「天盛年改定新律，司次行文門」列「醫人院」在三品職宮中，其地位還是很高的[14]。關於西夏的醫學，沙俄軍官柯茲洛夫，一九○八至一九○九年間在內蒙古額濟納旗黑水古城中，曾得到西夏自撰的醫書《治療惡瘡要論》、《本草》、《千金方》，還有治療多種疾病的「紫菀丸」的配製和服用方法、有關針刺療法的殘頁以及獸醫醫治馬病的醫方。在甘肅武威發現西夏文楷體寫本醫方殘頁一紙八行，是記載治療傷寒（傷風感冒病類）藥方所用的草藥，以及煎藥和服藥方法。方中要求煎藥要精細，要不斷翻動，煎好要除渣，飲藥要按量（勺）、按時，並且要求要空腹服藥，其用藥，煎製、飲服與中原醫療是相同的。[15]

在西夏文字典《文海》中，還有不少關於病、藥、脈診、針刺一類的名詞和解釋。如「藥」釋「醫藥也，調和可醫治病患之謂」。「癩瘡藥」釋「松、柏、草、屎、糞等之漿是癩瘡藥用是也」。針刺有「扎針」釋「病患處鐵針穿刺使血出之謂」。脈診有「脈阻」，「疾也，病患、血脈不通之謂」等等。[16]

從西夏醫方及有關醫療疾病情況看，西夏治病用草藥，有湯劑、丸藥、膏或散藥多種，又分內服和外敷。針刺之法是令其血出。還有診病時論脈，這些都與中國傳統醫學相同。據《金史·西夏傳》記載，諒祚時，曾從宋得到醫書，仁孝與純曾向金求良醫，這種做法自然使中醫在西夏得以傳播。同時西夏境內漢人很多，特別是當時的沙州（敦煌）、瓜州（玉門以西）、肅州（酒泉）、涼州（武威）即河西走廊地帶，漢人居多，有長期的漢文化基礎，漢醫即中醫在這些地區自然

14 黃振華：《評蘇聯近三十年的西夏學研究》，轉引自《西夏史論文集》。
15 甘肅省博物館：《甘肅武威發現一批西夏遺物》，《考古》，1974 年第 3 期。
16 王靜如：《甘肅武威發現的西夏文考釋》、《考古》，1974 年第 3 期；史金波：《甘肅武威發現的西夏文考釋質疑》，《考古》，1974 年第 4 期。

廣為流行，西夏時期也自然在此基礎上向前發展。

三、冶煉及鑄造

　　冶金鑄造在西夏是一項很受重視的部門，在中央設有「鐵工院」、「金工院」。元昊時在夏州（今內蒙古鄂爾多斯市烏審旗南無定河上游）設立冶鐵務，主管鐵礦的開採和冶煉。因此西夏的冶煉不僅有一定的發展，在鑄造方面也有較高的技術，當時西夏的兵器製造就已有名。

壁畫《鍛鐵圖》摹本（西夏）

　　在安西榆林窟第三窟中，有一幅西夏時期繪的「鍛鐵圖」，圖中一人拉風箱，火焰正旺，另外二人站在砧臺旁，一人右手用火鉗挾著熱鐵塊放在砧子上，左手舉鎚與另一人輪番鎚打。風箱為雙門立櫃式結構，製造簡單，便於操作，風量大而有力，這是目前中國所見此類風箱最早的一例。畫面人物、場景皆以現實生活寫照，可以從中看到鍛造的全過程，也是了解西夏鍛造技術的生動例證。同圖中還有農具犁、鋤、耙、鍬、和手工工具斧、鋸、鏟、剪等物。西夏的兵器有盔甲、刀、劍、槍、鏃等，其刀槍劍，皆採用冷鍛工藝，具有堅韌的良好性能。

在西夏陵區八號陵中出土有一把鐵劍，長八十八釐米、寬五釐米、厚一點九釐米，管狀柄，鎏徑二點八釐米，長三點六釐米。一件矛，長五十七釐米，鎏徑二點五釐米。除兵器、生產工具用鐵之外，西夏還用大量鐵鑄鐵幣。

西夏還有金、銀、銅方面的良好鍛鑄技術。在西夏陵中出土的金、銀裝飾品，鎏金銅甲片，金鞍橋，以及西夏一些遺址中出土的金銀碗、銀盒、銅鏡、銅印、銅佛及金佛，都是鍛鑄工藝技術發達的成果。在鑄造技術方面，西夏陵區一〇一號和一一六號陪葬墓中出土的銅牛，最能說明西夏鑄造技術的水準。一〇一號墓出土的銅牛，青銅，臥姿，長一點二米、寬零點三八米、高零點四五米，重一百八十八公斤。模製澆鑄，空體，外表鎏金。一一六號墓銅牛，臥姿，身長四十三釐米、寬十九釐米、高十六釐米。這兩件銅牛比例勻稱，造型生動逼真，其形體之大，鑄造之精，以及大型鑄造又通體鎏金，充分體現出西夏綜合技藝水準。這些精美的藝術品，如果沒有熟練的能工巧匠和較好的技術設備，也難以製造出這些作品。

四、陶瓷燒造

陶瓷器在西夏城市、村落遺址和墓葬裡，已經出土了很多。當人們發現的時候，往往依據出土地點或墓葬，認定為西夏遺物，至於產地不是一開始就明確的。其實西夏政權對陶瓷生產，像對其他生產一樣重視，當時設有磚瓦院負責陶瓷生產。已發現的西夏磚瓦陶瓷窯址和作坊，有的規模已經很大，產量自不會小，

綠釉獸面筒瓦（西夏）

產品也不乏精品。據明代《寧夏新志》記載，靈州（靈武）有「磁窯山」，為「陶冶之所」。磁窯山即今磁窯堡，考察結果那裡是西夏時期的瓷窯場。銀川西郊賀蘭山下，在西夏王陵區之東，有地名「缸瓦井」，當地人傳為燒製缸瓷取水故蹟，於是在那裡發現了西夏燒磚瓦的窯址。

缸瓷井窯位於西夏王陵區東三公里，經發掘知道是一個燒製磚瓦和石灰的窯場。磚瓦窯利用崗丘自然地勢，先開鑿坑穴，然後用磚沿土壁疊砌，南北長六點三米。窯門為一南北長的短豎穴，火塘在門道下挖一圓坑，窯室前寬後窄，平面呈馬蹄形，壁面抹一層草拌泥。煙囪緊貼窯室後壁外正對窯門，由窯壁下開三條煙道進入方形煙囪，在後壁高一點六三米處還開一個小孔與煙囪相通。石灰窯結構類似磚瓦窯，依土丘鑿室，未再砌磚，窯室較小，底徑近二米。從窯室結構，與中原同時期窯室相比無大區別。

　　在缸瓷井窯址發現有長方形和方形磚、筒瓦、板瓦、瓦當和滴水、垂脊和脊獸等物。圓形瓦當花紋有獸面紋，三角形滴水為蓮紋，其形狀、紋飾特徵與西夏王陵所見相同。瓦當及垂脊壓獸有綠色琉璃釉，瓦有白釉瓷板瓦和醬釉瓷筒瓦。建築用瓷質琉璃釉瓦，在遼代建築中已很常見，且質堅而色潤，而在北宋建築中，雖使用琉璃瓦，但瓷胎瓦則不多見。

彩塑羅漢像（西夏）

　　這個窯場地處西夏王陵區邊緣，僅缸瓦井地區範圍已南北連綿長達七、八公里，它的設立，與西夏王陵地下地上建築需要有著直接的關係，又距西夏京城興慶府（銀川市）二十多公里，這樣大規模的窯場，顯然是官工作坊，是為皇家服務的。[17]

　　至今已發現的西夏瓷窯遺址，在靈武縣城東約三十五公里舊磁窯堡之西。窯址、遺物散布面積很大，南北長約八百米，東西寬約四百米，文化堆積一般在二米至四米上下。瓷窯由窯門、火塘、窯室和煙囪四部分組成，火塘較深，在窯床前端並低於窯床，窯室呈前窄後寬的梯形平面，室後連著兩個半圓形煙囪。窯具有筒形、漏斗形匣鉢、支圈墊、托柱等。瓷器有白釉、黑釉、褐釉、綠釉和青釉

---

17 寧夏回族自治區博物館：《銀川缸瓷井西夏窯址》，《文物》，1978 年第 8 期。

等。

白釉瓷，可分素面、刻劃、剔刻和點彩四種。素面釉瓷有碗、盤、碟等器，點彩多在碗內以九點一組的褐色點分布碗內，其中有的外壁施黑釉。白釉下施化妝土，以彌補由於灰白色瓷胎而顯得色暗的缺點。瓷胎堅硬細密，內含少量沙粒。黑色釉亦有素面、刻劃、剔刻和點彩等多種，器型有碗、盤、壺、罐等。黑釉以刻花較多，在漆黑光亮的釉面上刻劃花紋、或刻劃花葉花枝脈絡之後，剔除空地使其露出素胎。這種器物的藝術效果極佳，而且具有濃厚的民間風俗氣味。褐釉以碗、盤、瓶器為主。綠釉以剔花瓶和綠釉碗、小罐居多。青瓷釉有碗、盤、壺、盆，花紋有刻劃紋和素面等。另外還有紫釉瓷器。各種釉色，其釉面常顯現細碎裂紋、器外施（上）半釉、或內白外黑釉。

靈武磁窯堡西夏瓷器，以白釉和黑釉瓷為主，而且多外壁下部不施釉。在製造工藝和造型方面，有一類碗足較高，碗底挖足過肩，其特點皆突出於宋遼金同類瓷器。剔花釉也是該瓷的特色之一。該窯址附近產煤，有適宜燒瓷的瓷土，有一條小河流經其間，為生產提供了一切條件。西夏時期靈武是西平府所在地，也是西夏稱王自立之前的發跡地，同時也是當時的交通要地，在這裡生產瓷器也便於外運。[18]

靈武磁窯堡所生產的瓷器，從風格上看，與宋、金磁州窯系特別與山西的此類產品接近，有些器型風格也可與陝西耀州窯相比。其實該窯址與耀窯址之間的距離並不算遠，受其影響也是自然之事。

褐釉剔花牡丹紋瓶

18 中國社會科學院考古研究所內蒙古工作隊：《寧夏靈武縣磁窯堡瓷窯址調查》，《考古》，1986 年第 1 期；鐘侃：《寧夏靈武縣出土的西夏瓷器》，《文物》，1986 年第 1 期。

在西夏王陵墓葬中，寧夏嵬城遺址及海原縣等地，多年來出土了不少精美的西夏瓷器，除生活用品外，還有一些工藝美術品，如瓷獸、瓷人、禿髮人像等。反映了西夏瓷業的興盛和發展。一九七八年在甘肅武威南營鄉出土的豆綠色釉雙耳扁圓背壺，特別是在寧夏回族自治區海原縣發現的二件扁壺，一件褐釉小口短直頸扁圓體，上部兩肩有一耳，兩側遍體剔底帶枝牡丹花圍繞著一個同心圓「卷足」。另一件與上一件形狀相似，飾剔底連枝牡丹花，有上下對稱四個穿耳。這幾件遺物造型獨特，花紋樸素大方，是西夏的典型器物和陶瓷藝術精品，而後兩件無疑是靈武磁窯堡西夏瓷窯的產品。[19]

第四節 ·
元代的
科技成就

一、農學

元代的農學成就，體現在《農桑輯要》、《農書》和《農桑衣食撮要》三部農書之中。

《農桑輯要》成書於至元十年（1273 年），參加編纂或修訂者有孟祺、暢師文等人，因植桑、養蠶占了書中很大篇幅，故名《農桑輯要》。元代自世祖至元

19 史金波、白濱、吳峰云：《西夏文物》圖 224、圖 225、圖 226，北京，文物出版社，1988。

七年（1270 年）設立司農司後，對農業頗為重視，多次派遣勸農官分赴各地，察舉農事，並以成績優劣作為考核官吏的條件。為推廣先進的農業技術，司農司遍求農家書籍，刪其繁複，撮其精要，輯成此書。該書凡七卷十篇。首篇《典訓》實即緒論，引用大量歷史資料，闡明古代農桑起源及歷代以農為本的思想。以下依次為《耕墾》、《播種》、《栽桑》、《養蠶》、《瓜菜》、《果實》、《竹木》、《藥草》、《孳畜》九篇。書末附有《歲用雜事》一篇，記述每月應做的農事。書中對中國北方旱田地區農副業生產所需的技術，已經粲然大備了。與《齊民要術》一書相比，內容多有增益，新添了不少作物種類及其栽培方法，尤其對木棉的栽培技術，脫花去籽，撚紡加工技術，記載更為詳盡。就其重要性來說，《農桑輯要》是中國古代最全面的一部指導農業生產的書籍。

　　《農書》成於成宗元貞年間，仁宗皇慶年間又做過一些潤色修改。作者王禎，字伯善，東平（今屬山東）人，歷任宣州旌德縣（今屬安徽）尹、信州永豐（江西廣豐）縣尹。他在旌德縣尹任上，就非常重視農業，每年都教百姓種桑若干棵，凡麻、禾黍之類的種植、收藏技術，他都親自傳授給百姓。又畫錢、耬、耙之類的農具，讓百姓製造使用。百姓說，使用農具是農家的本色，我們世世代代都使用農

《農書》

具，還用得著教我們嗎？其他縣的縣令聽到這件事，都紛紛嘲笑王禎，認為他不務正業。但是過了三年之後，王禎還未離任，旌德的百姓已從王禎的教誨中得到了好處，於是家傳戶誦，感謝王禎教給他們使用農具以及科學種田的技術。後來調任江西永豐縣令，也同樣取得了良好的政績。凡按照他的意見耕種田地者，他都賜酒獎勵，凡怠惰不聽教導者，他往往痛心疾首，引咎自責。《農桑輯要》問世時，全國尚未統一，故書中偏重於北方的農作物生長栽培技術，到王禎任縣令時，已經南北混一，四海一統，在這種情況下，迫切需要一部總結指導全國農業生產技術的書籍。在這以前，後魏賈思勰的《齊民要術》只適用於黃河中下游地

區，南宋陳旉的《農書》則局限于江浙一帶，而王禎的《農書》所論述的範圍，則涵蓋了全國所有的地區。就其重要性而言，那些農書都不能與王禎的書比肩。《農書》原為三十七卷，現存三十六卷，按內容可分為三大部分：「農桑通訣」是通論農業歷史、耕墾、灌溉、收穫、植樹、畜牧、蠶繰、播種、鋤治等；「百穀譜」則分別敘述各種農作物、蔬菜、瓜果、竹木等種植栽培技術；「農器圖譜」有各種農具、農業機械圖三百零六幅，每圖後均有一段文字，細說該農具的構造、演變及使用方法。該書見解獨到，議論精闢，他認為只要不違農時、注意種子的選擇及土壤、施肥、水利，便可戰勝天災，獲得好收成。這種人定勝天的精神是非常可貴的。《農書》十分注意總結歷史上勞動人民的生產經驗，並加以介紹推廣。如木棉在元初就已推廣，但有些地方因不得其法，收成不好，便認為木棉不應推廣，王禎則對木棉的種植方法作了全面介紹，以引起人們的重視。又如《收穫篇》說：「今按古今書傳所載，南北習俗所宜，具述而備論之，庶不失早晚先後之節也。」相同的作物，在不同地區收穫季節亦不相同，收穫時應注意哪些事項，一一加以論述，以備收穫時參考，這對於推廣農業技術是很必要的。又如在《蠶繰篇》中對「南北蠶繰之事，擇其精妙，筆之於書，以為必效之法。業蠶者取其要訣，歲歲必得」。只要認真按照王禎所提供的方法去做，必定會使蠶絲獲得高產。作為一個有正義感的地方官員，王禎不但是一位農學家，而且還是一位關心民瘼的縣令，他同情勞動人民的疾苦，對貪官污吏的橫徵暴斂表示極大的義憤。這種品質是非常難能可貴的。

《農桑衣食撮要》是畏兀兒農學家魯明善撰寫的。他曾在安豐路（安徽壽縣）肅政廉訪司任職，肅政廉訪司兼勸農事，魯明善利用這一機會，走遍江淮地區，對那裡的農業情況作了調查研究，又對古代農書爬梳剔抉，經過深思熟慮，終於寫出了這本重要而又頗具分量的農學著作。該書二卷，實為《農桑輯要》一書之補充。《農桑輯要》對耕種、飼養家畜記載頗為詳盡，但《歲用雜事》只有一卷，還列於篇末，語焉不詳，未為賅備，是為憾事。《農桑衣食撮要》分十二個月令，每月應種、收何種作物，應栽種什麼樹木，家畜應如何管理，甚至細微到製作醬菜，都有詳細說明，誠如《四庫全書總目提要》所說：「明善此書，分十二月令，件系條別，簡明易曉，使種藝斂藏之書，開卷了然，蓋以陰補《農桑

輯要》所未備。亦可謂留心民事，講求實用者矣。」這個評價還是很中肯的。

二、醫學

中國醫學史上一向有金元四大家之說，這四大家是劉完素、張從正、李杲、朱震亨。劉完素、張從正是金代人，李杲由金朝入元，朱震亨則是元代人。

李杲（約 1180-1251 年），真定（河北正定）人，字明之，號東垣，自幼師從名醫張元素，盡得其學，有國醫之譽。他認為古方不能治今病，診病不能泥古，用藥必須創新。劉完素、張從正是紅極一時的名醫，很強調六氣（陰、陽、風、雨、晦、明）對身體的外感作用。李杲對此持相反意見，他認為正常人生病是因為體內的元氣受到了損傷，只有補好脾胃，才能藥到病除，恢復元氣，因此被稱為「補土派」。李杲對治療傷寒素有研究，成績卓著。一次，一個患傷寒的人在別處求醫，醫生用白虎湯療疾，症候雖然消失，但面目黧黑，脈搏細微，小便失禁，無奈之中，只得找李杲醫治。李杲仔細診斷後認為，此乃立夏前誤用白虎湯之過，補救之法是用升陽行經的溫藥，果然一藥而癒。著有《傷寒會要》、《脾胃論》等。《傷寒會要》已散佚，王好古《此事難知》一書中尚存有片斷。

朱震亨（1281-1358 年），字彥修，學者稱他為丹溪翁，婺州義烏（今屬浙江）人。其初受學於許謙，後來棄儒學醫，師從羅知悌，盡得劉完素、張從正、李杲三家真傳。對醫學理論頗有研究，對《素問》、《本草》、《傷寒》諸書，他都有獨到見解。其醫學理論自成一派，寫有《相火》、《陽有餘，陰不足》二論。認為人身之火有君火、相火兩種，相火妄動便使得陰精外泄，導致人體陽有餘而陰不足，於是便百病滋生。補救之法是滋陰降火，因而被人稱為「養陰派」。著有《格致餘論》、《局方發揮》、《傷寒辨疑》、《本草衍義補遺》等。

除李杲、朱震亨外，還有竇默、危亦林、滑壽、貫雲石、丁鶴年等人。竇默是元初的理學家、政治家，廣平肥鄉（今屬河北）人，忽必烈即帝位，任翰林侍講學士。年輕時曾從蔡州（河南汝南）名醫李浩學，後來長於針灸，頗有名於

時，著有《瘡瘍經驗全書》、《針經指南》。作為政治家，他名聲遠被，精通針灸術反而隱晦不彰了。危亦林（1277-1347 年）南豐（今屬江西）人，曾任南豐醫學教授。他生於醫生世家，積五世之藥方，寫成《世醫得效方》十九卷，其中關於麻醉藥物的使用、關於使用懸吊法使骨折復位，在世界上都是比較早的。危亦林是元代中後期頗負盛名的外科醫生。滑壽是針灸科專家。他祖籍襄城（今屬河南），生於餘姚（今屬浙江），字伯仁，號攖寧生。先從京口（江蘇鎮江）一個叫王居中的醫生學習《素問》、《難經》，將學習心得寫入《續素問鈔》中。後來又跟隨東平（今屬山東）另一醫生高洞陽學習針法，著有《十四經發揮》，對於奇經八脈和十四經穴循行部位、所主病症作了專題論述。《十四經發揮》曾東傳日本，對日本醫學界影響甚大，日本的針灸學取穴位，多以滑氏為標準。貫雲石（1286-1324 年）一名小雲石海涯，畏兀兒人，號酸齋，一號蘆花道人，累官翰林侍讀學士、知制誥兼修國史，工詩文，尤以散曲聞名。丁鶴年（1335-1424 年），回回人，精於詩律，兩人都在民間行過醫。回回醫術也很高明，陶宗儀的《輟耕錄》記載，有一小兒「患頭痛，不可忍，有回回醫官，用刀劃開額上，取一小蟹，堅硬如石，尚能活動，頃焉方死，疼亦遄止」。能夠開額取蟲，一般醫生是辦不到的。

三、天文曆法

　　談到元代天文曆法的成就，就不能不提到享譽千古的科學家郭守敬。

　　郭守敬（1231-1316 年），字若思，順德邢臺（今屬河北）人。他的祖父郭榮精通五經，擅長算數、水利。守敬幼小時，祖父便讓他跟隨劉秉忠學習。劉秉忠當時與張文謙、張易、王恂同窗，就讀於州西的紫金山，號稱「紫金山四友」。這幾人都是輔弼忽必烈建立元朝的核心人物。中統三年（1262 年），受張文謙之薦，任提舉諸路河渠，因成績突出，次年升任副河渠使。張文謙主持西夏地區政務時，守敬又治復唐來、漢延等大渠。元朝初年使用的是遼、金的《大明曆》，該曆是金朝在宋《紀元曆》的基礎上稍加訂正而成的，後雖重修，但因使

用時間過長，已出現了曆法與天象不符的弊端，無法指導當時的農業生產。劉秉忠曾提議修改曆法，還未及付諸實施，便撒手而去。至元十三年（1276年）六月，世祖忽必烈下詔設太史局，決定編制新曆，命郭守敬、王恂率南北日官，分掌測驗推步，命張文謙、張易為主領裁奏於上，左丞許衡參與其事。郭守敬上奏說：「曆之

簡儀模型

本在於測驗，而測驗之器莫先儀錶。今司天渾儀，宋皇中汴京所造，不與此處天度相符，比量南北二極，約差四度。表石年深，亦復敧側。」[20]於是動手改進並創修天文觀測儀器，先後製成了候極儀、渾天象、玲瓏儀、仰儀、立運儀、證理儀、景符、窺幾、日月食儀、星晷定時儀等。「又作正方案、丸表、懸正儀、座正儀，為四方行測者所用。」[21]為了與以上幾種儀器互相參考，又繪出了《仰規覆矩圖》、《異方渾蓋圖》、《日出入永短圖》等。簡儀是類比天球，測量日月星辰的儀器，實際上就是前人的渾天儀。但前人的渾天儀上有許多互相套著的環，觀測天文時往往擋住視線，極不方便，郭守敬加以改進，只留下兩套環，一個用來測赤道座標，一個用來測地平座標。用以測量正午時太陽影子長度的圭表，元代之前的圭表高八尺，郭守敬設計的銅表則高達四十尺，圭上端設有景符，使測量影長的精確率大為提高。如今簡儀有明代的複製品，圭表在河南登封告成鎮的元代天文臺尚有遺存。其他的儀器幾經朝代更迭，已蕩然無存了。

至元十六年（1279年），太史局改為太史院，以王恂為太史令，郭守敬為同知太史院事。守敬上奏說：「唐一行開元間令南宮說天下測景，書中見者凡十三處。今疆宇比唐尤大，若不遠方測驗，日月交食分數時刻不同，晝夜長短不同，日月星辰去天高下不同，即目測驗人少，可先南北立表，取直測景。」[22]世祖忽必烈答應了他的請求，在郭守敬的帶領下，進行了一次規模空前的緯度測量，設

---

20 《元史·郭守敬傳》。

21 同上。

22 同上。

監侯官十四人，分道而出，東起朝鮮半島，西至川、滇以及河西走廊，南到占城，北達鐵勒，地理緯度從十至六十五度的浩瀚範圍內，設立二十七個觀測點，《元史・郭守敬傳》稱之為「四海測量」。

天文儀器的製造與天文觀測的進行，為曆法的制定創造了良好條件。郭守敬、王恂等在研究前代曆法的基礎上，吸取其精華，加上自己的創新，經過好幾年的努力，終於編出了新的曆法，取「敬授民時」之意，定名為《授時曆》，至元十八年（1281 年）頒行於天下。比起前代曆法，《授時曆》是最準確的一部，誠如《元史・曆志》所說：「自古及今，其推驗之精，蓋未有出於此者也。」郭守敬在給世祖忽必烈的奏疏中說，新曆的製成，「所考正者凡七事」；一是精確測定了至元十七年（1280 年）冬至發生的時刻；二是確定一年為三百六十五又二四二五日；三是測定了至元十七年冬至時太陽的位置；四是測定了至元十七年冬至時月亮離近點的距離；五是根據至元十七年冬至時月亮離黃白交點的距離，確定朔望月、近點月和交點月的日數；六是測定二十八宿距星的度數；七是測定二十四節氣時大都（北京）地區的日出、日入時刻。[23]郭守敬在奏疏中還指出新曆「所創法凡五事」：一是太陽盈縮，也就是太陽每天在黃赤道上運行的速度；二是月行遲疾，也就是月球每天繞地球運行的速度；三是黃赤道差，也就是從太陽的黃道經度推算赤道經度；四是黃赤道內外度，也就是從太陽的黃道經度推算赤道緯度；五是白道交周，也就是求出月道與赤道的交點。[24]《授時曆》與羅馬教皇格利高利一五八二年頒行，至今仍為世界通用的格利高利曆完全一致，但比歐洲早了三百年。

四、河源考察與水利工程

元代以前就有人勘察過黃河河源，如漢代出使西域的張騫、唐代出使吐蕃的

23 韓儒林主編：《元朝史》下冊，頁 366，北京，人民出版社，1986。
24 同上書，頁 366-367。

薛元鼎等，都曾作過有益的探索，但限於當時的交通條件和技術條件，均未能得出圓滿的答案。元代統一全國後，驛站遍布，交通便利，為探索河源創造了有利條件。世祖對臣下說：「黃河之入中國，夏後氏導之，知自積石矣，漢唐所不能悉其源。今為吾地，朕欲極其源之所出，營一城，俾番賈互市，規置航傳。凡物貢水行達京師，古無有也，朕為之，以永後來無窮利益。」[25]但是，世祖忽必烈雖有此打算，卻無合適的人選。直到至元十七年（1280年）才找到了女真人蒲察都實。世祖對他說：「汝舊人，且習諸國語，往圖汝諧。」[26]要考察河源，既要懂多種語言，又要熟悉地理，都實具備這兩個條件，的確是很合適的人選。這年四月，蒲察都實與其弟闊闊出從河州（甘肅臨夏）出發，奔赴黃河上游，考察河源。河州之東六十里有寧河驛，驛西南六十里有一山，名叫捉馬關，林木翳郁，道路崎嶇，愈走愈高。一日之程可爬至山頂，往西走地勢越來越高。他們兩人僕僕風塵，跋涉了四個月之久，行程約五千里，始抵火敦腦兒（星宿海）。他們對當地的地理情況，如地形、水系、植被、人口分布等，都一一詳加考察，並作了記錄，是非常珍貴的第一手勘探資料。後來潘昂霄根據蒲察都實提供的考察資料，撰成《河源志》一書。書中關於黃河發源地的記載是：「河源在吐蕃朵甘思西鄙，有泉百餘泓，沮洳散渙，弗可逼視，方可七八十里，履高山下瞰，燦若列星，以故名火敦腦兒。火敦，譯言星宿也。」[27]這是祖先通過實地考察而得出的結論。

元代的水利工程很多，但最能體現水利工程科學技術成就的，當推大運河的開鑿與治理黃河兩大工程。元代修鑿完成的大運河，全長三千餘里，北起大都（北京），南達杭州，溝通了海河、黃河、淮河、長江、錢塘江五條大河。大運河由通惠河、會通河、濟州河、揚州運河、江南運河等河段組成。濟州河始鑿於至元十三年（1276年），至元十八年至二十年由奧魯赤主持，引汶水、泗水，鑿通長達一百五十多里，從濟州（山東濟寧市）西北至須城安山（山東東平西南）的濟州河。漕運路線是，由淮河進入泗水（今中運河），經濟州河折而向北，到

---

25 《南村輟耕錄‧黃河源》。
26 同上。
27 《元史‧地理志六‧河源附錄》。

達安山，再由大清河（即今之黃河下游）經東阿（山東東阿南）、利津（今屬山東）入海，改為海運入直沽（天津市大沽口），最後抵達大都。後來因利津的入海口泥沙壅塞，運道不暢，只得改弦更張，由東阿陸運至臨清（山東臨清南），進入禦河。濟州河的開通，意味著元代南北航運已基本溝通。至元二十六年（1289 年），元朝中央政府又開鑿會通河，這條運河起於東平路須城縣（山東東平）西南之安山，經壽張西北至東昌（山東聊城），又西北至臨清入禦河，全長二百五十里，建壩閘三十一處，歷時半年完成。至此，元代航運已南北全線溝通。至元二十八年（1291 年），忽必烈又接受都水監郭守敬的建議，開鑿通惠河。這條運河引大都西北昌平縣白浮村神山泉，折向西南，過雙塔、榆河、一畝、玉泉諸水，至大都西門入城內，彙集為積水潭，再東南出文明門（今崇文門），迤邐至通州高麗莊入白河，設壩閘二十一座，全長一百六十四里。南北大運河的鑿成，將海河、黃河、淮河、長江、錢塘江五大河流聯繫在了一起，漕運船隻可一直開進大都城了。元代大運河的溝通，影響深遠，意義重大，不僅促進了南北方經濟文化的交流，而且也促進了貿易的發展與商業的繁榮。

　　賈魯治理黃河是元代又一項大的水利工程。元代河患嚴重，決溢頻繁，先後多達二百餘次。僅至正四年（1344 年）五月，便「大雨二十餘日，黃河暴溢，水準地深二丈許，北決白茅堤，六月，又北決金堤。並河郡邑濟寧、單州、虞城、碭山、金鄉、魚臺、豐、沛、定陶、楚丘、武城，以至曹州、東明、鉅野、鄆城、嘉祥、汶上、任城等處皆罹水患，民老弱昏墊，壯者流離四方」[28]。順帝甚為憂慮，命賈魯為行都水監，訪求治河方略。賈魯受命後，循行河道，考察地形，往返數千里，掌握了大量資料，提出兩套治理方案，一是建議修築北堤，以防止潰決；二是建議「疏塞並舉，挽河東行，使復故道，其功數倍」[29]。至正九年（1349 年），丞相脫脫決定治河，召集群臣商議，多數人持反對態度，只有賈魯說應當治理黃河，又拿出了以前寫就的兩套方案。脫脫取其後策，將此事交給賈魯辦理。至正十一年（1351 年）四月，元廷以賈魯為工部尚書，總治河防使，

28　《元史·河渠志三·黃河》。
29　《元史·賈魯傳》。

徵發汴梁、大名十三路十五萬民工及盧州戍軍二萬修河，當月鳩工，七月鑿河成，八月決水故河，九月通航，十一月諸埽諸堤完成，水土工畢，黃河復歸故道，南匯於淮，又東入於海。賈魯治河之所以成功，是因為他經過實地考察，對一切情況了然於胸，才提出了正確的方案，即「疏、浚、塞並舉，先疏後塞」[30]。先把被淤塞的河道疏通，再堵塞住白茅堤決口，提前把土工做完。然後用石船堤障水。具體做法是，逆流排列大船二十七艘，用大桅杆和長木樁連起來，再用大麻索、竹子做成的粗索反覆纏繞，連為方舟，最後用大麻索、竹（即竹子做成的粗索）纏繞船身，使之牢不可破。將這二十七艘船隻分作三道船堤，每堤九艘，再用鐵錨將船隻固定，不使在水中移動。船中略鋪散草，上置石子。然後選水工便捷者，每船二人，執斧鑿，立於船首船尾，岸上擂鼓為號，一齊開鑿，頃刻之間，船上出現洞穴，河水沟湧而進，船隻沉入水中。船堤之後，再加上草埽三道。十一月十一日全部合龍，河水復歸故道南流。十幾萬民工在賈魯的指揮下，進行了一場驚心動魄的戰鬥，終於制服了黃河，取得了巨大的成功。

五、數學成就

宋元時期，中國有四大數學家：秦九韶、李治、楊輝、朱世傑。除秦九韶是南宋人外，其餘三位都是元代人。

李治（1192-1279 年），《元史》作李冶，真定欒城（今屬河北）人，字仁卿，號散齋，金末曾任鈞州（河南禹縣）知事。晚年居元氏（今屬河北）封龍山，著有《測圓海鏡》十二卷、《益古演段》三卷。《測圓海鏡》是中國第一部系統地論述「天元術」的著作，收有一百七十個問題，都是由已知直角三角形中各線段而求內切圓和傍切圓的直徑等問題的。《益古演段》則是為初學「天元術」的人而寫的一部入門著作，共收入六十四個問題。

---

30 《元朝史》下冊，頁 380。

楊輝，字謙光，錢塘（浙江杭州）人，生平事蹟不詳，著有《詳解九章演算法》十二卷、《日用演算法》二卷、《楊輝演算法》七卷。他的著作中收錄了一些現已失傳的各種數學著作中的算題和演算法，還有關於改革籌算的乘除簡捷演算法，還著錄有適用於當時民間數學教育的課程表，體現出當時數學發展的新趨勢。

　　朱世傑，字漢卿，號松庭，燕山人，約生活於十三世紀末至十四世紀初，畢生從事數學研究，著有《算學啟蒙》三卷、《四元玉鑑》三卷。《算學啟蒙》是一部由易入難的啟蒙算書，《四元玉鑑》則是講述多元高次方程組解法和高階等差級數求和方法等方面的問題，宋元時期，「在許多數學的重要領域之內，中國數學家處於遙遙領先的地位」[31]。

---

31 李儼、杜石然：《中國古代數學簡史》下冊，頁 148，北京，中華書局，1963。

第十四章

各具特色
的社會風俗

第一節 ·

契丹人
的社會風俗

一、服飾

北宋神宗熙寧八年（1075 年，遼道宗大康元年）宋遣使臣沈括以「回謝國信使」之名，前往遼議劃代北蔚、雲、應三州疆界事。他在此行中記載契丹「其人剪髮、妥其兩髦」[1]。亦即《宋史·宋琪傳》所說的：「渤海酋領大舍利、高模翰步騎萬餘人，並髡髮左衽為契丹之飾。」髡髮、剪髮，即剪剃去頭髮。「妥其兩髦」，即留下兩縷短髮拖垂著。這是兩處似具體而又難以具體說清楚的文字記載，因為剃剪的和留下的頭髮在什麼位置不明確。回答這一問題，只能求助於繪畫資料。傳世的遼代胡瓌《卓歇圖》中有髡髮男子多人，他們頭頂剃光，僅在兩耳上方留大約四、五釐米一片頭髮，下垂至肩部，任其擺動，也不至影響活動。遼初契丹族著名畫家耶律倍所畫的《射騎圖》中契丹人的髮型也與《卓歇圖》中一樣。

隨著考古發掘工作的不斷進展，在發掘的遼墓壁畫中，契丹人髮型資料也隨之增多。較早的如內蒙古克什克騰旗二八地遼墓壁畫，契丹男子髮型與上述軸畫

---

1 沈括：《熙寧使虜圖抄》卷一〇八七七，一〇七冊，北京，中華書局影印本，1960。

中所見不同，該壁畫是剃光頭頂部、下部留下，將額頭上部剪短，兩鬢部分留長散垂過肩，這與早在遼聖宗陵內壁畫契丹人髮型是一樣的。在內蒙古哲里木盟庫倫旗七號遼墓的壁畫中，契丹人主僕髡髮不同，也與上述髮型有別。墓主人剃去顱頂髮，前額上及兩額角留髮，再修成兩個彎眉形，中間仍相連接，然後留長縷結辮披在耳後，侍從及馭手，在兩額角上方留兩片髮，再結辮

乾統七年四鳳銅鏡

順兩鬢披下。另外在遼太祖陵前石刻中，還見有一件殘軀背後，有一條髮辮沿脊而下，這種情形與前額兩角各留一縷，顱後留一縷的髮型也可能類似。

女子的髮型雖然同樣髡法，但與男子差別較大。在壁畫中看到的女子髮型，由於多戴帽、紮彩帛或戴花飾，只能大致看出盤髻於頂的形式，而不像男子髡髮能看清楚。壁畫中契丹女子髮型，較清晰的如一九七四年發掘的遼寧法庫葉茂臺遼墓主室門外東壁，共畫四人，三人在前，一人在後，皆微側面向右。發掘報告指出，「前西一人為女，於額前分髮」，似一種分髮於兩側後的雙垂髻髮型。從面型及服飾看，其他三人也是女子。前中女子髮型是前額剪短，餘盤髻於頂，裹巾，年齡較大，與東側女子髮式相同。女子髮型的真實情況，目前所見最完整的一個，是內蒙古察右前旗豪貝營六號遼墓的契丹女屍。其髮型是將額頭上部寬五點五釐米一段剃去，將所蓄長髮集束頭頂，用紗帶捆紮，另從右額角分出一綹編成小辮，經前顱向後繞回頭頂壓在已束的髮上，紮後的長髮和其餘長髮皆散披腦後及後兩側，髮長及肩。前額所剃部分，髮茬長近一釐米，如再生長長一些，大概就像上述葉茂臺四女中的前兩人的髮型。

遼代契丹人的服飾，皇親貴族與一般契丹平民，有不同的情況和變化。平民

一直保持本民族適應於遊牧生活的故有的衣飾習慣，皇帝和官僚顯貴漢化之風逐步加速。最初遼太祖還注意保持傳統舊俗，對漢服、漢語都有戒心，唯恐上行下效，失去本民族文化特色。他本人本來漢語很好，但在與漢人交往中卻不說漢語。據《遼史》記載，自遼太宗入晉之後，皇帝與南班漢宮開始用漢服，皇后與北班契丹臣僚仍服國服，即原契丹民族服飾。太宗會同九年（947年）十二月進駐後晉都城開封，次年一月，便用漢禮服禮儀在崇元殿受百官賀，將晉帝石重貴及母、妻、子、宮女、內宦、東西班官、醫官、控鶴人、庖丁、茶灑司人、健卒共一百餘人送往黃龍府。三月又將晉諸司僚吏、嬪御、宦寺、方技、百工、圖籍、曆象、石經、銅人、明堂刻漏、太常樂譜、諸宮縣、鹵簿、法物及鎧仗，悉送上京（內蒙古巴林左旗林東鎮）。所有這些，都對遼文化的發展和漢化產生了重要影響。

《遼史·儀衛志》云：「太祖帝北方，太宗制中國，紫銀之鼠，羅綺之篋，麋載而至……於是定衣冠之制，北班國制，南班漢制，各從其便焉。」這種制度，是官分南北，「以國制治契丹，以漢制治漢人」在服飾制度方面的具體反映。按國制即契丹服分祭服、朝服、公服、常服、田獵服和弔服。

國服：祭服用於吉儀祭山儀、祭天、地、遼河神、祖宗等。大祀，皇帝服金文金冠，白綾袍，紅帶，懸魚，三山紅垂，飾犀玉刀錯，絡縫烏靴。小祀，皇帝硬帽，紅緯絲龜文袍。皇后戴紅帕，服絳縫紅袍，懸玉佩，雙同心帕，絡縫烏靴。契丹族臣僚、命婦所服，各從本部旗幟之色；朝服用於皇帝即位、瑟瑟（祈雨）及射柳儀。皇帝服實裡袞冠、絡縫紅袍、垂飾犀玉帶錯，絡縫靴。太宗會同十年改為通天冠、錦袍、金帶。諸臣僚戴冠，飾金花或加珠玉翠毛，額後垂金花，織成夾帶，中髮一總。或紗冠，制如烏紗帽無簷，不掩雙耳。額首碼金花，上結紫帶，不綴珠。服紫窄袍，繫帶（以黃紅色條裹革），用金玉、水晶、靛石綴飾，謂之「盤紫」；公服謂之「展裹」，著紫。皇

鎏金龍珠紋銀冠（遼）

帝紫皂幅巾，紫窄袍，玉腰帶，或衣紅襖。臣僚亦幅巾，紫衣。至興宗重熙二十二年（1053 年），詔八房族巾幘。道宗清寧元年（1055 年），規定非勳戚之後及夷離堇副使並承應有職事人，不戴巾；常服：帝及臣僚常服，謂之「盤裹」。綠花窄袍，紅、綠色中單。貴者披貂裘、銀鼠，賤者貂毛、羊、鼠、沙狐裘；田獵服：皇帝幅巾，摜甲戎裝、以貂鼠或鵝項、鴨頭為扺腰。蕃漢諸司使以上皆戎裝，衣皆左衽、黑綠色；弔服即喪服，皆素服皂帶。皇帝素白，臣僚白衣巾，或素服、皂袍、皂帶。

遼帝、后等服飾，有宋人親見筆錄。宋真宗大中祥符元年（1008 年，遼聖宗統和二十六年）十二月，遣知制誥路振使遼至中京（今內蒙古寧城縣大明城）賀聖宗生辰，幾見聖宗、承天皇太后及遼、漢臣僚、侍從婢女及年十幾歲的皇弟。初見聖宗於武功殿，聖宗漢服，黃紗袍，玉帶，絡互靴。參加會見的有契丹及漢服官員。又見皇太后蕭燕燕於文化殿，太后冠翠玉充耳，衣黃綿小褉袍，束白綿帶，方床累茵而坐，以裙環覆其足。旁立胡婢，皆五色練纏髮，盤以為髻，戴金耳瑲。純練彩衣，束以繡帶。皇弟年十餘歲，胡帽錦衣。再一次於武功殿參加武功殿慶賀聖宗生日宴會時，蕭太后冠鳳大冠，冠有綏纓，垂覆於領，鳳皆浮動。衣黃青鳳袍，貂裘覆足[2]。兩見蕭太后服飾各異，且為《遼史·儀衛志》所不備。記錄中未記聖宗冠式，按《遼史·儀衛志》載，皇帝漢服，冠有翼善，折上巾，不知所戴是哪一種。

漢服：遼漢服是參照唐和後晉制度，自太宗以後形成的，有祭服、朝服、公服、常服之分。如皇帝祭服袞冕。朝服，太宗時皇帝及南面官漢服，北面官契丹服。乾亨以後，大禮雖北面三品以上亦用漢服。重熙以後，南北面官皆漢服。如皇帝通天冠、絳紗袍。諸王遠遊冠，三梁，黑介幘，青綏。三品以上進賢冠，三梁，寶飾。五品以上進賢冠，二梁，金飾。九品以上進賢冠，一梁，無飾。七品以上去劍佩綏。八品以下同公服。公服：皇帝翼善冠，柘黃袍，九環帶白練裙襦，六合靴。一品以下，五品以上，冠幘纓，簪導，絳紗單衣，白襦裙，帶鉤，

2　路振：《乘軺錄》，見《宋朝事實類苑》卷七七〇，上海，上海古籍出版社標點本，1981。

假帶方心，襪履，紛囊。六品以下，衣冠同五品以上，唯去囊。常服：皇帝折上頭巾，黃袍衫，九環帶，六合靴。五品以上襆頭（折上巾）紫袍，金玉帶牙笏。文官佩手巾、算袋、刀子、礪石、金魚袋。武官，佩刀、刀子、磨石、契苾真、噦厥、針筒、火石袋，烏皮六合靴。六品以下，襆頭，緋衣，木笏，銀帶，銀魚袋、六合靴。八品、九品，襆頭，綠袍，石帶，六合靴。[3]

在文獻記載中，多為禮制服飾，而且是限於官服。實際生活中的服飾內容，遠比文獻記載要複雜、豐富、多彩。這些情況，為考古發現的大量遼墓壁畫所證實。至於一般契丹人服飾，如在內蒙古奈曼旗發現的遼陳國公主與駙馬墓的壁畫所見，《牽馬圖》從者髡髮，穿青色圓領窄袖袍，白色中單，綠色褲，白靴。西壁侍從髡髮、穿青綠色圓領窄袖過膝短袍，白色中單，黃色褲，黃色靴。前室男僕，髡髮，穿圓領窄袖藍色長袍，白色中單，黃色腰帶，黑色靴。女僕漢裝，有雙髻垂於耳後，穿淺黃色大領窄袖長袍，白色中單，黑領夾襖，淡赭色腰帶下垂，綠色淺底圓口鞋。內蒙古察右前旗出土契丹女屍，自外及內穿：繡花絲棉長袍，黃色羅底面，淺黃色絹裡。絳紫色絲綿長袍，絳紫色紫羅面，黃色絹裡。中黃色絲綿長袍，中黃色羅面，淺黃色絹裡。黃色絲綿羅短襖，絹裡。輕羅短衫，圓領，領邊寬四釐米折疊四層。淺黃色絹短衫，圓領，領邊折疊四層，寬五釐米，卷邊縫合。絹裙，由四幅拼綴而成，長一百一十五釐米，展寬二百三十五釐米。棕色羅面絲綿背心，前胸一片，上略呈弧邊，下呈大弧度圓角衣垂。前有扣帶二條，背部對開式。另有絳紫色羅手套，分拇指與四指合一套。黃色羅面絲綿軟靴，腰高十九釐米。包頭外三層淺黃羅面，一層紫羅裡，深藍色絲織帶圓形，頂部有收結。當然同時穿六、七層衣服，恐怕不是生前，而是死後厚葬的結果，從這些衣服中，反映了服式的複雜情形。

至今發現的契丹人的帽子都是官僚顯貴們的鎏金銀冠[4]，形式有圓筒高翅形，即筒形圓頂，兩側附以近似長方形高於帽頂的鎏金銀冠，翅上有麒麟及纏枝

3　《遼史·儀衛志》。

4　馮永謙：《遼寧建平—新民的三座遼墓》，《考古》，1960 年第 2 期；靳楓毅：《遼寧朝陽前窩戶村遼墓》，《文物》，1980 年第 12 期；田淑華、成長福、張秀夫：《河北平泉小吉溝遼墓》，《文物》，1982 年第 7 期；內蒙古文物考古研究所、哲里木盟博物館：《遼陳國公主墓》，北京，文物出版社，1993。

花紋；另一種鎏金銀冠，自前正中高起出尖，兩邊向後分折三折海棠曲線，上下有花邊緣上墼如意雲紋，欄內正中凸起寶珠，兩邊各一行龍及鳳凰。同形式的為雙鳳而無龍。第三種形式的鎏金銀冠，由十六片鏤孔銀片用金絲綴合，正中重疊兩片作如意頭形，前一片上墼真武像，另一片為雙鳳紋，其餘各片有鳳、鸚鵡、雁、花卉、火焰紋等，壓邊墼蔓草紋。此冠出土於女屍旁，應為女冠。第四種形式為高翅鎏金男冠，由六片鏤孔銀片組成。先由四片合成圓頂筒形帽，用銀絲綴合，下邊鑲入雙層帽箍中，兩側附兩片高出帽頂的弧形帽翅。冠前中鏤火焰紋，兩旁為鳳凰，兩翅是飛翔的鳳鳥紋。後面上部素面，其餘為卷草紋。冠頂正中立一「元始天尊」鎏金銀像，由像身、背光、底座三部分組成。其中第二種形式，在大同華嚴寺遼塑菩薩中就有類似的冠形。上述幾種冠形的發現，對於研究遼代契丹冠制是十分珍貴的實物資料。

日常生活中的普通契丹人服飾，平時男子空頂或皮、氈帽，穿圓領窄袖緊身左衽長袍、束革帶、佩匕刀、下、足靴。亦穿開襟短上衣。冬衣皮毛。女子包頭巾，或小圓帽、皮帽，穿與男子同式的長袍，或左衽短衫、襖，下長裙、褲，著筒靴，束帛帶，冬衣皮毛。總之契丹衣服，不像漢服寬肥，這與他們的生活環境有密切的關係。在這方面，沈括使遼後頗有體驗，他說：「窄袖利於馳射，衣短、長靴皆便於涉草。胡人茂草，常寢處其間。予至胡庭，日新雨過，涉草衣皆濡，唯胡卻無所沾[5]。」這裡沈括悟出了胡人衣服短瘦和筒靴的道理，也使人們從這段記述中，看到他高履博帶在雨後草地行走的狼狽相。其實他還沒看到，穿靴騎馬，不但不磨足腕，一旦落馬，還能靴脫人離，不致被馬鐙拖住。

前面提到契丹人特別是契丹貴族服飾漢化問題，這只是問題的一面；另一面居住在遼域的漢人，衣冠也同樣有契丹化的情況。據沈括所見，在遼境的漢人，衣冠語言皆其故俗，「唯男子靴足、幅巾而垂帶、女子連裳已異矣」。[6]但蘇頌所見則大有不同，他說：「敵中多掠燕薊之人，雜居蕃界，皆削頂垂髮以從其俗。

5　沈括：《夢溪筆談》卷一。
6　沈括：《熙寧使虜圖抄》，《永樂大典》卷一〇八七七。

唯巾衫稍異，以別蕃漢耳。」又說，「衣服漸變存語言」[7]。他們所見各有不同，但都看到了變化。事實說明，民族雜居，各民族之間只要他們生活在一起，互有往來，各方面相互影響是必然的。

二、飲食

遼王朝建立之前的契丹是一個以畜牧狩獵為業的民族，是「馬逐水草，人仰湩酪，挽強射生，以給日用」[8]的生活。遼王朝建立之後，契丹的這種生產經營和生活方式，仍然繼續進行著。以至很晚的時候，宋人使遼看到的依然同從前一樣。據沈括一〇七五年使遼返回宋朝的報告說：「其地宜牧，畜宜馬、牛、羊……而人不善藝……行則騎馬。食牛羊之肉、酪而衣其皮，間啖粥。」[9]實際上當時在遼的境域內，人們的生活情況，也有不少類似之處。在王曾使遼錄中也記載說：「自過古北口，即蕃境……時見畜牧牛、羊、馬、橐駝，尤多羊、黃豕。……食止糜（原作糜誤）粥、秒糒。」[10]

以上宋人使遼所見，契丹所過的是一種典型的遊牧經濟生活，他們逐水草畜牧，以馬牛羊為主要生產、生活資料。除放牧外，還以狩獵作為衣食的補充。他們不善農業，種植技術不高。這種情形主要由於其經濟是牧業為主，另外也與地理環境有關。由於古長城以北地區高寒，無霜期短，許多在中原種植的農作物不適宜生長，只有那些生長期短的作物，如糜粟、蕎麥比較合適，其管理技術要求不高，所以當時就習慣於種植這類作物。

經濟與生活是統一的，牧業經濟決定了他們的飲食內容和方式。馬、牛、羊和狩獵而來的野生動物，如飛禽鵝雁野鴨，水中之魚，地下之貔狸（地羊、地鼠），以及野羊（黃羊）、麋鹿、野豬，都是肉食來源。至於虎、豹、熊、貂，

---

7 蘇頌：《欒城集》卷十六。
8 《遼史·食貨志》。
9 沈括：《熙寧使虜圖抄》。
10 王曾：《契丹國事》，掃葉山房校刊本。

則以取皮為主。

契丹人雖為遊牧生活，但他們飲食內容和方法還是豐富多樣的。既以牧業為主，狩獵為副，肉和奶就是他們的主要食品，像以農業生產為主的農民以糧為主的飲食結構道理相同。對於肉的料理，主要是牛、羊肉，在牛、羊肥壯時宰殺，進行風乾或醃製成臘肉儲存。這如同蓄糧是一樣的道理。另外是隨時宰殺，日常食用。食肉方法有多種：燉食。將分解的「連骨肉」塊，放入鍋中燉熟，然後撈出放入食盤中切食，或由主人或年長者切割分食。這種吃法，每人備刀箸，以蔥、韭、蒜、醋分碟蘸食。平時一般居家燉食，便當之法，就是一把匕首拿著割食，同今天牧民「手扒羊肉」方式一樣。燒烤。燒烤之法來自原始，但在遼代，已是一種講究的吃法，也如燉食一樣，是一種常用之法。把肉塊放在火爐上的鐵箅或鐵條上烘烤，這種方法烤好的肉香酥有味。在考古發現的殉葬器物中，往往有鐵火爐實物，有的還伴隨爐箅出土，顯系供燒烤而設，是以生前生活內容而供死後享用的。粥食。王曾與沈括先後所見有粥和糜粥。朱彧《可談》中說：「先公至遼，日供乳粥一碗，甚珍。但沃以生油，不可入口。諭之使去油，不聽。因給令以他器貯油，使自酌用之。乃許，自後遂得啖粥。」[11]乳粥。即沃以生油與今牧民乳粥可能相同，即以炒米用茶水浸泡，然後放進奶油。初到牧區的人，往往不習慣這種吃法和味道，實際上是一種耐饑渴的美味食品。炒食。有炒麵和炒米。可乾食或用奶、茶水浸泡，是牧民放牧和遠途攜帶的方便食品。乳酪。是以奶為原料製成的奶食品，現代牧民可以製成奶油、黃油、奶豆腐和奶酒，上述乳酪是其中一種。糕餅。用糯飯和羊髓相和成團，多在正月初作為風俗食品，如艾糕為五月五日食品一樣。餅有面餅、肉餅、煎餅等，在餅食的製作方面，煎餅和烙餅用的鍋、子，都曾出土過實物及殉葬明器。

除了以上列舉的主食，飲料種類也有多種，而以茶為大宗。在遼宋之間、雙方貿易往往是以牛、羊、馬、茶互換。在雙方朝廷互贈禮品中，宋贈遼的禮品就有建茶、團茶、岳麓茶等名貴茶種。契丹人貴賤上下飲酒成風，他們所飲之酒有

---

11 轉引自《遼史拾遺補》卷五。

曲酒、菊花酒、新羅酒等。

荷葉紋銀杯（遼）

蔬菜有蔥、韭、芹菜；瓜果有梨、柿、杏、李子、栗子、棗、榛子、松子、海棠等。同時還有蜜漬和蜜山果食品。遼代初期已從中國西北地方引種西瓜，以牛糞覆棚而種，其味甘甜，宋代中原種西瓜開始種於御園，種子也來自於遼。

三、婚姻

契丹人建立遼朝之前，其婚姻是在血緣關係較遠的部族間或氏族間結成，即「同姓可結交，異姓可結婚」的族外婚制。這裡所說的姓，不是漢人的張、王、李趙，《契丹國志‧族姓原始》記載說：「契丹部族本無姓氏，唯各以所居地名呼之。婚嫁不拘地裡。至阿保機建國之後……仍以所居之地名曰世里著姓。」「世里」以漢語譯之，謂之耶律氏。遼太祖淳欽皇后及應天皇後皆述律氏，遼初贈姓蕭，成為後族之姓，並一直保持著婚姻關係。皇族耶律氏與後族蕭氏，兩族間通婚，不以尊卑貴賤為限，但兩族部落之家，如果不得到皇帝的認可，皆不得與外部族通婚。至於耶律與蕭姓之外的諸部之間通婚，則沒有上述嚴格的限制，聽其自主擇娶。

遼代對契丹諸部的婚姻限制，不只限於契丹本族。對於遼境內的大量漢人，以及奚、渤海、女真、室韋、回鶻諸民族雜居，在遼初也不許他們相互通婚。這

些限制，到遼太宗時有所鬆動。太宗會同三年（940 年），始允許「契丹人授漢官者，聽與漢人婚姻」。自此上自契丹公主，下至一般契丹女子，下嫁漢人為妻者已不在少數。如世宗妹嫁漢人劉珂，聖宗之女嫁漢人劉三暇，劉四瑞，漢人韓瑜妻及續弦皆為契丹蕭氏。道宗時趙匡瑀妻也是娶的蕭氏。但這種情況並不普遍，仍有所限制，直到遼興宗時，參知政事韓紹方諫准，契丹、奚、漢、渤海四姓之間，舊不許通婚的禁令才得以解除。

普通契丹人之間的婚姻。在遼以前，如兩家相議結婚，男子要到女方住一段時間，待女子有孕，或住上三年之後，才能領著女子回到自己家中共同生活。訂婚要給女方馬、牛、羊作聘禮，還有媒人從中說合。至於聘禮的多少，以貧富貴賤而異。富貴之家除牛、馬、羊而外，更有金銀、珠寶、錦緞相送。女家自然也有相應的陪送。舉行婚禮，要選擇一個吉利的日子，由媒人、執事、男方代表等帶著彩禮前往女家，拜見女方父母及親族，交過彩禮，行罷酒宴，女子始上車馬而去。同時女方也派送親人等，帶著陪嫁財物一同前往男家。當新娘下車馬後，前由一倩女，手捧一鏡為前導，後面跟著的人，以羔裘襲蓋隨後。行進中還要跨鞍具，至家要拜祖先、父母、親族。舉行婚儀時，嫁娶要受人尊重的人當「奧坐」、「奧姑」，即證婚人。有執事主持禮儀。這些複雜的程序，有時長達三日而畢，上自納後，下嫁公主，至一般人家，大抵相類。

在婚親關係中，亦有不限輩份之姻，有關這種情況，《遼史》及一些墓誌裡多有記載。如遼太祖時，淳欽皇后所生之女質古，就嫁給了後之弟室魯，成為甥舅婚。淳欽皇后的一個娘家侄女，嫁給了後之孫世宗為後，結為姑侄婚。景宗蕭皇后生三女，長適其侄孛野、老三下嫁孛野之舅，甥、舅倆娶了倆姊妹。這種不論輩份的婚姻，皇戚如此，在下者自不少見。另外，在契丹人中，妻後母和妻寡嫂的婚姻也一直存在，在遼代後期始有禁令，但禁而不止。

四、喪葬

自契丹族見於文獻記載，大約自北朝至唐亡，有關契丹人喪葬風俗的敘述都

很簡略[12]。只記載說，契丹人有死子女者，作為孩子的父母，十分悲傷，朝夕痛哭不已。而死父母者，子女則不悲哭，因為痛哭會帶來不吉利的事。他們以馬駕車將屍體送往山林棚架之上，三年後前往收拾遺骨加以焚化。沒有喪期，也不作「塚墓」。在焚化骨殖時，有簡單的親朋聚會，飲酒，唱祭歌：「冬月時，向陽食。夏月時，向陰食。我若射獵時，使我多得豬鹿。」對於這種風俗，當時在漢人眼裡，被視為大不孝的行為。實際上，這是一種天葬與火葬相結合的習俗。至於「死者不得作塚墓」的記載，至少不墓恐非確實，因為契丹之先，東胡與鮮卑人已實行墓葬，考古發現遼以前亦曾有墓，因此墓而不墳（塚）是可能的。遼代自遼初就有望祭黑山及木葉山祖先亡靈的大禮，說明他們的祖先有集中的族葬地在那裡，遼代契丹人仍保留族葬之風。

遼王朝建立之後，其喪葬風俗有了明顯的變化。《遼史・太祖本紀》記載，在他正式稱帝前三年（913 年），曾進行一次「省風俗、見高年、議朝政、定凶儀」的活動，其中「定凶儀」就含定喪葬禮儀。於是自遼太祖以後，皇帝死後就有一系列的喪葬活動，而且與漢人治喪有明顯的類似內容。《遼史・禮志》中就有告喪、弔唁、入殮、停靈供祭、哀服哭拜、扶柩送葬、選墓地、建陵墓、暖墓、下葬、守陵墓、辭陵等事項。如遼太祖死於天顯元年（925 年）七月，由於遼帝皆死後始修建陵墓，於是停靈柩於上都子城西北，至次年八月始葬於祖陵。遼聖宗死後，夜四鼓入殮，興宗率群臣於靈柩前行三致祭禮，至發葬起靈時又行五致祭禮，至祭所焚衣、弓矢、鞍勒、圖畫、馬、駝、儀衛等物。在陵園東向面火行拜天地禮，向群臣贈先帝遺物，葬畢出陵園神門再東向拜辭。道宗皇帝死，天祚帝及皇族、外戚、使相皆斬衰、一般宦吏及承應人等，皆服白枲衣巾。入殮時帝率眾人喪服焚香，奠酒致祭。送葬時皇帝親扶靈車，下葬前又親下陵寢暖墓。在陵地分贈先帝遺物，最後率群臣繞陵墓三匝行辭陵禮。繁多的喪禮，不止流行於皇族，在一般契丹人中，或有簡略，亦大概如此。

葬也不是以前的「死不塚墓」的情形。皇帝死有陵園及守陵衛制，貴戚、大

---

12 參見《魏書》、《北史》、《隋書》、《新唐書》、《舊唐書》各書《契丹傳》。

臣、顯貴、普通契丹人，亦皆實行墓葬，有的也建有墳園。選陵墓地有職業陰陽相輿人，[13]也有遵照死者生前願望。如遼聖宗生前夏季常駐地，因愛該地慶雲山的秀麗景色，有「吾萬歲後當葬此」的願望，到他死後，興宗便遵其遺願將他葬在那裡。興宗死後，是道宗選定的陵所。

遼代皇帝陵的選建，與唐陵有相近之處。陵墓因山為陵，把地宮直接建築在山體內，四周有一定的範圍，就山勢而立，在可以逾越之處築牆，有神門、神道及陵前石刻，在陵地附近建州城衛陵。由於遼亡時，金人對遼陵進行了極大的破壞，此後又未再維修，因此至今所看的陵園是一片廢墟，僅能知其大概。自遼太祖至遼道宗，遼代的八個皇帝陵墓分建在四個地方。太祖祖陵在遼上京西山[14]，旁有祖州城，太宗懷陵在今內蒙古巴林右旗崗崗廟，旁建懷州衛陵[15]。世宗顯陵在今遼寧省北鎮西北，旁建顯州衛陵。穆宗附葬懷陵。景宗乾陵在今遼寧省北鎮西南、旁建乾州護陵，顯、乾二陵皆在醫巫閭山中。聖宗永慶陵在今內蒙古巴林右旗白塔子北山中，旁建慶州（今白塔子）護陵。興宗永興陵，道宗永福陵皆附葬慶陵，三陵間距約二公里，自東至西順序排列。遼陵陵園建築情況，如太祖陵，陵園在祖州城（今石房子村西）遺址西約一點五公里一個四山環抱的山谷中，山谷僅一南口可供進入，為太祖陵園神門所在。陵寢在谷中西側一向東延伸的山嶺上，鑿山築地宮，陵寢下坡有石刻殘存。山谷四周除絕峰外，皆以石塊築牆封堵。陵園內平坡上有祭殿遺蹟。神門外神道西有祭祀建築遺蹟，東有契丹大字殘碑石及龜座。在地宮處，曾拾到玉雕人像，雕刻十分精緻。乾陵、慶陵，地形選擇和建造情況也與祖陵接近。至今沒有對遼陵陵墓進行考古發掘，但聖、興、道三陵二十世紀初已被盜掘，後來日本人對地宮壁畫進行過臨摹並採集到一部分殘存遺物[16]，從而也使人們對遼陵地宮的情況有了一定了解。

遼聖宗永慶陵東南向，前有斜下坡墓道接著羨道進入長方形前室。前室兩側

---

13 《遼史·耶律不哥傳》。

14 賈洲杰：《內蒙古昭盟遼太祖陵散記》，《考古》，1966 年第 5 期。

15 張松柏：《遼懷州遼陵調查記》，《內蒙古文物考古》，1984 年第 3 期。

16 田村實造、小林行雄：《慶陵》，日本京都大學文學部，1953；鳥居龍藏：《遼之文化圖譜》，日本東方文化院、東京研究所，1936。

第十四章｜各具特色的社會風俗　517

有通道通向兩個圓形側室。過前室經通道通圓形中室，中室兩側也有通道連著兩個側室。中室再前過通道進入一個圓形後室。自羨道至後室全長約二十一米，中間三室橫寬十五米。各圓室皆穹隆頂，其餘為券拱頂，壁皆以磚砌，上用白灰抹平，自墓道至墓室滿繪彩色壁畫。從地宮建築平面看，和地上建築類比，是一個有前中後三殿為中軸，兩旁各有配殿的大建築群，而它的墓頂，又似天空和氈幕。興宗和道宗陵地宮平面布局與聖宗陵相同，差別是墓室平面由圓形變成了八角形。

契丹貴族和中等人家，在墓室建造和殉葬品方面也很奢侈，厚葬之風甚濃。大約在世宗以前，墓室平面多流行方形及長方形，至聖宗前圓形墓比較流行，此後流行六角及八角形墓室。大墓有的分前後室及左右耳室。建築材料多用磚，也有石室墓。葬具有木棺槨、石棺，或無棺槨僅有屍床。晚期中小墓流行火葬。除有隨葬品外，墓室壁畫也相當流行。至於貧苦牧（農）民，墓室簡單的只有幾塊殘磚，或以瓦甕殮骨。

早期大墓如穆宗應曆九年（959 年）駙馬衛國王蕭沙古與公主質古合葬墓，是一座磚砌，分墓道、前中後室及兩前側室的大型方室墓，墓總長十點五米，寬八點七米。自斜坡墓道而下至墓門，有花崗岩石門兩扇，門上有鋪首，上下鑲鐵鑄門軸，外面彩繪人物（武士——門神）。前室正中放墓誌，左放鐵爐、桶、鏟、壺、火夾、銀鞍飾、嵌銀鐵馬鐙、銀鈴等鞍馬佩飾。南側室放八組鞍轡，鐵盔甲及鉗、鎚、鑿等工具。北側室放大量瓷器。中室為主室，四周有柏木（槨）護板，中砌磚臺，上放木屍床。護板原有繪畫。屍床有欄杆，欄杆柱頂雕望獸，欄板雕花，上鑲銅泡釘，中央鑲透雕盤龍銅飾，四角掛銅鈴，床外懸紫底繡金花帷幔，上織金及彩繪龍、鳳、鳧鳥、蝙蝠、蓮瓣等花紋及鎏金銀佩飾。帷幔四角包皮，用銅懸掛。屍床鋪毛氈，男屍在裡，女屍在外，身上有金質蹀躞、匕首、短劍、銅鏡、漆盒等。在頭骨附近有瑪瑙、琥珀、珊瑚製成的瓔珞，各式銅鏡，包銀鞘短劍和匕首、錯金銀鐵矛，各種已朽的絲織品，裝飾品，生活用品等。後室放炊飲器皿，有青、白瓷碗盆，銀壺、碗、筷、匙及鐵刀、斧、鉗、剪等鐵器，並有鐵鍬、鳴鏑、骨刀、刷、解錐、礪石、石硯等。各室所出器物總計達

二千一百餘件，其中大多為生前實用品。[17]

在遼寧省法庫葉茂臺發現的遼墓，僅比上述遼駙馬墓少一後室，也是一個方形多室墓。墓門仿木建築，主室木構床帳內，置一雕四神十二生肖石棺，棺內女屍身著十餘件絲織袍衫和裙裳，佩帶裝飾品有水晶珠、瑪瑙管、金絲球、琥珀等組成。身上覆蓋織金緙絲被。棺上放一漆奩盒，前放一石祭桌，桌上放十餘件瓷碗、罐和盛有桃、李、松子的漆缽。該室前兩角置桌椅各一張，桌上漆勺、碗、玻璃碗、瑪瑙杯，桌下放貯有紅色液體（酒？）瓷壺。椅子為索條編織，上放漆木雙陸一副和一對骨骰子，搏盤上還有一件漆棋缽。前室三面券門旁繪六幅人物畫，男子皆契丹人裝飾。左耳室內放雞冠壺，小口長瓶及缸，有七件白瓷碗放在一個銀扣大漆盤內。右耳室放成套鞍馬具，有鎏金銀鞍，繡花障泥、鐵鐙、嵌水晶轡頭。還有鐵斧、鍬等工具。

女屍以綢帶纏束，手中握珠，有以銀片卷成的鼻塞。有屍衾、面衣和多件衣服。這些對契丹葬俗提供了各方面的內容。該墓還出土了兩件軸畫（參看本卷第十二章遼代繪畫）。

遼代中期的墓葬中，聖宗開泰七年（1018 年）陳國公夫婦墓的情況，可以全面體現契丹人的葬俗，具有典型代表性。該墓由墓道、天井、前室及東西耳室和後室組成。墓道下斜坡有階級，傾斜十五度，上窄下寬，墓門前距今地表四米。東西兩壁抹白灰，上繪對應的侍從牽馬在廊廡下的壁畫。天井呈橫長方形，南北長零點九五米，東西寬四點二米。條磚鋪地，壁面抹白灰。磚砌仿木結構墓門，高二點六五米，寬一點九三米，通高四點四二米。門兩側影作立頰，門上額兩側上角彩繪牡丹花，中間嵌半圓形木額，塗白後彩繪牡丹花紋，額上兩個橫長方形門簪。門額以上磚雕房脊、筒板瓦及瓦當、滴水、簷椽及簷下柱頭和補間斗拱。所有構件，均以墨線勾輪廓，再填以彩色。前室長方形、券頂，南北長三點四八米，東西寬一點九三米，高二點六五米。方磚鋪地，四壁抹白灰，兩側正中有通道進入兩圓形耳室，耳室直徑一點六米，穹隆頂高二點四米左右。前室東西

17 前熱河省博物館籌備組：《赤峰縣大營子遼墓發掘報告》，《考古學報》，1956 年第 3 期。

兩壁繪男女僕役和手持骨朵的衛士，頂部繪日、月、星、雲。後室圓形，直徑四點三八米、高三點九七米。方磚鋪地。正頂以大石塊封頂。全室以紅松木作護壁。

陳國公主和駙馬都是按照契丹族傳統葬俗埋葬的。在後室只有磚砌屍床而無棺。屍床上鋪柏木板，再鋪褐紫色織金褥墊，四周有嵌銀片飾品的木床帳，及掛有銀流蘇的絲織帷幔。駙馬與公主，頭東足西，仰身直肢，男外女裡，屍體及絲織衣物早已腐朽，但金銀玉等佩飾仍原位未動。公主與駙馬均頭枕銀枕，頭旁各放一鎏金銀冠，身套銀絲網路，戴金面具，著銀靴。胸佩琥珀瓔珞，束帶。公主頭戴珍珠、琥珀頭飾，頸戴琥珀、珍珠項鍊，兩腕各戴一對金鐲，每指戴一個金戒指。身佩金荷包、金針筒、鐵刀、琥珀和玉佩。駙馬腰束金跨銀鋌蹀躞帶，帶上掛銀刀、銀錐。

除隨身衣物及裝飾品以外，還有大量的隨葬物品分放在各墓室中。在前中央稍前放漢文墓誌一盒，其餘大部分是生活用品，有遼綠釉長頸壺，茶綠釉小口長瓶（雞腿瓶），綠釉小罐，和青瓷、白瓷碗盤，鎏金銅鎖及鑰匙。木圍棋子（80枚），其中容器類似從東耳室出水漂浮而來。東耳室放有瓷器類，銀壺、銀盞、銀匙、水晶杯、瑪瑙盅等。西耳室放兩套鞍馬具，有包銀木鞍、銀障泥，銀絡頭、韁繩、胸帶、帶，鐵銜鑣、鐵鐙，銅馬鐙。過道中有木鳴鏑等。後室有木腳踏，玻璃瓶、杯、盤、玉盂、硯、水晶串珠（152顆），銀唾盂、托盤，金花銀缽，鎏銀匙，銅鏡、銅盤等。另外有木弓及弓囊，銀、銅跨銀鋌蹀躞帶，玉跨絲鋌蹀躞帶等。所出器物種類之多，內容之豐富，工藝之精巧，品位之高，為目前遼墓所僅見。[18]

遼代晚期契丹人墓，具有代表性的是內蒙古察右前旗豪貝營六號墓。該墓是一個石塊築成的六角形單室小墓。該墓有屍床無棺槨，重要的是保存了一具未腐掉的女子全屍，還有鎏金銅面具，銅絲網路，十餘件衣帽鞋襪和手套以及瓷器、銅佩刀、玉環和漆木器等。女子髮型是目前僅見的完整一例，屍體先附一層絲

18 內蒙古自治區文物考古研究所、哲里木盟博物館：《遼陳國公主墓》，北京，文物出版社，1993。

綿，再用深褐色粗羅自上而下纏裹，手指及上下肢分纏，直至足尖。上身裁成背心式大片纏裹，頭部用紗布包裹。上肢手臂分纏，由手及肩，下肢由上而下。從這具女子髮型、面具、網路、纏屍，以及服飾的完整出土，對於了解契丹人葬俗提供了全面的珍貴資料。[19]

從上述契丹人自皇帝至一般人的喪葬情形，可以看到一些突出的民族風俗。最突出的是死者戴金屬面具和金屬絲編的屍網路。另外還有保存屍體之風。在葬具和殉葬品方面也別具特色[20]。關於保存屍體問題，雖然已發現遼墓中完整未腐之屍，但在處理上仍與文獻記載有不同之處。文獻記載，遼太宗大同元年（947年）滅晉歸途暴卒，「國人剖其腹，實鹽數斗，載之北去，晉人謂之帝」。還有一種方法是將初死之人破腹，「取其胃腸滌之，實以香藥、鹽、礬、五采縫之。又以尖葦簡刺於皮膚，瀝其膏血盡」。或「倒懸其屍，（出）其渣穢口鼻中，又以白礬塗屍令瘦」。當時宋朝也贈遼水銀和龍腦，幫助他們保存屍體。看來契丹人當時保存屍體的方法，最重要的是清除胃腸及瀝盡膏血和水分，再以藥物或鹽處理。至於「用金銀為面具，銅絲絡其手足」的記載，已為考古發現所證實，並且數量較多。所謂「面具」，就是用很薄的金屬片，打製成人面形狀，覆蓋於死者臉上。已發現的有金、銀、銅或銀鎏金和銅鎏金質，面型有男女老幼之分，其臉型各不相同，看來與死者容貌有一定的類似之處，或者與這個民族的一般類型類似。身套網路分頭、上下身和手足套，頭部僅露面部，其餘全絡。編法如今見「胡椒眼」狀的鳥籠孔。上下套分片縫合，手套五指分開，足套不分指。全身如今紡織內衣一樣貼近肢體。有一處記載說，遼人死不用棺。記載說宋遣章頻使遼[21]，歸途死於遼中京北之紫濛館，遼以「錦車駕駝載至中京，斂以銀飾棺」。所以要至中京殮，因為「虜中無棺櫬」之故。遼契丹不用棺而以屍臺、屍床陳屍者確實不少，應是一種流行風俗，但亦有用木棺石棺下葬者。至於以金屬為面具，銀絲絡其手足，則流行於顯貴而非貧民。考古發現的以帛纏屍的現象，不見文獻記載，但已不是一例，當為一種風俗。遼契丹人墓葬品中不論男女，多有鞍

---

19 烏蘭察布盟文物工作站：《察右前旗豪貝營第六號遼墓清理簡報》，《文物》，1983 年第 9 期。
20 賈洲杰：《契丹喪葬制度研究》，《內蒙古大學學報》，1978 年第 2 期。
21 《遼史・興宗本紀》為重熙元年（公元 1034 年）。

馬具，佩刀匕、火盆火爐，瓷器中的雞冠壺，小口長腹瓶，特別是瓷器最具民族特色。

第二節·
女真人
的社會風俗

一、服飾

1. **髮型**　女真人的髮型，與遼代契丹人有明顯的不同，他們不是髡頂，而是貯髮結辮。徐夢莘《三朝北盟會編》（上帙卷三）一書記載，女真「婦人辮髮盤髻，男子辮髮垂後。耳垂金銀，留腦後髮，以色絲繫之」。《金志》亦載女真人「辮髮垂肩」，「留顱後髮」，用珠金飾，亦無冠。至於具體型式，則無詳細描述。進一步了解這些問題，可資參考的是當時的繪畫和人物雕塑資料，形象具體，真實可靠。

繪畫裡的髮型，金人張瑀《文姬歸漢圖》中，馬上人有頂髮中分，結辮分垂於背後，其長已過肩。遼寧朝陽金代馬令墓西壁飲宴圖中，諸男子多軟巾裹頭，看不出髮式。獨有一男子禿頂，自頭兩側耳上貯髮結辮，向後垂至顱後[22]。這種形式，與《文姬歸漢圖》中滿髮雙辮後披尚有所區別。當金人已占據華北，進兵宋都開封之時，於金太宗天會四年（1126 年），由樞密院告諭兩路指揮，要求漢

---

22 遼寧省博物館：《遼寧朝陽金代壁畫墓》，《考古》，1962 年第四期。

人既歸於金，當從女真風俗，不從者甚至可以處死，要求規定髡髮、左衽、短巾，這樣廣大地區的漢人，髮型服飾都有一定的變化，所以南宋人使金，經河南途中，常常看到漢人衣飾風俗女真化的現象，這與強行推廣也有一定的關係。

女真婦女髮型是辮髮盤髻，形式也是多樣的，並不是一種樣式。自金建國之後，婦女盤髻而無帽，也出現了裹巾裝飾，具體形式有結辮盤髻於頂，年輕婦女方額髻髮，年齡大的婦女裹巾或勒巾。由盤髻變化縮雙髻於頂，也有縮雙垂髻於耳後的雙墜髻。總的來看，婦女髮型不如唐宋那樣多彩多樣，這與北方氣候寒冷也有一定的關係。

2. 服飾 女真故地在長白山和鴨綠江流域，冬季嚴寒，盛夏溫涼，冬長夏短，自然及氣候條件形成了人們穿戴的習慣。由於寒冷，以皮毛為衣便是普遍情況，雖同以皮毛為衣，但有貧富差別，冬秋富人衣墨裘、貂鼠、青鼠、狐貉、羔皮，春夏以絲綿為衫裳，亦間用細布。貧者春夏用粗布為衫裳，秋冬衣牛、馬、豬、羊、貓、犬、獐、鹿之皮。襪皆以皮。其衣尚白，男子穿圓領窄袖左衽緊身短袍，束帶，足靴。婦女衣大襖子，制如男子道服。裳曰錦裙，左右各去二尺許，以鐵條為圈，裹以繡帛，上以單裙籠之。[23]

隨著金人建國，滅遼（北）宋、遷都於燕（中都），占有淮河以北廣大地區，在與漢文化的進一步交融中，服飾制度也不斷變化，由強行漢人服飾女真化，而變成下詔阻止女真人漢化的相反局面。金世宗大定二十七年（1187 年）十二月，詔「禁女真人不得改稱漢姓及學南人

金列鞸（金）

---

23 宇文懋昭：《大金國志》卷三十九，北京，中華書局崔文印校正本，1986。

衣裝，犯者抵罪」。[24]凡「違者杖八十，編為永制」。禁而不止，到金章宗泰和七年（1207年）七月，又再次重申上述禁令。上下相距二十年，兩下禁令，說明形勢的嚴重。實際上女真上層仰慕華夏衣冠朝儀之心早已有之。自兀術「掠得中國士大夫，教之立制度，定分陛」，從而「城郭宮室、政教號令，一切不異於中國」。[25]自興兵南下，雖故地舊俗未變，而進入中原官兵，已漸染漢風，這是阻擋不住的趨勢。世宗說：「亡遼不忘舊俗，朕以為是。海陵習學漢人風俗，是忘本也」，也難以深入人心。金初掠得遼朝儀物，是遼朝從後晉掠來的，在滅（北）宋後，又將宋宮冠服禮器劫掠一空，這些文物精華，對他們的吸引力和影響是難以估量的。所以熙宗到燕京，已用法駕，至世宗遂成為定制，到了章宗更正式制定禮服之制。自此原來女真皇帝、大臣，把當初在東北老家那種臣庶衣服無別，上下可以擦肩而過，同池而浴的風俗，也拋諸腦後了。

金朝服制的制定，是尊上古而效唐宋，官民黎庶之間，在色澤質料和式樣各方面，都有嚴格的限制。熙宗天眷至皇統年間規定，祭祀，皇帝袞冕，重底紅羅面靴。行幸則通天冠，絳紗袍。視朝小帽或純紗襆頭，窄袖赭袍，黃滿領。平時皂巾雜服，與士庶無別。文武百官朝服：一品貂蟬籠巾七梁額花冠並貂鼠及銀立筆，犀簪導。緋羅大袖袍裙、蔽膝、緋白羅大帶，天下樂暈錦玉環綬、白羅方心曲領、白紗中單，銀褐勒帛，玉珠佩，鎏金銀帶，白綾襪，黑皮靴。正二品，七梁冠並銀立筆，犀簪導，緋羅大袖袍，雜花暈錦玉環綬。正四品（三品缺載），五梁冠銀立筆、犀簪，白獅錦銀環帶、珠佩、銀革帶。正五品，四梁冠，簇四金錦銅環綬。正六品、七品，三梁冠，黃獅錦銅環綬，銅珠佩、銅束帶。御史中丞戴獬豸冠，青荷蓮綬。二品至七品其餘佩飾同一品。八品、九品二梁冠、綠袍、黑鞓角帶。祭服：依泰和元年制，冠如朝冠而去貂蟬、立筆，服用青衣、朱裳、白襪、朱履。非攝政者用朝服。公服：以大定年間制，文資五品以上服紫。三師、三公、親王、宰相一品官服大獨科花羅、花徑不過五寸。執政官小獨科花羅，花徑不過三寸。二品、三品服無枝葉散搭花羅，花徑不過半寸。四品、五品

---

24 《金史·世宗本紀》。
25 《宋史·陳亮傳》。

服小雜花羅，花徑不過一寸。六品、七品服緋芝麻羅。八品、九品服綠色無花羅。

3. 士庶常服　章宗明昌年間有言：「今風俗侈靡，莫若律以制度，使貴賤有等」，故禮部、尚書省有常服之制，規定出巾、帶、服、靴令士庶遵行。巾以皂羅紗，上結方頂，折垂於後。頂之下邊兩角綴方羅徑二寸許，方羅之下附帶六、七寸。顯貴者循方頂十字縫綴珠，其中必貫大者，謂之頂珠，帶旁絡珠結綬，長半帶下垂。其衣多白色。三品以皂、窄袖、盤領、縫腋，下為積而不缺。其胸肩袖或飾金繡，以鶻、鵝雜花，或以熊、鹿山林為紋。其長至膝下小腿中部，以便於騎，即所謂圓領窄袖緊身短袍，亦即盤領衣。其束帶，玉為上，金次之，犀象骨角又次之。婦人服六積裙，色多黑紫，上繡花卉。上衣團衫，色紫、黑式紺，直領，左衽，掖縫，兩旁為雙積，前長及地，後曳地尺餘。年老者以皂紗攏髻如巾狀，上綴玉鈿，謂之玉逍遙。這種服飾即遼人服。許嫁女則服綽子，類似婦人團衫，對襟彩領。皆烏皮靴。至明昌六年和泰和四年又有一些變化。大定十三年（1173年），規定士人及有師號的僧尼道女，許服花紗綾羅絲。在官及未在官，

八品以下，許服花紗綾羅絲絲，婦人許用珠為首飾。庶人只許服、絹布、毛褐、花紗、素羅、絲綿，其頭巾繫腰領帕許用芝麻羅。兵卒許服無紋壓羅、、絹布、毛褐。奴婢只許服、絹布、毛褐。倡優遇迎接、公宴許服繪畫之服，平時與庶人同。

金扣玉帶（金）

服飾制度在金代非常嚴格，又繁雜不堪，且各從本分，不得逾越。用服飾以別高低貴賤，這也是女真人效法唐宋的結果。

二、飲食

要了解女真人飲食舊俗，從宋人記載的他們日常飲食、茶食和阿骨打宴請的情形，便可得到一般的回答。徐夢莘《三朝北盟會編》上帙卷三記載：「其飯食則以糜釀酒，以豆為醬。以半生米為飯，漬以生狗血，及蔥韭之屬和而食之……春夏之間，止用木盆貯鮮粥，隨人多寡盛之，以長柄小木杓子數柄回環共食（無碗箸，皆以木盤）。下粥肉味無多品，止以魚生、獐生、間用燒肉。冬亦冷飲，卻以木楪盛飯，木盆盛羹，下飯肉味與下粥一等。飲酒無算，只用一木杓子，自上而下，循環酌之。炙股烹脯，以餘肉和菜搗臼中，糜爛而進，率以為常。」「茶食」中有饅頭、炊餅、白熟、胡餅之類，最重油煮（炸）。麵食以蜜塗拌。「茶食」

寶相花高足金杯（金）

方式是「飲酒食肉，不隨下盞，俟酒畢，隨粥飯一發致前，鋪滿幾案」。宴罷飲茶、喝奶茶。這是先喝酒不吃菜，喝罷方吃，這種習慣現在蒙古族一些牧民中仍然存在，他們也是先只飲酒，邊飲邊歡唱，或歌舞，直至飲酒罷，方進美食。《會編》卷四引馬擴《茅齋自敘》記載：「阿古打聚諸酋共食，則於炕上用矮檯子或木盤相接，人置稗子飯一碗，加匕其上，列以齏韭野蒜長瓜，皆鹽漬者。別以木楪盛豬、羊、雞……肉，或燔或烹，或生臠，多以芥蒜汁漬沃，陸續供列，各取佩刀臠切薦飯。食罷，方以薄酒傳杯冷飲，謂之御宴者亦如此。」這又是一種飲宴方式，是先食而後酒，也是酒、食分進。這裡還說明，宴會是在炕上，而不是地上擺桌椅，這才是女真人的環屋為炕，飲食起居其上的傳統生活習慣。

飲食生活與物產和自然環境關係密切。女真地饒山林，田宜糜黍，人喜耕種，善騎射，好漁獵。土產人參、蜜蠟，獸多牛、馬、麋、鹿、野狗、白兔，又有善獵的鷹鶻（海東青），這些都為他們飲食提供了豐富的資源。由於善於耕

種，故有多樣的米麵食品。麵食有饅頭、炊餅、胡餅、白熟等，即烙、烤、蒸餅之類，還喜歡以油炸食。因為特產蜂蜜，麵食拌製成蜜糕。米飯、米粥都喜歡涼食，夏天喜歡吃水解飯，即涼水泡飯。至今在東北仍習慣這種吃法。肉食的吃法，有燒烤烹煮幾種製法，然後盛在大盤中由大家用刀切割，用蔥蒜等汁蘸著吃。還有一種菜肉泥一類的食品。同時他們有生食習慣，如食生魚、獐肉等。飲酒是女真人的一大愛好，往往喝得大醉，人們為防止酒醉滋事，只好把他捆起來直至清醒。飲食中還有奶茶和茶等。

飲食風俗和其他習俗一樣，進入中原的女真人，在飲食方面，也逐漸接受了漢人的習慣。只有在東北的女真人，依然保留著故俗，以至在金亡之後繼續流傳下來。

三、婚姻

女真人的婚姻為族外婚制，並且又有沿襲為婚的姻親氏族。富與富者聯姻，貧與窮者結親。金代皇族完顏家所娶，皆徒單、唐括、蒲察、挈懶、僕散、紇石烈、烏林、烏古倫諸部長之家。皇后不娶庶族，如金章宗欽懷皇后蒲察氏死後，章宗欲立元妃李師兒為後，因李氏出身微賤，便遭大臣們的反對而未能如願。

女真人普遍流行指腹為婚，或孩子幼小時便由父母或媒人約定訂婚。約定之後，等兒女長大，雙方有一方發生變化，如變貧致富，都不得反悔。訂婚要下聘禮，官民有制。官一品不得過七百貫，三品以上不得過五百貫，五品以上不得過三百貫，六品以下及上戶庶民不得過二百貫，中下戶不得過一百貫的限制。另外也有用牛馬作聘禮的。

成婚之禮，新郎要先期行拜門禮。夫婿由親屬陪同，帶著錢物酒肉前往女家，行「男下女」禮。至時婦家男女老幼，皆坐在炕上，男婿在下一一羅拜。禮畢之後，將所帶馬匹牽來，由岳丈選留，一般留不過十之二三，選不中者，甚至將婿之坐騎留下。女方留下一馬，回贈衣服一套。

婚既成，男子要留在女家，充當僕人，服勞役。經過三年之後，帶著妻子和她的陪送財物，回到自己的家裡生活。陪嫁財物，如富貴家，除成群牛馬（上百數）外，還有奴婢在內。至於貧困之家婚嫁，就沒有一定的形式，更沒有太多的財禮相送。

貧窮人家的女子，到了成婚的年齡，如果未被男子選娶，她可以自尋夫婿。方式是行歌於途，以歌訴說自己的家世、技能、姿色和求侶的心意。聽到歌的人，如有願娶她為妻並得到同意，可以帶她而去，然後再具禮一同前去告訴女子的父母，謂之「拜門」。更有一種顯貴子弟及富家男兒，聚以飲酒或馳馬戲飲。前來觀看的女子，願者可與共飲共歌舞，情投意合便隨之而去，這又是一種男招女的婚俗。

多妻制是中國封建社會的共同現象，皇帝就是最典型的代表，金代也實行多妻制，但不風行於貧民間。另外，在女真人中，還存在父死妻其後母，兄死則妻其寡嫂，叔伯死而妻其嬸母的舊俗。不過寡居之婦女，也有不從這種風俗的，如世宗母李氏就以削髮為尼而反抗「婦女寡居、宗族接續」之風。

四、喪葬

金國初興，女真人仍保留著本民族故有的喪葬禮俗。據文獻記載說：女真人死，其子女抱膝而悲哭，並以刀劃破額頭，血、淚淋漓，名之曰「送血淚」。同時當有人死，他的親戚也來會聚哭喪，安慰死者家屬。舉喪期間，設牲牢酒饌祭品，然後一同燒掉，名曰「燒飯」。另外死者家屬，自然要盛情接待親朋好友。宴請時男女雜坐，一起飲酒，亦歌亦舞。其埋葬一般是選在山林中，進行土坑掩埋，沒有棺槨封土，形式簡單。另外一種方式是棚葬或稱天葬，即搭棚架於樹，置屍其上，殺牲設祭品放其下。自金朝建立之後，除無棺槨封樹外，以「木槽」為棺的埋具開始流行，所謂木槽就是一種長方形木棺，無前高寬後低窄之分。墓中也有了殉葬品，如馬具、鐵刀斧、羊矩骨等物。甚至還出現了鞍馬實物，以及人殉現象。

隨著社會和經濟的變化，加之受遼宋文化的影響，喪葬風俗除民族舊俗在女真故地的平民仍然保留外，皇親貴族喪葬已與漢俗相仿。首先是皇陵。據張棣《金虜圖經》記載：金初本無山陵之制，其先祖喪葬都比較簡單。至完顏亮徙中都（今北京）後，便下令在京西南燕山選建陵園，於貞元三年（1155 年），毀大房山雲峰寺（今房山縣西北 20 公里雲峰山，亦名三墳山、墳山）進行修建。同年五月派人往上京，遷太祖、太宗梓宮，次年（正隆元年）七月，又遷始祖函普以下十陵於房山陵園。同時以原雲峰寺未毀的正殿為享殿，安奉太祖，太宗及祖先神位，自此建陵告一段落。金代皇帝陵，並非集中一地。宣宗完顏珣，因遷都南京（今河南開封），死後建德陵於當地。哀宗被元兵追逃至蔡州城（今河南汝南），自縊後火焚其屍，由隨軍草葬於汝河旁。末帝為亂軍所殺，不知葬所。房山陵區，自太祖以下八帝陵，由於金代宮廷之變，內部殘殺，帝號廢貶，而有陵園改遷情況。如興建房山陵園的完顏亮，被殺後初葬房山陵區，後貶為庶人，復遷葬於陵區西南四十里荒山中。熙宗完顏亶被亮所殺，降為東昏王，與裴滿氏合葬，貞元間改葬大房山蓼香甸。至太定初追封閔宗，又建思陵。大定二十七年（1177 年），因原思陵小，又改葬於房山峨眉谷中，一帝四葬三遷，可見變化之多。

房山金陵地上建築及地宮均遭破壞，最嚴重的一次發生在明天啟二年（1622 年）。當時清兵已南下遼陽，明統治者為了挽回行將滅亡的命運，信陰陽之說，認為清與金同出於東北，有著相同的氣脈，於是將房山金陵搗毀，斷其地脈即可亡清。同時還建關帝廟於陵旁，以鎮壓王氣。破壞之慘，致使清康熙時欲加修復而難以動工。[26]

前面談到金初以來女真人也開始營造墓室，除土坑墓仍然流行外，有以磚及石塊築墓室，如遼、宋之多角形式。殉葬品有鐵生產工具，生活用陶瓷器、隨身裝飾品等，以及木棺、石棺或石骨灰盒。富貴之家，隨葬品更加豐富，裝飾品有玉、石、瑪瑙、琥珀、水晶、珍珠，衣料有綾羅紗絹。有官品的墓前神道安放石

---

26 羅哲文：《中國古代帝王陵寢》，上海，上海文化出版社，1984。

人、石虎、石羊，立神道碑諸石刻。

從金代女真人的墓葬風俗看，其墓室建造和隨葬器物，與漢族相比，差別已經不大。這種現象，反映出文化融合的趨勢和變化，與遼代相比，就不如契丹人保持著那種十分明顯的民族風俗特色。當然在金的漢人墓葬中，反映金代女真文化面貌也不少，如壁畫中的女真人的髮型、服飾也很明顯[27]。所以民族之間的影響，無論哪一方面，都是相互而非單向，或只有一方接受一方，而無其他。

第三節 ·
西夏人的
社會風俗

一、服飾

1. **髮型** 《舊唐書·党項傳》在談及党項人有重復仇的風俗時說，如仇未復，必蓬頭而垢面。這裡沒有說無仇之人的髮型是什麼形式，是披還是辮？均無交代，但從中可以判斷党項人蓄髮。當時與党項族為鄰，風俗多有相同的吐蕃族男子為禿髮。但西夏諸族之人，長期與漢人交往較多，特別是唐代受漢文化影響已深，服飾風俗自然必在其中，但文獻少有觸及。唐末宋初，以党項拓跋族李氏一支最強，形成了一大割據勢力。一〇三二年，時三十歲的李元昊接過其父李德

---

27 參見河南省博物館、焦作市博物館：《河南金墓發掘報告》，《文物》，1979 年第 8 期，圖版壹、圖版貳壁畫。

明的權力，首先廢去唐、宋所賜李姓、趙姓，改姓嵬名氏，自稱天子，以顯道為年號，正式建立起西夏王朝。元昊自立之後，於當年三月，便下詔禁止效法漢人髮式，規定剃成「禿頂」，首先他自己禿髮，然後全境族屬火速遵從。如「三日不從，許眾共殺之」[28]。這就是說，凡不禿髮之人，眾人見到就可以把他殺掉而不犯法。這種嚴厲的詔令一下，於是「民爭禿其髮」。宋哲宗元符二年（1099年），秦州路曾誘捉三個冒充西夏裝束的人，以「剃髮穿耳戴環」為飾。後來人們說，「西夏人的剃髮，是全剃頭頂，竟然無寸髮如僧」。剃光如僧就是人們常說的光頭，而禿髮與古代北方許多少數民族的髡髮是否相似，從文字中尚難找出答案來。

關於西夏男子「禿髮」的具體形式，在西夏時期壁畫中可以看到。安西榆林石窟第二十九號窟中的男供養人，皆西夏人服飾。其中一個戴圓帽僅在兩額角露出卷髮，而他的三個侍從，有兩個是自頭頂至腦後髮皆剃去，前額上髮剪短，兩側留兩縷長及肩上。出自黑水城的一幅觀音畫裡，所畫的供養人，也與榆林窟所見髮型相同。在敦煌莫高窟第二百八十五號窟北壁禪洞中，供養人的髮型是將頭頂橫剃，周邊繫成偏髻的形式。以上幾種形式，同屬於一個類型，應即唐宋文獻中所稱的「禿髮」，但不是僧人的那種剃度，不是剃光。

西夏婦女梳高髻，綰髻、環髻，用簪及束巾，戴耳環。

2. 服飾　党項男子，夏穿毛織品冬穿皮衣，或披氈，束帶，氈靴，佩刀及磨石之類，這種服飾長期普遍流行於党項人中。至於党項上層，由於長期受唐宋影響，故衣錦繡如漢人之制。元昊稱帝之後，在下令改變髮式的同時，也要求改「大漢衣冠」，「始衣白窄衫，氈冠紅裡，冠頂後垂結綏」，「以衣冠彩色別士庶貴賤」。《宋史・夏國傳》裡記載，官制「文職則襆頭、靴、笏、紫衣、緋衣。武職則冠金帖起雲鏤冠、黑漆冠，衣紫旋，金塗銀束帶，垂蹀躞，佩解結錐、短刀、弓矢……便服則紫皂地繡球子花旋，束帶。民素青綠」。觀此規定，貴賤分明。《東京夢華錄》裡記載，到宋東京來的西夏使節，「使副皆金冠，短小樣制，

---

28 李燾：《續資治通鑑長編》卷一五〇。

服緋窄袍，金蹀躞，吊敦」。所制定的文武官員公常服，雖有唐宋的影響，但已去其繁縟差別。官民服制雖有限制和差別，但頗具個性，即民族特色。

在莫高窟和榆林窟的西夏壁畫中，具體體現了西夏不同身分的服飾情況。敦煌莫高窟四〇九號窟中，供養人是西夏王形象，頭戴尖圓頂高帽，紫色圓領窄袖四大團龍紋長袍，蹀躞帶，白氈靴。袍兩邊開衩到胯，帶上可見小刀等物，侍從衣冠與國王相同，似無盤龍花紋。儀衛戴翻沿圓頂（暖）帽，結帶於頦下，穿綠色、淺灰、紫色小花窄袖圓領短袍，帛帶結垂前。榆林窟二十九號窟中，男供養人為武官，頭戴金鏤冠，結綬垂後，衣紫色圓領窄袖長袍（紫色旋），蹀躞帶（可見解錐、刀），繡花吊敦（護肚）。隨從衣紫色旋（短袍），束帶，裹腿。榆林第二號窟內供養人武官，戴尖圓頂翻沿氈帽（起雲帽之一種），右衽窄袖白袍，裹吊敦，蹀躞帶，皂靴。普通勞動者，男服上襖下裙，或右衽窄袖過膝短袍，緊褲腿，革靴式氈靴。

3. 婦女服飾　衣衫、袍及裙。文獻記載，元昊妻野利氏「戴金起雲冠」。莫高窟四〇九號窟，女供養人桃形（尖圓形）冠，上鏨鳳紋，鑲綠「寶石」，下邊有籀。榆林窟第二十九窟女冠與前者形式相同，但該冠有珠珞。莫高窟一四八窟女供養人戴花冠。她們多戴耳環，插花簪，有的穿右衽窄袖長袍、百褶長裙、羊角靴，有的穿大翻領窄袖開襟長袍（形如通肩長裙）或長衫。

從所見壁畫中的西夏人服飾，男女服皆右衽，窄袖，瘦體，蹀躞帶，穿靴。普通勞動者，男子袍服皆比富人短瘦。

西夏《蕃漢合時掌中珠》辭書中記載，衣有冠冕、**襪襴**、皮裘、襖、衫、裙，帽有暖帽、綿帽和涼笠等名詞，對了解西夏人的服飾也有一定意義。

二、飲食

西夏人在唐代是一個以畜牧為業的民族，新舊「唐書」裡記載「不知稼穡，土無五穀」，每姓分大小部落，大者萬騎，小者千騎，互不統一。各自沿山谷而

處，以木為架，以犛牛毛氈或羊皮為屋。畜有馬、牛、羊、驢、駝。以肉、乳、乳酪為食。其國土自河西逐步東擴後，與漢人交往頻繁，社會經濟和生活發生了變化。特別是與漢人交錯雜居，也開始經營農業。以至耕稼之事，略與漢同。因有黃河灌溉之利，農產品有大麥、小麥、青稞、蕎麥、糜粟、稻、豌豆、黑豆等，蔬菜有蔥、蒜、蘿蔔、茄子、韭菜等。西夏乾二十一年（1190 年），由骨勒茂才編的《蕃漢合時掌中珠》中，對糧食品種，蔬菜類別，以及牛耕，農具都有收集和解釋。書中還有很多種生活和飲食器皿，如碗、盤、杯、盞、子、茶臼等等。《掌中珠》裡還記載了豐富的食品名稱，如細麵，湯麵、粥、乳頭、肉餅、油餅、胡餅、蒸餅、乾餅、燒餅、花餅、油裘、盞、餃子、饅頭、酸餡、甜餡，僅餅食就有六、七種之多，看來麵食所占比例較大，顯然是農業生產發展的結果。在西夏人的飲食中，除飲酒外，飲茶是他們習以為常的事，茶有奶茶和植物茶，茶葉是用茶臼磨碎煮後飲用的。這些內容也反映出西夏人生活的多樣化。

建立西夏政權後的居住情況，也發生重大變化，沿河而居不僅有氈房，也有土屋，在城市，有磚木結構的宮殿、官府、大宅，有雕梁畫柱和琉璃瓦飾。土屋常留正間以奉神鬼。室內陳設也不像氈房簡單，有桌、椅、箱櫃、交床、矮床等，也算得上十分齊全。

三、婚姻

党項羌族，在唐時，有細封氏、費聽氏、住利氏、頗超氏、野辭氏、房當氏、米擒氏和拓跋氏，這些氏族婚姻不在氏族內，而是實行氏族之間相互結親。這種婚姻一直流傳下來，到西夏時期仍然流行。

凡為婚，先由父母請媒人到對方議姻，如雙方說合，再由父母決定操辦婚事，說明這種婚姻是一種包辦制，一切聽由父母決定。另一種形式，比較自由，不經父母和媒人，成年男女自相約，至情投意合，相愛成婚。對此雙方父母聽其自便，不加干涉。還有一種愛情風俗，也受到贊許，即男女相愛，雙雙躲進深山密林之中，最後並排而臥，以帶纏頸，至互相緊束而死。不知道這種結局的根源

是什麼，但當時的人，對這種殉情方式，認為是相愛至深，樂於同歸，因此在尋到死者後，並不表示悲傷。

在西夏社會中，還有一夫多妻婚姻，特別在富豪之家，多妻是正常現象。元初義大利人馬可·波羅經過今甘肅張掖，曾看到還要妻妾多達三十的情況。只要一個人的財富允許，他可以多娶妻妾。其實這種多妻現象，在漢族富豪中，也是普遍現象，不獨西夏一家，這是階級社會的必然產物。另外還存在收繼婚姻，即父死可以娶後母為妻，這就是上述多妻制的衍生物。除妻後母外，叔伯死可以娶嬸母，以寡嫂及弟媳為妻。這些婚姻現象。既有原始婚姻的殘餘，同時也是私有制度下，把女子當成一個家族或家庭的私有財產看待而產生的，有一種固有的傳統觀念支配著。

四、喪葬

以党項羌族為主體建立的西夏王朝，位於河西走廊及寧夏一帶，先後與宋、遼、金相互往來，居漢、藏、回鶻諸民族之間，喪葬禮俗自然要互有影響。羌人舊俗「死則焚屍，名為火葬」，至李繼遷，便葬其母於郊野，置兵甲於棺中，又葬其祖於紅石峽，障水別流，鑿石為墓穴，葬後復水流其上，使人莫知其處。這三種葬俗，一是火葬；二是墓葬並有殉葬兵甲之俗；三雖是墓葬，但慎密，人稱水葬，實為水下葬或密葬。

西夏建立後的喪葬風俗，有高貴低賤和貧富之差，皇親大族和貧民之墓葬情況大不一樣。如皇帝大臣陵，已仿唐宋建築龐大的陵園。西夏王陵區，在今銀川市西二十五公里的賀蘭山東麓，諸陵沿山下平坡，在南北長約十一公里，東西寬約四公里的範圍內，已發現皇陵九座，後陵及大臣陪葬陵墓近百座。西夏自一〇三二年李元昊稱帝，至末帝李於一二二七年被蒙古兵殺死，加上追封的太祖李繼遷、太宗李德明，共十二帝，有九帝有陵名。即太祖裕陵、太宗嘉陵、景宗泰陵、毅宗安陵、惠宗獻陵、崇宗顯陵、仁宗孝陵、襄宗康陵。皇帝陵園布局，類似生前的都城，由內及外有宮城、外城和兆域共三重。外以四角闕臺為界即兆

域，第二重有神垣，牆體寬約二米，用土、石塊混築。內外城相距很近，內城南北長一百八十三米，東西寬一百三十四米，牆基寬三米，殘高五米，夯土板築，四角有角臺，四面正中建神門，但惟南正門可通，其餘三門為列觀。陵園南起神道兩側，有闕臺，兩臺相距約六十五米，前行約四十米，兩側為闕亭或碑亭。南神門外月城內有兩列石刻（已殘失，應為瑞禽、神獸、文武臣像之類）。進入南神門不遠為獻殿，殿後起是陵墓道通向土洞地宮，地宮後為靈塔[29]。原陵園地上建築，如闕臺、碑亭、神門，獻殿等皆為磚木建築。地宮建造，前有斜階墓道，道內選以木椽架一通道，墓道盡處接著甬道，原有木、石板壁封口，甬道長方形（長 6 米餘），地面鋪素面方磚，兩壁抹草泥和白灰面，有武士畫像，以藍色勾線，以赭紅及綠色暈染。墓室為一正室二耳室，正室即中室方形，前寬六點八米，後寬七點八米，南北長五點六米，穹隆頂，地面鋪方磚，以木板護四壁。兩耳室也是方形，長三米，寬二米，穹隆頂，方磚地面，木板護牆。地宮內沒有發現棺槨葬具。由於陵寢早經盜掘，殘存遺物破碎散亂，就其所見，甬道發現流金嵌綠松石裝飾品、銅甲片、銅門副肘版、銀釘、鐵釘、瓷片及一塊人下肢骨。在中室清理出銀甲泡、甲片、銅鈴、鐵釘、鐵管。東配室及甬道中，有銅甲片、銅泡、銅鈴、瓷片。西配室出土有石缽（燈）、竹雕、金鞍飾、銅鈴舌、銅泡、鐵盔形器、鎏金銀飾、瓷片。此外還有雞、羊骨棋子、鎏金銀飾品、鎏金銅甲片。建築構件有雕龍石柱，石雕人體碑座，石螭首，石人頭、人身、經幢、西夏文殘石碑、「光定元寶」、磚瓦、垂脊、鴟吻、獸頭，其中有綠、藍琉璃釉瓦件等。遺物種類大致可分為兵甲、鞍具、金銀裝飾品，陶瓷等生活用品，雕刻藝術品等，仍然反映出厚葬的情形。西夏皇陵與宋陵園布局相比，突出的特點是重城，宮城前有月城，墓道不在宮城正中而是斜向一側，地宮上無陵臺，在地宮之後一定距離，另建八角或圓形實心密簷式靈塔。靈塔建置，在中國歷代帝陵乃至一般墓地上，這種配置也是獨一無二的。但建塔是佛教的影響，元昊就是一個「曉浮圖學」的人，兩者自有聯繫。

西夏陵區的貴族大臣墓與皇陵相比，規模較小，僅一重垣牆，無獻殿闕臺之

29 寧夏回族自治區博物館：《西夏八號陵發掘簡報》，《文物》，1983 年第 8 期。

設，墓室上有墳臺。已發掘的一〇八號墓室有斜墓道及圓角方形土洞單墓室。該墓早已被盜。墓內殘存有鐵釘，石狗，石馬，羊、雞、鴨骨架，牛、狗骨。瓷片有綠釉和白釉。紡織物、銅片、銀絲、銅塊、銀帽鐵釘、北宋銅幣。在墓底被撓亂的木棺板處的人骨，曾經火燒，應為墓主人。至於該墓填土中的兩具人骨，大約是盜墓賊為滅口而留下的同夥。該墓證明，死者用棺為葬具，亦經火化而後葬，殉葬品豐富。

陪葬墓與皇陵相比，皇陵神牆及地上建築塗赭紅色，陪葬墓為白色，這是生以衣服色彩別貴賤，死亦以色分高低的等級制度。另外陪墓不建靈塔，而是在墓上建圓形圓頂、圓形平頂和圓形三級並圓頂墳塚為建制，這三種不同墳墓，可能也有身分的區別。[30]

在甘肅武威西郊發現的西夏小型墓，是一般墓葬，其墓為火葬風俗，應是當時流行風俗。墓主人劉氏，兩座都是方形單室磚墓，平面長寬一點二至一點六米，高一點二至一點七米，圓錐形頂，拱形券門以卵石封閉。墓室地面鋪磚，靠後壁設高十四釐米、寬六十釐米的小靈臺，其布局如一個單室之家。其二號墓殉葬品有木製明器陳列小臺前：有條桌一張、上放筆架及一支木筆和一木瓶。另有二件衣架、圓身喇嘛塔四件。塔上書寫梵文「一切如來咒」、「一切如來百字咒」、「藥師琉璃光王佛咒」等。塔頂內側墨書死者劉德仁，壽年六十八歲，卒於天慶五年（1194年）四月十六日，天

鴟吻（西夏）

慶七年夏建緣塔（墓室），至秋天葬畢。緣塔放靈臺上，另外有一件瓷碗殉葬。在該墓門內兩側，放木板彩畫二十九塊，板長十至二十八釐米、寬五至十釐米。

---

30 李志清：《西夏墓封土、設色及置位探討》，《考古學集刊》第 5 集，北京，科學出版社，1987；韓兆民、李志清：《寧夏銀川西夏陵區調查》，《考古學集刊》第 5 集。

繪畫內容有重甲武士、男侍女婢、馭馬倌，雞、狗、豬等家禽。有的板畫後面，有墨書「蒿里老人」、「童子」、「二童子」、「大六」、「天關」、「太陽」、「金雞」等題名。一號墓木緣塔頂部內側書寫死者劉仲達，卒於天慶八年（1201 年），次年葬畢，題名「劉仲達靈匣」。還有劉仲達妻緣塔李順嬌卒年月題記。緣塔書名「靈匣」、「李氏殖」說明，墓中的塔即佛教之舍利塔，「殖」者火化之骨殖，死者是佛教信徒，並以佛教之禮死行火化。當時還有以骨灰摻和泥中，塑成塔形或佛菩形的信仰方式，以求死後的歸宿。

武威西夏墓主人實行火葬，墓內有仿壁畫的木板畫。而板畫的內容，又有宋元流行的殉葬內容，其中「蒿里老人」、「天關」、「金雞」之類，唐宋以來形成的《大漢原陵秘葬經》[31]中就有這些明器內容，乃屬陰陽之說。劉氏本人係漢人，祖籍彭城（今江蘇徐州），但他的喪葬，應視為當地風俗，也是西夏人的風俗。從寧夏地區出土西夏墓的情況，也可以看出受唐宋風俗以及宗教信仰的影響。[32]

---

31 參見《永樂大典》卷八一九九。
32 寧篤學、鍾長發：《甘肅武威西郊林場西夏墓清理簡報》，《考古與文物》，1980 年第 3 期；陳炳應：《甘肅武威西郊林場西夏墓題記、葬俗略說》，《考古與文物》，1980 年第 3 期。

第四節·
蒙古人的
社會風俗

一、服飾

1. **髮型** 中外文獻，有關蒙古人髮型的記載並不算少，但僅限其形式及稱謂，內容並不豐富。據南宋人孟珙（王國維考為趙珙）《蒙韃備錄》記載，蒙古人的髮型，上自成吉思汗，下至普通百姓，男子人人皆剃「婆焦」。所謂「婆焦」，其形如當時常見的漢人兒童的「三搭頭」，具體形式即在前囪門留一縷，兩額角上各留一縷，中間一縷稍長便剪短，使其不致遮住視線，兩邊則下垂至肩，或任其散披，或綰雙環垂肩，因此漢人又稱其形式名「不浪兒」。另一種形式是將前頂額頭上剃去，其餘長髮分縷結辮，有結雙辮的，如上述形式，也有結一辮自後腦下垂於背的。以上幾種形式除文獻記述外，傳世元太祖、成宗、世祖畫像，元刻本《事林廣記》一書對弈圖中的蒙古人，都可以作為例證。

有關蒙古婦女的髮型記載不多。《魯不魯乞東遊記》記載[33]，「在結婚以後，婦女就把自頭頂當中至前額的頭髮剃光」。這種剃前額髮的形式，與上述男子髮中的後一種有共同之處。遼代婦女也有這種髮型。以上記載，都是蒙哥時期所

---

33 呂浦譯、周良霄注：《出使蒙古記‧蒙古史》，北京，中國社會科學出版社，1983。

見，是蒙古帝國建立前後的情況。在元代的繪畫資料中，蒙古族婦女的髮型已有所變化。常見的有縮髮或盤髻於頂、包巾、有簪導。盤髮先從前頂中分，向後梳攏，再回盤於頂，並貫一髮簪。盤結之後，有的紮彩帶，有的包紗巾或紮花其上。從結婚以後婦女剃前頂髮推想，結婚前的女子，應當是繫髮滿貯的形式。至於結辮也是方便之事。

吹笛、擊節板陶俑（元）

蒙古人的帽子樣式則有多種，而且男女有別，特別是婦女有一種十分突出的帽子。蒙古人的帽分冬夏，冬帽有皮毛和氈帽，分圓頂、尖圓頂、圓頂帶後簷如箕形，如傳世成吉思汗所戴，被認為是《元史·輿服志》裡的「白金搭子」。夏天有氊笠，亦名鈸笠，因其形似樂器銅鈸而得名。簷寬可以遮陽，有時後部還附以布護頸，以防風沙蚊蠅之災。頂有頂珠、珠珞或雉尾，還有一種胡帽。《元史·後妃傳》裡說，忽必烈常因日光照眼不便騎射之苦，訴與察必皇后，於是皇后在他的帽前加簷，問題解決了，便下令以此為式進行推廣。元末明初人葉子奇《草木子》書中記載：元代官民皆戴帽，其帽式圓，或前圓後方，形式不一。前圓後方式，或即「白金搭子」式。在繪畫中，見有方頂四拼屌斗形式的高頂帽，五折或六折瓦棱帽和圓形纓頂帽。瓦棱式帽類似當今冀魯豫鄰區農村的多棱草帽。

蒙古婦女冬戴毛皮帽，夏戴紗巾。貴族婦女有一種禮帽名「姑姑冠」，因其形式特別，所以中外文獻記載多而詳細。如《蒙韃備錄》記載：「凡諸酋之妻則有顧姑，用鐵絲結成，形如竹夫人，長三尺許，用青錦繡或珠金飾之。其上又有杖一枝，用紅絲絨飾之。」徐霆注彭大雅《黑韃事略》則說，他所見「姑姑之制，用畫（樺）木為骨，包以紅絹金帛。頂之上用四五尺長柳枝或鐵打成枝，包以青氊。其向上則用我朝翠花或五彩帛飾之，令其飛動。以下則用野雞毛」。李志常《長春真人西遊記》說：冠以樺皮，高二尺許，包以皂褐，富者以紅絹，末頂上如鵝鴨，忌人觸碰。還有記載回回婦女亦有戴者。這種高大的帽子，戴著行

動有所不便。因此楊允孚《灤京雜》詩裡特注:「車中戴固姑,其上羽毛又尺許,拔付女侍手持,對坐車中,雖後妃馭象亦然。」這有點像漢官的紗帽翅長長的,出入轎也不方便一樣。姑姑冠的形狀在文字描述中已很清楚,繪畫中也不乏其例,考古發掘中也見到樺木骨片,是一種薄如面羅的柳木捲筒。畫中所見:一種自頭而上,呈圓筒形,中部稍細、平頂、無纓飾;一種頂方形圓角,有雉尾;另一種如唐宋及今朝鮮細腰腰鼓,但腰較長,上有纓式雉尾。還有在頂上另加雉尾筒,中段前面及下帽一周飾珠玉裝飾的。

　　2. 服飾　　《黑韃事略》記載,蒙古人「其冠被髮而椎髻,冬帽而夏笠。婦人頂姑姑」。「其服右衽而方領,舊以氈毳,革新以紵絲金線。色以紅紫、紺、綠,紋以日月龍鳳,無貴賤等差。」一二四五至一二四七年,一位羅馬教廷派往蒙古帝國的使者,記述了他所見到的蒙古人服飾,男人和婦女是以同樣的式樣製成的。男子長袍「二側從上端到底部是開的,在胸部折疊起來;在左邊扣一個釦子,在右邊扣三個釦子,在左邊開口直到腰部。各種毛皮的外衣樣式都相同;不過,在外面的外衣以毛向外,並在背後開口;它在背後並有一個垂尾,下垂至膝部」。當時的蒙古婦女,多「胡服胡帽」,緊袖身寬而長,有一種大袖衣如漢人鶴氅。而與男子不同處是女袍衫多左衽,還有寬袖、窄袖對襟衫。作為裝飾多披雲肩。有長裙、穿靴。見於繪畫中的蒙古人袍式,常見的皆窄袖、右衽,領式有方有圓、束腰帶。有的自腰間打折(襉)似裙,領口如雲肩,類似馬褂而長過

刺繡夾衫(元)

膝。另外還有一種比肩、「比甲」，是察必皇后為忽必烈而改制的，「前有裳無袵，後長倍於前，亦無領袖，綴以兩襻」。此式便鞍馬而利騎射，很快成為時尚。[34]

3. 官服制度　元初無冠服之制，皆草創而從舊俗，忽必烈既稱帝改元，又「混一天下」，於是「近取金、宋，遠法漢、唐」，始定服制。禮服，天子袞冕。朝服，皇帝通天冠，絳紗袍。百官梁冠，分七梁貂蟬籠巾，俱青羅衣、加蔽膝、環綬、並執笏。公服，戴漆紗展角襆頭、穿盤領右衽大袖袍，偏帶八胯朱革鞓。一品服紫，大獨科花徑五寸，玉帶或花或素。二品，小獨科花徑三寸，花犀帶。三品至九品亦各有區別。

仁宗延元年（1314 年），因士庶服色貴賤混雜，又制定了服色限制。規定職官除禁龍紋外，一品、二品服渾金花，三品服金答子，四品、五品服雲袖帶，六品、七品服六花，八品、九品服四花。繫腰，五品以下許用銀，並減鐵。命婦一品至三品服渾金，四品、五品服金答子，六品以下服銷金，並金紗答子。首飾一品至三品許用金珠寶玉，四品、五品用金石珍珠，六品以下用金、唯耳環用珠玉。庶人不得服赭黃，唯許服暗花絲綾羅毛毼。帽笠不許飾金玉，靴不得裁製花樣。首飾許用翠花，並金釵各一事，唯耳環用金珠碧甸，餘並用銀。但這些限制，對蒙古人及諸怯薛，除不許用龍紋外，並不在此禁內，而且還規定「上得兼下，下不得僭上」。苛刻的要求是對漢人和其他人的。[35]

在列舉了元代蒙古人服飾和輿服制度之後，還應當介紹蒙古貴族聚會服飾「質孫衣」，這是皇帝舉行質孫或詐馬宴會上的服裝。《元史‧輿服志》說：「質孫、漢言一色服也，內廷大宴則服之，冬夏之服不同，然無定制，凡勳戚大臣近侍，賜則服之。」大宴地點在宮內或草原上，如在草原，便建起可容上二千人的大氈幕、參加者亦設氈幕於四周，此時形成一個很大的蒙古包群。宴會一連舉行三、四天，與會者每日一易服色，如第一天皆穿白色天鵝絨衣，第二天穿紅色天

34　《元史‧后妃傳》。
35　《元史‧輿服志》。

鵝絨衣，第三天穿藍色天鵝絨衣，到了第四天則穿最好的織錦衣。周伯琦《近光集》記載說：「歲以六月吉日，命宿衛大臣及近侍，服所賜只孫珠翠金寶，衣冠腰帶、盛飾名馬，清晨自城外各持彩仗，列隊馳入。」每日一易服，三日而罷。此時皇帝御服觀閱，教坊奏樂，百戲競技，這就是質孫宴和質孫衣展示的盛況。

二、飲食

在蒙古草原上，草地四月始青，六、七月又黃，從氣候到生態環境，是一個最適宜牧業的地區，牛、馬、羊、駝是蒙古人的生產和生活資料，所以蒙古人的飲食生活，自然與牧業經營相聯繫。

飲食以肉，乳食品為主，同時也輔以米麵。雖以肉食為常餐，主要是羊肉，平時很少宰牛，因為牛要進行再生產，要不斷地產奶，像土地生產糧食一樣，向人們供應奶食品。至於馬除供騎外，也向人們提供最富營養的奶，非大祭更很少殺掉。

作為生活來源，蒙古人兼營狩獵。草原和森林中，野生黃羊、野兔、野豬、麋鹿，還有地羊，都是他們獵捕的對象。

肉食製作，以燒烤或煮燉方法，然後每人以刀切割而食，如今日的「手扒羊」方式。還有一種方式是由主人或一人切成小塊，另一人用刀尖挑送給每個人，食罷飲湯。奶食品有鮮奶，用鮮奶經過加工而成的乳酪、奶油、奶乾以及奶茶。這些加工產品，有的則像糧食一樣進行儲存，以供常年食用。奶粥、奶茶兼食。奶酒是蒙古人的主要飲料，最好的奶酒是馬奶酒，其營養價值也最高。

米麵食品，有炒米、炒麵、米粥。米是粟米，不是大米，炒米可泡奶茶中或乾食。炒麵可以乾食或做粥。另外麵食中還有首思、包思即麵條、油餅之類。

草原上也生產蔬菜，如蘿蔔、白菜、蔥、蒜、韭菜等。名貴的特產有沙菌即蘑菇。

奶酒、蘑菇、黃羊肉，在元代最是漢人到草原上垂涎欲滴的佳品。

以肉乳為飲食的生活，使蒙古人體格健壯，但到蒙古人中間生活的漢人卻不習慣，他們「必米食而後飽」。但蒙古高原在元代農業很不發達，僅有個別城市周圍耕種土地，而以漢人為勞作，大量糧食要從今天的山西、河北一帶運去，而且每年數量很大，途中糧車不斷。

三、婚姻

蒙元時期，蒙古人的婚姻，有高下貧富的不同。他們所實行的是族外婚制，皇親「不取庶姓，非其族也，不居嫡選」，「非勳臣世族及封國之君，則莫得尚公主」。雖族外婚，也是門當戶對，部酋顯貴之間，普通人家之間，分別相互聯姻。如元朝皇后多是弘吉拉氏，這是自元太祖時被認定下來的。初怯薛禪隨太祖時，太祖與怯薛禪議定：「生女為后，生男尚公主，世世不絕。」後來怯薛嬋生女，成為太祖之後弘吉拉氏。從此事也反映出一種指腹為婚的風俗。

指腹為婚之外，一般婚姻，要請媒人議婚，議定後先下聘禮，富家以馬牛羊駝及錢帛為禮，及結婚，女家亦以馬牛羊駝及車帳，乃至侍婢陪嫁。成婚時有一種風俗，先由女方家長備酒席，請來親朋好友，並請來由女婿率領的男方親友，帶著財禮前來赴宴。大家飲酒歡樂。宴終，女子的父親當眾告訴女婿說，現在我的女兒將成為你的妻子，但不知她在什麼地方，你可以去找她，找到了你們就可以成婚。實際情況是，在舉行宴會中，女子特意偷偷地溜走，到另外的地方，在親友家裡躲起來了。於是男子跨馬追尋，甚至有尋一、二日不見者。尋到之後，要以酒羊謝親鄰，親鄰亦以禮品回贈，並以馬縱之於野，令男子在曠野中將馬捉住，女子騎上，雙雙同歸丈人家。同時將馬尾繫住的女子衣衿用刀子割斷，然後由婦女們簇擁他們入帳，行交拜之禮，也有不進行追尋過程而成婚的。女子到夫家，要穿紅袍，戴姑姑冠，入室先向灶叩拜，再拜公婆姑舅叔伯諸長輩，受禮物而畢。還有一種形式，即成婚後，婿在妻家，至生子後始雙雙回到男家。

至於貧寒人家的婚姻，他們自然沒有豐厚的財禮相送。一般是由親友到女方把女子接來，舉行簡單的婚禮，小備酒席，也就算成婚了。

　　蒙古人婚姻中，一夫多妻特別在富貴家比較流行，另外仍存在著父死娶庶母為妻，甚至娶多少都允許。兄死可以妻其嫂。這種妻庶母，妻兄嫂風俗，在當時是明令禁止在漢人間實行的。元代關於婚姻問題，規定「各從其俗」。但在蒙古人中的一些婚俗，如妻後母及兄嫂一類，也有所變化。如文宗天曆二年（1329年）六月，陝西行臺御史孔思迪上言，提出改變將罪臣之妻妾斷與他人為妻，認為這種「娶失節者以配身是己失節」，與國朝旌表婦人貞節之旨相背，主張取消這種舉措以倡婦節。到了十二月，就有詔曰：「皇姑魯國大長公主，蚤寡守節，不從諸叔繼尚，鞠育遺孤⋯⋯朕思庶民若有是者尤當旌表。」[36]公主不從夫死為小叔之妻，反而受到讚許，並主持在庶民中加以提倡，顯然是對舊俗的一種衝擊。當然一種傳統故俗的改變，絕非一紙詔令就能根絕，事實是這種收繼婚俗不僅在元代一直流行，就是到明代，仍然可以看到它的存在。

四、喪葬

　　《元史・祭祀志》裡說：「元之五禮，皆以國俗行之，唯祭祀稍稽諸古。」這裡所說的國俗，是指仍遵守蒙古族故有的傳統習俗，「稍稽諸古」則是參照漢禮而有所改變。從元代各民族的喪葬禮俗情形，便能夠看到一些差別。元朝是蒙古貴族建立和統治的朝代，國中民族成分複雜，除漢人外，還有畏吾兒、回鶻、女真、苗、藏，乃至從中亞地區來的不少「色目人」。對各民族的喪葬之事，一直採取「各從本俗」的政策。同時對於以大量金銀珠寶殉葬，在墓上進行磚瓦建築，停屍備葬過久，大量燒紙馬金銀冥物和墓地範圍等事也有所限制。

　　至於蒙古族喪葬風俗情況，《元史》中僅簡略記載皇帝喪葬情況，對蒙古人喪葬禮俗及一般人的情況則絕少提及。孟珙《蒙韃備錄》記載：白韃靼為人「恭

36　《元史・文宗本紀》。

謹而孝，遇父母之喪，則剺其面而哭」，因此常見其人面腮上留有刀痕。西方史書中記載，蒙古人喪，親屬會聚悲哭，舉行悼念，停屍以乳、肉供祭，然後選一個秘密地方埋掉。富裕之家，把死者置帳中，前面桌上放一盤肉和一杯馬奶，下葬後還將死者病中住過的氈帳，甚至將母馬及小馬、馬鞍轡一起埋掉。或者將宰殺的馬皮，四肢用木柱撐起，腹中用草塞填後放在墓地上，一切視死如生。[37]如武士戰死，將戎裝、武器乃至坐騎殉葬。葬畢，參加送葬者，要從兩堆火之間走過，名曰「消災」。據記載蒙古人墓而無墳，亦無守墳丁憂之禮。

隨著時間的推移和環境的變化，特別是在與漢人長期的共同生活中，蒙古人的喪葬風俗也受漢俗的影響，甚至很少區別。在遼寧凌源、內蒙古赤峰等地發現的元代蒙古人墓就是例證。這些墓由斜坡墓道和磚築單室方形墓、穹隆頂上留一個「天窗」，與生前蒙古包有天窗性質類似。墓室後部砌屍床、無棺具而陳屍屍床上。有單人葬，也有合葬，男左女右。殉葬品有生活用的瓷器、銅鏡、銅幣、鐵車馬具、鞍具、狗和五色鎮石等。墓室繪壁畫，繪夫妻對坐飲宴、探視臥病者，奏樂、遊樂、聽說唱、出獵等。從《出獵圖》的畫面來看，途中小憩在掛有「春風館」布幌的野店中。行獵時主人隨獵手挎弓矢，執獵鷹，趨獵犬，追鹿兔，及大獲而歸，家人攜酒奏樂迎接的場面。畫中的人物，其容貌、服飾都是蒙古人和他們的裝飾。[38]已發現的蒙古人墓葬說明，他們的葬俗已與遼宋金代普遍的葬俗，即墓葬情況已無多少不同，或者說已深深地受到漢俗的影響。

由於宗教的影響，火葬也流行於蒙古人中。死者在請喇嘛誦經之後進行火化，然後拾起遺骨灰或埋葬，或和泥土製成小塔置之寺中。

父母死後，親眷素服去冠七日始復，並散其生前遺物予親友和巫者、喇嘛。若子女死，送葬之後，他的父親則持刀向門外作三次劈砍動作，以示驅其靈魂不歸。

---

37 《出使蒙古記‧蒙古史》，參見《多桑蒙古史》上冊，頁 29，北京，中華書局出版，1962。
38 項春松、王建國：《內蒙昭盟赤峰三眼井元代壁畫墓》，《文物》，1982 年第 1 期；項春松：《內蒙古赤峰市元寶山元代壁畫墓》，《文物》，1983 年第 4 期；遼寧省博物館凌源縣文化館：《凌源富家屯元墓》，《文物》，1985 年第 6 期。

帝王喪葬。大蒙古帝國皇帝成吉思汗，史書記載說他是一個用兵如神，深沉又大度的人。他統一蒙古各部，橫跨歐亞，「滅國四十」，權力至極。但在他死後，卻不像許多歷史上的帝王那樣，建造豪華廣大的陵墓和陵園建築，而是簡殮密葬，使外人莫知其處。《元史‧太祖本紀》記載，成吉思汗於一一二七年七月，當滅西夏在即之時，死於薩里川哈老徒之行宮，葬起輦谷。其後自太祖以下諸帝，除蒙哥葬地失載外，皆葬起輦谷。《元史‧祭祀志》裡還記載，蒙古帝王死後，用香楠木一段分為兩半，以死者之體形鑿槽為棺，殮時戴皮帽、穿貂皮衣、繫腰帶、皮靴襪。隨葬以金壺瓶二、盞一、碗碟匙箸各一。然後用四條金箍將木棺捆封，覆蓋著金線錦，放在用白氈鑲銀黑色絲錦為帳的靈車上發喪。靈車由一個蒙古騎馬巫嫗，牽一匹金飾鞍轡，罩金絲錦的（引魂）金靈馬為前導，途中每日三次以牲羊奠祭，到達陵地後，將開挖墓穴的上層土塊依次排放，下棺後再依次復原位，剩餘之土，遠棄他處。葬畢眾人遠退五里之外，每日燒羊供祭，守三年後護陵人始離去。這時被開啟的墓地，草木如舊，使人很難辨認出墓穴所在。對於這種葬俗，因其神秘，所以也有多種記載，諸說不一。有的說送葬途中，凡遇到行人便予殺掉，以免走漏行跡。有的說葬畢以群馬踩踏，待草再生地貌如故。有的說隨葬一幼象，再來時由母象嗅其所在。還有記載說陵地插矢以為垣，闊逾三十里，邏騎以為衛。等等。

　　成吉思汗喪葬禮俗，在蒙古貴族中也有效法的，其以圓木兩片為棺具也在蒙古人中流行，但到目前為止，無實物發現，僅見一例在元代壁畫中。在內蒙古鄂爾多斯市鄂托克旗阿爾塞（百眼井）石窟，第三十一窟有一幅元代繪畫《喪葬圖》，圖中有木棺一具，「木棺頭粗尾細，由一圓木中分而成，棺頭年輪清晰，木棺中間有三道長方形箍」。[39]畫面中還有白色蒙古包二座，寺廟、宮殿各一所，宮中有一婦人垂頭痛哭，棺後左立一束袖袍服、戴笠帽男子，右立二僧人。三人後有方形壙穴，四隻白鶴將穴中一「伏屍」銜起，壙穴右角跪一誦經僧人。這幅畫不僅具體豐富了蒙古人的喪葬風俗，也為元代蒙古人棺形作了例證。

---

39 《內蒙古文物考古文集》，北京，中國大百科全書出版社，1994。

從文獻記載的情況可以肯定，元代帝王無地上陵園建築之設，但其葬所卻眾說不一。史載葬地「起輦谷」，從字面講，起輦即漢文所說飛龍之地，是成吉思汗發跡故地，這與「忒木真生此，故死葬於此」的記載一致。也是他生前喜愛之地，他曾行獵憩息此地有過此念。具體所在，《黑韃事略》說在瀘溝河側山水環繞處。拉施特《史集》說，在成吉思汗出生地不遠，並曾常獵地不兒罕・合勒敦山中，西南有土剌河（鄂爾渾河），東有斡難河（鄂嫩河），南有怯綠連河（克魯倫河）。學者認為，即在今蒙古國東部肯特山中。上述河流，皆發源於此山，這裡林木茂密，幽谷深邃，又是蒙古故地，選為埋身之所也在常理之中。

　　現在鄂爾多斯高原上，內蒙古伊克昭盟伊金霍洛有一座成吉思汗陵，該陵始建於明成化六年（1740 年）以後，由漠南察哈爾部所建會盟和奉祀成吉思汗影堂（八白室）紀念地，至清定為成吉思汗陵地，並設桀薩克一員護守。一九三九年為免遭日寇破壞遷至甘肅榆中縣興隆山，十一年後又遷至青海塔爾寺中。一九五四年四月一日，又由內蒙古自治區組成代表團，前往塔爾寺迎靈，安放在中央專款修建的伊金霍洛成吉思汗陵園中，成為紀念成吉思汗的聖地。

參考書目

鳥居龍藏.遼元文化圖譜.東京：日本東方文化學院東京研究所，1936

吳廣成.西夏書事.北平：北平文奎堂影印本，1935

張鑑.西夏紀事本末.金陵書局本

王在晉.三朝遼事實錄.影印崇禎二年刻本，1930

宇文懋昭.大金國志.國學基本叢書本

張瑋.大金集禮.廣雅書局本，1895

徐夢莘.三朝北盟會編.海天書店鉛印史學研究社點校本，1939

元文類.上海：商務印書館，1937

大金國志通檢.巴黎大學漢學研究所編印

畢沅.續資治通鑑.同治年間江蘇局本

魏徵等.隋書.北京：中華書局，1973

劉昫等.舊唐書.北京：中華書局，1975

歐陽修等.新唐書.北京：中華書局，1975

薛居正等.舊五代史.北京：中華書局，1975

歐陽修等.新五代史.北京：中華書局，1974

脫脫等.宋史.北京：中華書局，1977

脫脫等.遼史.北京：中華書局，1974

脫脫等.金史.北京：中華書局，1975

宋濂等.元史.北京：中華書局，1976

司馬光.資治通鑑.北京：中華書局，1956

李燾.續資治通鑑長編.北京：中華書局，1995

陳邦瞻.元史紀事本末.北京：中華書局，1979

王偁.西夏事略.叢書集成本

永樂大典.北京：中華書局，1960

李心傳.建炎以來繫年要錄.北京：中華書局，1956

沈括.夢溪筆談.北京：中華書局，1962

江少虞.宋朝事實類苑.上海：上海古籍出版社，1981

彭大雅.黑韃事略.叢書集成初編本

佚名.宣和畫譜.叢書集成初編本

翁獨健.中國民族關係史綱.北京：中國社會科學出版社，1990

陳邦瞻.宋史紀事本末.北京：中華書局，1977

劉祁.歸潛志.北京：中華書局，1983

徐松.宋會要輯稿.北京：中華書局，1957

謝再善.蒙古秘史.北京：中華書局，1957

施國祁.元遺山詩箋注.四部備要本

趙孟頫.松雪齋文集.四部從刊本

陳俊開譯.馬可‧波羅遊記.福州：福建科學技術出版社，1981

羅賢佑.元代民族史.成都：四川民族出版社，1996

趙翼.廿二史劄記.北京：中國書店，1987

中國社會科學院考古研究所編.新中國的考古發現和研究.北京：文物出版社，1984

內蒙古考古文物研究所，哲里木盟博物館編.遼陳國公主墓.北京：文物出版社，1993

田村實造、小林行雄.慶陵.京都：日本京都大學文學部，1953

拉斯特主編.史集.余大鈞，周建奇譯.北京：商務印書館，1983

馮承鈞譯.多桑蒙古史.北京：中華書局，1962

志費尼.世界征服者史.何高濟譯.呼和浩特：內蒙古人民出版社，1981

道森編.出使蒙古記.呂浦譯.北京：中國社會科學出版社，1983

佚名.元代畫塑記.北京：人民美術出版社，1964

山西省文物管理工作委員會編.永樂宮.北京：人民美術出版社，1964

故宮博物院藏花鳥畫選.北京：文物出版社，1965

敦煌文物研究所編.敦煌壁畫.北京：人民出版社，1960

佛宮寺釋迦塔和崇福寺遼金壁畫.北京：文物出版社，1983

周貽白.中國戲曲史長編.北京：人民文學出版社，1960

陳乃乾輯.元人小令集.上海：古典文學出版社，1958

史金波、白濱、吳峰雲編.西夏文物.北京：文物出版社，1983

陳炳應.西夏文物研究.銀川：寧夏人民出版社，1995

白濱編.西夏史論文集.銀川：寧夏人民出版社，1984

茅以升主編.中國古橋技術.北京：北京出版社，1986

周鈞保.中國古代服飾.北京：中國戲曲出版社，1984

中國矽酸鹽學會主編.中國陶瓷史.北京：文物出版社，1982

羅哲文.中國歷代帝王陵寢.上海：上海文化出版社，1984

劉敦楨主編.中國古代建築史.北京：中國建築工業出版社，1980

楊仁愷主編.中國書畫.上海：上海古籍出版社，1990

王伯敏.中國繪畫史.上海：上海人民美術出版社，1982

鄭舞昌.中國畫學全史.上海：上海書畫社，1985

山西雲岡石窟文物保管所編.華嚴寺.北京：文物出版社，1980

蔡美彪等編：中國通史.第六卷.北京：人民出版社，1979

蔡美彪等編：中國通史.第七卷.北京：人民出版社，1983

韓儒林.元朝史.北京：人民出版社，1986

邱樹森.遼史簡編.瀋陽：遼寧人民出版社，1984

張博泉.金史簡編.瀋陽：遼寧人民出版社，1984

鐘侃、吳峰雲、李範文.西夏簡史.銀川：寧夏人民出版社，1979

陳述.契丹社會經濟史稿.北京：三聯書店，1963

傅樂煥.遼史叢考.北京：中華書局，1955

顧肇倉選注.元人雜劇考.北京：人民文學出版社，1958

胡忌.宋金雜劇考.上海：古典文學出版社，1957

錢南揚輯.宋元戲文輯佚.上海：古典文學出版社，1956

王利器輯.元明清三代禁毀小說戲曲史料.上海：上海古籍出版社，1981

陳述.金史拾補五種.北京：科學出版社，1960

黃時鑑點校.通制條格.杭州：浙江古籍出版社，1986

汪祖輝.元史本證.北京：中華書局，1984

李範文.西夏研究論集.銀川：寧夏人民出版社，1983

自然科學史研究所編.中國古代科技成就.北京：中國青年出版社，1978

李仁溥.中國古代紡織史稿.長沙：岳麓書社，1983

李約瑟.中國科學技術史.第三卷.北京：科學出版社，1978

中國水利史稿編寫組.中國水利史稿.北京：水利電力出版社，1979

白壽彝.中國史學史.上海：上海人民出版社，1986

劉節.中國史學史稿.鄭州：中州書畫社，1982

張正明.契丹史略.北京：中華書局，1979

葉隆禮.契丹國志.上海：上海古籍出版社，1985

陳述主編.遼金史論文集.上海：上海古籍出版社，1987

章柳泉.中國書院史話——宋元明清書院的演變及其內容.北京：教育科學出版社，1981

李有棠.遼史紀事本末.北京：中華書局，1983

舒焚.遼史稿.武漢：湖北人民出版社，1984

中國元史研究會編.元史論叢.北京：中華書局，1982

陳述主編.遼金史論集（三）.北京：書目文獻出版社，1987

吳天墀.西夏史稿（增訂本）.成都：四川人民出版社，1980

金毓黻.中國史學史.香港：香港鼎文出版社，1982

尹達主編.中國史學發展史.鄭州：中州古籍出版社，1985

高國抗.中國古代史學史概要.廣州：廣東高等教育出版社，1985

陶懋炳.中國古代史學史略.長沙：湖南人民出版社，1987

朱傑勤.中國古代史學史.鄭州：河南人民出版社，1980

陳光崇.中國古代史學史論叢.瀋陽：遼寧人民出版社，1984

張博泉等.金史論稿.吉林：吉林文史出版社，1986

元典章.北京：中華書局，1957

元好問.中州集.四部叢刊本

中國大百科全書·元史.北京：中國大百科全書出版社，1985

再版後記

本套叢書第一版出版於二○○○年，若再上溯到一九九五年專案正式起動，則距今已有十五年之遙。十五年前的中國，改革開放正進入重要階段。隨著國家現代化建設事業的不斷推進，深層次的文化問題愈益受到普遍關注。人們也越來越意識到，所謂現代化，首先就是人的現代化；而所謂人的現代化，離不開人的道德文化素養的提升，所以，歸根結柢，現代化的實現有賴於文化的現代化。也因是之故，一九九七年黨的十五大報告即提出了建設「有中國特色社會主義的文化」的宏偉目標。報告不僅強調「社會主義現代化應該有繁榮的經濟，也應該有繁榮的文化」，而且強調有中國特色社會主義的文化，「它淵源於中華民族五千年文明史，又植根於有中國特色社會主義的實踐」。學術反映時代。明白了這一點，便不難理解，隨著文化問題自二十世紀八○年代後期以來的持續升溫，其時中國文化史的研究也發展到了一個新的階段：關注對中國文化總體史的探究。這也正是本叢書當年創意的緣起。

本叢書的作者多是來自京內外高校和科研院所的中青年學者。當年既沒有什麼科研經費，也沒有什麼津貼，大家的合作主要是出於共同的學術興趣。整套叢書寫作長達四年之久，尤其是最後一年，幾乎每週末都需要開會討論問題。但大家心態平和，似乎都樂此不疲。當然，說到底，這還要感謝當年比較寬鬆的學術環境，因為那時侯高校沒有如今這樣沉重的量化考核的壓力，作者得以避免產生浮躁的心態和陷入急功近利的怪圈。當年參與本叢書編寫的作者，今天多成了有成就的學者和各單位的學術骨幹，大家有時聚首，說起來都很懷念那一段共事的時光。

由於種種原因，本叢書出版後沒有為更多讀者所熟知，也沒有產生應有的社會效益。二〇〇九年，北京師範大學出版社找到我，認為這套「文化通史」依然有著重要的學術價值，值得向廣大讀者推介，希望能夠將之再版。這一動議讓我看到了北京師範大學出版社對學術與市場雙向的判斷力，和助益學術的執著追求。所以，我當即表示欣然同意。

現在本叢書即將出版，我們想利用這個機會，對北京師範大學出版社的大力支持深表感謝。策劃編輯饒濤、李雪潔同志為本叢書出版付出了很多的辛勞；碩士研究生明天、李豔鳳、鞠慧卿同志為本叢書的圖片選取，也做了大量的工作，在此，一併申致謝意。

鄭師渠

於北京師範大學

二〇〇九年五月十五日

亮點書系．中國文化通史 A1001012

中國文化通史・遼西夏金元卷　下冊

主　　編	鄭師渠
版權策畫	李　鋒

發 行 人	陳滿銘
總 經 理	梁錦興
總 編 輯	陳滿銘
副總編輯	張晏瑞
編 輯 所	萬卷樓圖書股份有限公司
排　　版	菩薩蠻數位文化有限公司
印　　刷	維中科技有限公司
封面設計	菩薩蠻數位文化有限公司

出　　版　昌明文化有限公司

桃園市龜山區中原街 32 號

電話 (02)23216565

發　　行　萬卷樓圖書股份有限公司

臺北市羅斯福路二段 41 號 6 樓之 3

電話 (02)23216565

傳真 (02)23218698

電郵 SERVICE@WANJUAN.COM.TW

大陸經銷

廈門外圖臺灣書店有限公司

　　電郵 JKB188@188.COM

ISBN 978-986-496-165-8

2018 年 1 月初版

定價：新臺幣 420 元

如何購買本書：

1. 劃撥購書，請透過以下郵政劃撥帳號：

   帳號：15624015

   戶名：萬卷樓圖書股份有限公司

2. 轉帳購書，請透過以下帳戶

   合作金庫銀行　古亭分行

   戶名：萬卷樓圖書股份有限公司

   帳號：0877717092596

3. 網路購書，請透過萬卷樓網站

   網址 WWW.WANJUAN.COM.TW

大量購書，請直接聯繫我們，將有專人為您

服務。客服：(02)23216565 分機 610

如有缺頁、破損或裝訂錯誤，請寄回更換

國家圖書館出版品預行編目資料

中國文化通史. 遼西夏金元卷 / 鄭師渠著. --

初版. -- 桃園市 ：昌明文化出版 ；臺北市 ：

萬卷樓發行, 2018.01

　　冊 ；　　公分

ISBN 978-986-496-165-8(下冊 ：平裝)

1.文化史 2.中國

630　　　　　　　　　　　　107001805